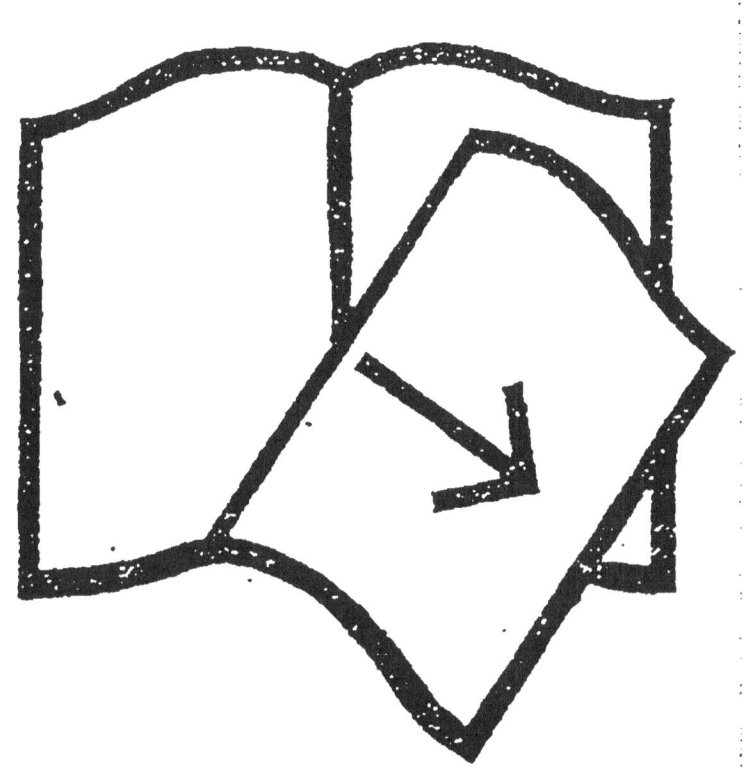

Couverture inférieure manquante

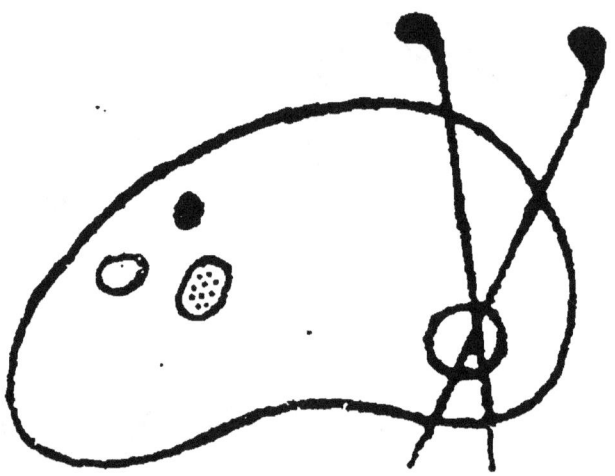

Début d'une série de documents en couleur

ALPHONSE DAUDET

SOUTIEN DE FAMILLE

MŒURS CONTEMPORAINES

PARIS
BIBLIOTHÈQUE-CHARPENTIER
EUGÈNE FASQUELLE, ÉDITEUR
11, RUE DE GRENELLE, 11

1898

SOUTIEN DE FAMILLE

ŒUVRES COMPLÈTES D'ALPHONSE DAUDET

LE PETIT CHOSE.................................... 1 vol.
LETTRES DE MON MOULIN........................ 1 vol.
TARTARIN DE TARASCON.......................... 1 vol.
CONTES DU LUNDI.................................. 1 vol.
ROBERT HELMONT, études et paysages......... 1 vol.
FROMONT JEUNE ET RISLER AÎNÉ............... 1 vol.
LES FEMMES D'ARTISTES.......................... 1 vol.
JACK... 2 vol.
LE NABAB... 1 vol.
LES ROIS EN EXIL................................... 1 vol.
CONTES CHOISIS..................................... 1 vol.
NUMA ROUMESTAN................................. 1 vol.
SAPHO... 1 vol.
TARTARIN SUR LES ALPES......................... 1 vol.
LES AMOUREUSES................................... 1 vol.
L'IMMORTEL.. 1 vol.
L'ÉVANGÉLISTE...................................... 1 vol.
PORT-TARASCON..................................... 1 vol.
LA PETITE PAROISSE................................ 1 vol.
TRENTE ANS DE PARIS............................. 1 vol.
SOUVENIRS D'UN HOMME DE LETTRES........ 1 vol.
ROSE ET NINETTE................................... 1 vol.
ENTRE LES FRISES ET LA RAMPE................ 1 vol.
LE TRÉSOR D'ARLATAN............................ 1 vol.
LA FÉDOR, souvenirs............................... 1 vol.

THÉATRE

Tome Ier. — La dernière Idole. — L'Œillet blanc. — Les Absents. — Le Frère aîné. — Le Sacrifice. — L'Arlésienne.

Tome II. — La Lutte pour la Vie. — L'Obstacle. — Numa Roumestan.

Tome III (en préparation). — Sapho. — Jack. — Le Nabab.

Tome IV (en préparation). — La Menteuse. — Fromont jeune et Risler aîné. — Lise Tavernier. — La Petite Paroisse.

Paris. — L. MARETHEUX, imprimeur, 1, rue Cassette. — 11920.

ALPHONSE DAUDET

SOUTIEN DE FAMILLE

MŒURS CONTEMPORAINES

PARIS
BIBLIOTHÈQUE-CHARPENTIER
EUGÈNE FASQUELLE, ÉDITEUR
11, RUE DE GRENELLE, 11
—
1898
Tous droits réservés.

SOUTIEN DE FAMILLE

PRÉLUDE

LA JEUNESSE DE RAYMOND EUDELINE

Un garçon de salle majestueux passait, porteur d'une lampe. Victor Eudeline toussa pour se donner du ton et demanda qu'on voulût bien rappeler sa présence à M. le proviseur. L'homme, sans se retourner, fit signe « oui » et disparut dans le noir d'une double porte.

Assis sur la moleskine d'un coffre à bois, le solliciteur attendait depuis une heure dans cette longue antichambre de lycée parisien aux carreaux dérougis, aux murs couverts d'une immense carte géologique vernissée. Le jour défaillait, un jour de la fin du printemps, et par la fenêtre de l'antichambre il voyait de hauts rectangles de gaz s'aligner à tous les étages sur cette cour assombrie qui, pour lui, débordait de triomphants souvenirs. C'est là que trois ans de suite, et l'été dernier encore, Raymond et Antonin, ses deux garçons, têtes de classe à Charlemagne, lui avaient donné la joie d'entendre acclamer, fanfarer, ce nom si humble d'Eudeline, le nom d'un ouvrier du meuble, devenu patron à coup de chance et d'énergie... Oh! cette cour en rumeur, remplie d'enfants, de parents en gala, où circulaient les hermines, les chamarrures; et son passage dans la foule, entre ses deux fils chargés de couronnes et de succès; les murmures de gloire autour d'eux et de ce pauvre papa à barbe fauve, crevant d'orgueil et de santé dans une redingote reluisante, le papa Eudeline, successeur de Guillaume Aillaume, un des plus gros fabricants du faubourg du Temple. Puis, sitôt après la distribution, le bonheur de sauter en voiture avec les enfants, voiture découverte où flambait la dorure des livres et des couronnes, traverser Paris, se montrer sur tous les boulevards en allant chez leur ami Pierre Izoard, au Palais-Bourbon, de là chez Mⁱˡᵉ Javel, leur propriétaire, dans son hôtel des Champs-Élysées...

— Monsieur le proviseur vous fait demander.

A cet appel jeté d'un ton rogue, Eudeline sortit en sursaut de son rêve, pénétra dans le bureau où un vieux monsieur tout en gris, coiffé en casseur d'un bonnet de velours sur l'oreille, achevait d'écrire une ettre et, sans même regarder le bon géant debout devant lui, commença d'une voix distraite:

— J'espère, monsieur, que vous venez enfin vous mettre en règle avec l'administration.

— Malheureusement non, monsieur le proviseur ; je venais, au contraire, vous prier... vous prier avec instance...

Et le pauvre diable, décontenancé de cet accueil inattendu, bégayait, s'étranglait, les joues violettes d'une montée de sang.

— Excusez-moi, murmura-t-il enfin, posant sur la table un haut de forme trop neuf et gigantesque qui le gênait presque autant que ce qu'il avait à dire... Vous me connaissez à peine, monsieur, et rien que par mes enfants. J'aurais voulu, avant de vous présenter ma requête, vous raconter qui je suis et quels sont mes répondants...

Le fonctionnaire allait protester contre une trop longue histoire, mais le mot de « répondants » le mit en garde. Par ces temps de démagogie, les tout petits ont parfois des protecteurs tout en haut. Il se résigna donc à apprendre que Victor Eudeline, fils de ses œuvres, était né rue de l'Orillon, dans les copeaux d'une boutique de menuisier. Après deux ou trois années de primaire, il entrait comme apprenti chez Guillaume Aillaume, et n'en était plus sorti. Le patron, après lui avoir donné sa fille, lui laissait aussi son commerce qui, malheureusement, ne devait pas prospérer entre les mains d'Eudeline comme dans les siennes.

— Vous le voyez pourtant, monsieur le proviseur, j'ai l'air d'un bon garçon, sans rien pour rebuter la clientèle. Je crie ; ça, je crie, je suis violent, le sang tout de suite à la peau. Mais du mal à qui que ce soit, jamais je n'en ai fait... Une faiblesse, par exemple, qui a dû me nuire : j'aime trop la bâtisse. Ce que j'ai dépensé en ateliers, en phalanstères, maisons d'ouvriers...

Il s'arrêta devant le geste rrité dont le proviseur redressait son bonnet à glands; mais, sur un signe de continuer, Victor Eudeline reprit avec ardeur :

— Malgré tout, je m'en serais tiré, soutenu par d'excellents amis, des personnes très puissantes, Pierre Izoard, sous-chef de la sténographie à la Chambre, garçon très fort, marié à une Niçoise adorable, délicate de poitrine malheureusement... Mais, monsieur le proviseur doit le connaître, mon ami Izoard... un ancien professeur de l'Université, démissionnaire de 52...

L'autre riposta sèchement :

— Connais pas.

— J'avais aussi, comme haute protection, ma propriétaire, Mlle Javel.

— Parente du député?

— Justement... et sous-secrétaire d'État au ministère de l'Intérieur... c'était sa tante... Ah! monsieur, la noble créature, aussi riche que généreuse... De voir la peine que je me donnais pour élever mes enfants, pour faire un peu de bien à mes ouvriers, elle nous avait pris en amitié, moi et ma femme... les loyers en retard on ne les comptait plus avec elle. Notre bail touchait à sa fin, elle l'a renouvelé pour quinze ans, sans un sou d'augmentation. Jusqu'à mon goût désordonné du bâtiment qu'elle trouvait moyen d'encourager en me cédant pour rien le droit de construire dans ma cour un grand atelier que je pourrais louer et qui me payerait presque mon terme. L'immeuble achevé, l'écriteau mis, j'allais me trouver hors d'affaire ; tout à coup, Mlle Javel meurt subitement d'une *embolide*... non, ce n'est pas ça, je vous demande pardon, les mots, je n'y suis pas bien fort... et je reste en face de son neveu et seul héritier, ou plutôt de son homme d'affaire, maître Petit-Sagnier, avoué près la Cour d'appel, lequel m'a traité comme un bandit, exploiteur de vieille femme, et formellement averti qu'au premier terme en retard, M. Marc Javel rentrerait en possession du bail ainsi que de l'immeuble extorqué par mes dols à la chère demoiselle.

— Maître Petit-Sagnier a pris l'intérêt de son client, je ne saurais l'en blâmer... ronchonna le haut administrateur dont le visage se durcissait depuis un moment.

Eudeline, devenu subitement très pâle, de cette pâleur rosâtre des sanguins, à larges méplats, se retint pour ne pas crier, se porter à quelque violence et, serrant le bord du bureau entre ses doigts velus et courts, il continua très posément :

— Pensez, monsieur le proviseur, si je me suis efforcé pour que le terme, chez nous, ne fût plus en retard... j'ai sacrifié à ça les derniers bijoux de ma femme, qu'elle gardait pour notre petite, ses brillants, son cachemire... jusqu'à engager... L'énormité de l'aveu qu'il allait faire à cet homme l'effraya et, se reprenant : jusqu'à priver mes enfants de cette éducation que j'étais si fier de leur donner, ne l'ayant pas eue moi-même... Ah! monsieur, moi qui, tout gamin, m'arrêtais devant la grille de Charlemagne avec envie, à regarder ces enfants de riches qui entraient là pour apprendre, moi qui ai tant souffert de mon ignorance et dont c'était la gloire de me dire : mes garçons seront savants, mes garçons sauront le latin... vous figurez-vous mon désespoir d'être réduit à les garder pendant des mois à la maison, à employer l'argent du collège pour le terme?... J'en pleurais, j'en pleurais avec la mère, de les voir traînasser en pantoufles d'une pièce à l'autre ; surtout l'idée que tant de sacrifices ne serviraient à rien, qu'on serait vendu tout de même... et c'est ce qui nous arrive :.. on va nous vendre...

Des sanglots l'étouffaient. A un mouvement du proviseur, il eut la force de les refouler au plus loin :

— Oh! rassurez-vous, je ne viens pas vous emprunter d'argent, monsieur, seulement vous demander une grâce. On va composer bientôt pour les prix ; laissez mes enfants venir au lycée les jours de composition. Tous deux sont sûrs, chacun dans sa classe, d'avoir des nominations à la fin de l'année. Ne les en privez pas, ne m'en privez pas surtout ; c'est la seule joie qui me reste.

— Impossible, monsieur, cela ne se fait jamais... Ces jeunes gens ne pourront rentrer en classe, en classe complète, que si vous payez le trimestre en retard.

Cramponné des deux mains au bureau comme à son idée, Eudeline insista, supplia... Pour l'aîné, l'aîné seulement... celui-là était en troisième, l'année du grand concours... qu'il pût y aller avec ses camarades...

Le proviseur se leva d'une détente :

— L'administration s'y oppose...

En même temps, il posait le doigt sur un bouton d'appel électrique pendu devant lui. Sans attendre l'entrée du garçon de salle, Eudeline s'inclina et sortit.

Tout à l'heure, en montant le large escalier de pierre où l'on allumait le gaz, un espoir lui restait au cœur, sa confiance en ces messieurs du lycée, son respect idolâtre pour ceux qui savaient le latin. Il s'attendait, non pas à des secours effectifs, mais à de bonnes paroles, à des citations consolantes, tirées des Anciens ; et si son orgueil avait reculé pendant des mois devant cette démarche, il l'avait faite avec la certitude absolue de réussir, défendu contre tous ses malheurs par l'idée que Raymond irait au concours général et que, pour la première fois, le nom d'Eudeline retentirait sous les voûtes de la Sorbonne. A présent, cet espoir croulé, c'était la fin de tout. Entre tant de catastrophes, il ne voyait plus que celle-là. Où trouver l'argent des deux trimestres en retard? En franchissant la grille de Charlemagne, un nom lui traversa l'esprit... Izoard, l'employé du

Palais-Bourbon, à qui l'on n'avait pas osé dire que, depuis trois mois, les enfants n'allaient plus au lycée... Mais que d'objections tout de suite ! Parti pour conduire sa femme à Nice, Izoard ne serait peut-être pas de retour. Et puis, on lui devait tant déjà ; les dernières quinzaines de la paye, les dix mille francs pour la construction... Non, non, il fallait chercher autre chose... Mais quoi ? à quelle porte frapper ?... Tout à coup, sous la fraîcheur d'une pluie fine qui mouillait ses cheveux, ses tempes chaudes, il s'aperçut qu'il tenait encore son chapeau à la main. Dans quel état cette visite l'avait mis. Ah ! ce vieux Robert-Macaire en bonnet de concierge, il ne se doutait pas qu'à un moment, sa table, son encrier énorme, tout son amoncellement de cartons et de paperasses avaient manqué sauter en l'air, et lui avec.

De cette colère contenue, Eudeline se sentait encore les mains molles, les jambes fauchées aux genoux. Sur le trottoir miroitant et boueux, il marchait de travers comme l'unique fois de sa vie où il s'était grisé, à ce banquet des voyageurs de commerce présidé justement par Marc Javel. En avait-il du souffle, ce soir-là, le député d'Indre-et-Loire, comme elles enflaient son gilet blanc et ses pectoraux de grand bel homme, les périodes sonores qu'il leur débitait, la voix mouillée, les paupières battantes, sur les devoirs du bon Français dans l'heure présente, la charité laïque et républicaine. Après tout, peut-être y croyait-il à cette solidarité humaine dont il parlait avec tant d'éloquence, et c'est son avoué, Petit-Sagnier, qui l'incitait à des mesures aussi féroces que cette vente annoncée pour samedi.

« Et si j'y allais, chez Marc Javel... chez lui, rue de la Ville-l'Evêque; si j'allais lui demander grâce... à lui, pas à l'homme d'affaires ? » Ainsi songeait Eudeline en traversant la cour de la fabrique. Les ouvriers venaient de partir, tous les bâtiments éteints, un bec de gaz veillant encore à la comptabilité. Il hésitait, au bas de l'escalier, devant la loge.

— Quelque chose pour vous, monsieur Eudeline, lui dit le concierge avec cette voix morne et comme lointaine du subalterne qui sait que la maison n'en a plus pour longtemps. Il prit les deux papiers qu'on lui tendait, un grimoire d'huissier, la signification de la vente, puis une lettre qu'il ouvrit d'un doigt indifférent et lut d'un trait, en doutant de ses yeux... Convoqué pour le lendemain, onze heures, chez le juge d'instruction... Tonnerre de nom de mille! il l'avait oublié, celui-là... Ce fut comme si la cage de l'escalier lui croulait sur la tête; il chancela, dit tout haut par deux fois, — on l'entendit du fond de la loge :

— Maintenant mourir... il n'y a plus qu'à mourir.

Il poussa la porte de la caisse, au rez-de-chaussée, congédia le comptable, M. Alexis, et ne remonta chez lui que le lendemain au petit jour. Il avait passé la nuit à écrire deux lettres, recommencées sans doute bien des fois. Ci la copie d'une de ces lettres, plutôt d'un de ces testaments.

« Mon ami Pierre, voilà les vacances de Pâques
« finies et la Chambre qui rentre. Je pense que vous
« avez dû laisser votre malade à Nice avec sa chère
« fille, et que ce billet de part, annonce de mon
« décès, vous trouvera de retour au Palais-Bourbon.
« Oui, de mon décès, vous lisez bien. Des circons-
« tances imprévues qui dépassent mes forces m'obli-
« gent à quitter la vie violemment. Ma pauvre femme
« vous dira, si elle peut, les motifs qui m'ont poussé
« à cet acte de désespoir; moi, je n'ose pas, j'aurais
« trop honte de vous avouer comment votre ami,
« un vrai de 48, a pu manquer à l'honneur de son
« nom. Toutefois, je n'ai pas voulu mourir sans vous
« dire adieu, et merci et pardon. Oh! surtout pardon,
« pour ces derniers dix mille francs que vous m'avez
« fait prêter et que j'emporte. Si M. Marc Javel, mon
« nouveau propriétaire, est un honnête homme, il
« vous remboursera l'argent de cette construction
« que vous avez payée et dont les loyers seront pour
« lui. Je lui écris en même temps qu'à vous; j'espère
« qu'il voudra bien en prendre bonne note et vous
« aider aussi à obtenir du gouvernement une bourse
« pour mes garçons, — qu'ils puissent finir leurs
« études, mon Dieu ! J'y tiendrais surtout pour l'aîné,
« Raymond, celui qui doit me remplacer, devenir
« après mon départ le chef, le soutien de la famille.
« Celui-là, je vous en prie, mon vieux Pierre, qu'il

« termine ses classes et ne soit jamais dans les
« affaires... Le commerce, c'est pire que le bagne.
« On y risque tous les jours la ruine et le déshon-
« neur. De mes deux garçons, qu'un du moins
« y échappe. Sur ce, mon camarade, je vous em-
« brasse une dernière fois en remerciant bien
« Mme Izoard et Mlle Geneviève de toutes leurs
« attentions pour ma femme et la petite Dina. Vous
« pensez si le cœur me crève de m'arracher à tout
« mon petit monde; mais il le faut, leur bonheur
« est à ce prix.

« Vive la République démocratique et sociale!

« Eudeline Victor. »

Rentré depuis la veille dans l'étroit logement du Corps législatif, que l'absence de sa femme et de sa fille lui faisait immense et désolé, Pierre Izoard allait se mettre à table, tout seul, devant la fenêtre ouverte sur une cour intérieure du palais, pavée de larges dalles, où s'entendaient des bruits de verres et d'assiettes d'autres déjeuners d'employés, quand un garçon de bureau lui monta cette lettre. Sans aller jusqu'à la signature, il jeta sa serviette, prit ce qu'il y avait d'argent dans la maison, et le premier fiacre qui passait rue de Bourgogne emporta vers le haut du faubourg du Temple ce petit tondu aux noirs sourcils, à la longue barbe grisonnante, qui envoyait ses gestes hors de la portière et clamait dans le fracas des pavés, avec l'emphase et l'accent de Marseille :

— Eudeline attenter à ses jours !... Eudeline forfaire à l'honneur !... ça, *macareù*, je voudrais le voir pour y croire...

Tout le long du faubourg, dont la montée grouillait d'une foule affamée et bruissante, entre les marchands de fruits, de fleurs, de poissons, de légumes, alignant leurs charrettes à bras au bord des trottoirs, dans l'odeur de pain chaud et de friture, la bousculade et les cris de grandes filles en blouses de travail, d'ouvriers à la poitrine nue, une miche sous le bras, un papier huilé à la main, chaque tour de roue confirmait Pierre Izoard dans ses convictions optimistes. Midi sonnait partout, aux clochers des églises, dans les cours des fabriques ; midi, l'heure égoïste de la faim, de la vie, qui donne à tous les regards de la rue la même fixité vorace et distraite, l'œil goulu du squale en chasse sous-marine. Se tuer, allons donc... Et déjeuner ?... Pourtant, lorsqu'en descendant de voiture, il aperçut, au fond de la cour d'Eudeline, encombrée de madriers de bois de toutes longueurs et de toutes couleurs, le crépi blanc d'une bâtisse neuve avec cet écriteau sur la toile peinte : *Vaste local à louer*, le Marseillais eut froid dans le cœur. Il croyait l'atelier occupé. Avec la maladie, les voyages, on ne s'était pas vu depuis si longtemps ! Il fut plus saisi encore, quand un apprenti qui traversait la cour, tête nue et sifflant, lui affirma que le patron était sorti dès le matin et qu'on ne l'avait pas vu rentrer. Sa main tremblait en sonnant au premier étage.

Dans l'entre-bâillement d'une porte d'ancien logis, exhaussée de trois marches, un blondin de quatorze à quinze ans, très long, montra ses joues fripées de larmes, sa mine de pierrot, effarée, anxieuse.

— Eh bien! Raymond, qu'y a-t-il? demanda le sténographe.

Sans répondre, l'enfant l'appela d'un geste éperdu, l'entraina dans le couloir et croula sur son épaule avec un grand sanglot :

— Où est papa, monsieur Izoard?... dites-nous où est papa.

En même temps, Izoard sentait sur ses mains des baisers, des larmes brûlantes ; c'était l'autre frère, Tonin, un petit rouge, qui, sorti de dessous terre, s'accrochait à lui, demandant aussi où était papa. mais tout bas, les dents serrées, avec des craquements nerveux de la mâchoire. Le Marseillais, gagné par cette douleur si vraie, essuyait ses yeux, cherchait quelque chose à répondre :

— Mais je ne le sais pas, moi, où est votre père, mes chers enfants... Je rentre du Midi... je suis venu ici par hasard...

Assis entre les deux frères, dans le désordre et le dénûment de la pièce où ils étaient entrés, il parvenait enfin à démêler, à travers des cahots de phrases sanglotées et plaintives, le drame de famille auquel il était bien forcé de croire.

Leur père avait passé toute la nuit au bureau. Au matin, ils s'étaient réveillés au bruit d'une scène affreuse dans la chambre de leurs parents. Eudeline criait qu'il allait « se *foute* dans le canal », qu'il n'avait plus que ça à faire. Là-dessus, il était parti en courant, avec leur mère derrière lui, qui pleurait, le suppliait à mains jointes de ne pas mourir. Et depuis, les petits étaient là, dans l'attente, sans rien savoir.

Izoard essaya de les rassurer. Ils connaissaient bien leur père, si prompt, si violent, mais tendrement attaché aux siens... Quelles catastrophes ne faudrait-il pas pour le pousser à une détermination aussi farouche !

— Des catastrophes, monsieur Izoard?...

L'aîné prenait en parlant cet air vieillot que la précocité du malheur donne aux enfants :

— Nous les avons eues toutes, depuis que vous êtes parti. Regardez autour de vous, la pendule s'en est allée avec les rideaux ; il n'y a presque plus de meubles. Dieu sait ce qu'on n'a pas vendu, engagé, pour payer ce terrible terme ! C'est Tonin qui portait les affaires au mont-de-piété, moi, je n'osais pas. Papa et maman étaient trop connus... Mais ce n'est rien encore, cela... Croiriez-vous que voilà trois mois que nous n'allons plus au collège?

Sans gilets ni cravates, les pieds dans des pantoufles, les deux petits avaient bien cette mine de flemme et de déshenrement commune à tous les réfractaires de l'école ou de la caserne.

— Nous priver du lycée, c'est ce qui lui faisait le plus de peine, encore plus que d'envoyer notre petite sœur Dina à Cherbourg, chez sa marraine qui s'en est chargée... Ah ! voilà maman.

Ils ne lui laissèrent pas le temps de s'asseoir, de lever sa voilette sur sa bouche de fièvre, ses joues pâles toutes marbrées.

— Qu'as-tu fait de papa? demandèrent-ils tous deux ensemble.

— Eh bien! mes enfants, votre père, votre père...

Elle s'était préparée à mentir pour ne pas leur porter tout de suite un coup trop dur; mais la présence imprévue d'Izoard, cette figure amie et apitoyée, lui enleva tout courage. Elle connaissait la lettre de son mari, et savait qu'un mot, rien qu'un mot échangé entre eux allait la faire sangloter et tout dire. Aussi se contenta-t-elle d'un bonjour muet et continua, comme l'absentant de la scène :

— J'ai laissé votre père plus calme... j'espère que nous n'avons rien à craindre pour aujourd'hui.

La pauvre femme détournait la tête, s'efforçait d'échapper aux yeux de soupçon qui l'épiaient.

— Mais pourquoi l'as-tu quitté, maman? demanda Raymond méfiant, presque sévère.

La mère, courbant la tête, répondit très douce, très humble, comme si elle était en présence de son mari, ou comme si l'aîné déjà le remplaçait en autorité :

— C'est afin de vous tranquilliser plus vite, mes chéris...

Et pour échapper à d'autres questions, elle dit, en tournant vers Izoard un regard navré qui avouait :

— Ah! M. Marc Javel est bien cruel envers nous.

— Ça, je ne peux pas me le figurer, tonna le petit

homme à longue barbe de fleuve, Javel. avec qui je me trouve en rapport à la Chambre, est un républicain de la bonne, comme nous disons, un enfant du peuple né dans le petit commerce, dont il connaît toute les misères... En 1870, pendant le siège, je l'ai entendu parler dans une réunion publique du renouvellement des échéances, remuer toute une salle en quelques paroles sur l'angoisse de la traite à payer... L'homme qui disait ces choses serait le plus abominable des hypocrites... D'ailleurs, madame Eudeline, j'ai une voiture à la porte; que les enfants y montent avec moi, nous irons chez le sous-secrétaire d'État... Il ignore qu'on vous fait vendre, j'en suis sûr, et je vous réponds en tout cas, que la vente n'aura pas lieu.

— Dieu vous écoute, mon ami, soupira la mère.

Et sans oser regarder les enfants, elle leur commanda d'aller s'habiller bien vite.

Derrière eux, le sanglot qui l'étreignait éclata dans un déchirement :

— Pauvres petits! murmura-t-elle, la figure entre les mains.

Izoard vint s'asseoir au bord du divan où elle s'était effondrée. A peine s'il osait l'interroger... Était-ce possible? Eudeline aurait accompli sa menace?...

Elle fit signe « oui », la figure toujours entre ses gants de fil.

Il la regardait, stupéfait :

— Mais vous n'étiez pas là?... vous ne l'auriez pas laissé faire... et puis, est-ce qu'on se tue pour de l'argent... Hé! je lui en apporte, moi, de l'argent... pas beaucoup, mais enfin quelque chose.

Sous ces phrases ardentes qu'il lui jetait, hachées de gestes vifs, la malheureuse femme se contentait de secouer la tête :

— Ah! monsieur Izoard, si vous saviez...

Soudain il se rappela ce manquement à l'honneur dont la lettre d'Eudeline lui parlait... De quoi s'agissait-il, voyons? à un ami comme lui on pouvait tout dire.

— Eh bien! voilà...

Humble et le front penché, comme au confessionnal, elle lui chuchota d'une voix morne la navrante confidence que le pauvre Eudeline venait de lui faire à elle-même, pendant qu'ils marchaient le long du canal... Hélas! toujours l'horrible loyer, toujours la terreur de Marc Javel... Des marchandises, en dépôt à la fabrique, engagées au moment du terme, puis vendues faute d'argent pour renouveler. Alors la plainte portée, le juge d'instruction, l'envoi en correctionnelle, Mazas, le déshonneur pour lui, pour les enfants...

— Ah! mon ami, c'était cela surtout qui l'affolait; la pensée que nos petits auraient à rougir de leur nom, que de braves gens comme vous n'oseraient plus les recevoir... « Si je meurs, me disait-il, on ne me poursuivra pas, le nom de nos enfants ne sera pas sali d'une condamnation... » Moi, je résistais, vous pensez bien; je le priais de ne pas se tuer. Mais il me parlait avec tant de force, il trouvait des raisons si justes, pour me prouver que sa mort était la seule façon d'arranger tout, de le sauver, lui, de la prison, et nos petits, de l'infamie. A la fin, je ne savais plus que répondre... Violent, despote comme il était, j'ai toujours cédé, vous savez bien... J'aurais dû crier, m'accrocher à lui... J'étais anéantie, hébétée. Il m'a dit brusquement : « Embrasse-moi, mémère, et va-t-en sans te retourner. » J'ai fait comme il me disait... et maintenant je suis là, sans savoir... Dieu te protège, mon pauvre homme !

Les enfants rentraient. Elle s'interrompit, inspecta leur toilette de ses mains tremblantes, pendant qu'Izoard songeait épouvanté à ce suicide héroïque, si naïvement consenti par cette malheureuse ilote. « Du moins, que sa mort serve à quelque chose... », se disait-il en emmenant les enfants rue de la Ville-l'Evêque, où le sous-secrétaire d'Etat à l'Intérieur habitait un ancien hôtel avec jardin, à la porte du ministère.

Le sous-chef sténographe à la Chambre met au clair pour l'imprimerie le compte rendu de la séance, en l'émaillant des *bravos à droite* ou *à gauche... rumeurs sur quelques bancs... applaudissements prolongés...* On comprend que les députés aient tout intérêt à se mettre bien avec lui. Aussi le Marseillais était-il sûr qu'au reçu de sa carte, M. le sous-secrétaire d'État, même en train de déjeuner, se garderait de le faire attendre ou de le renvoyer à un autre jour, comme il n'eût pas manqué d'agir avec de bien plus hauts fonctionnaires que lui. A peine introduits dans un cabinet de travail tel qu'ils n'en avaient jamais vu — celui du proviseur de Charlemagne semblait une antichambre à côté — un cabinet somptueux et haut comme une église, avec de longs vitraux peints, des tapis profonds, des sièges en cuir et vieux chêne, à distance majestueuse les uns des autres, les enfants, intimidés déjà, perdirent contenance en voyant s'avancer, les mains tendues, un haut personnage, au teint de rose, aux moustaches blondes et soignées, le geste arrondi dans des vêtements sombres de laine anglaise, la serviette du déjeuner jetée sur le bras, en indication.

— Mon cher maître, qui me vaut cette bonne visite ?

Izoard lui montra les deux enfants :

— Les fils de votre locataire Eudeline, monsieur le sous-secrétaire d'État...

Aussitôt, le sourire de Marc Javel se figea, les coins de sa bouche, de ses yeux retombèrent, et blafard, les paupières allongées, il proféra quelques phrases explicatives. Le matin, précisément, il avait reçu de ce M. Eudeline une lettre très exaltée, de ces lettres comme en reçoivent tant les gens en vue, qu'il avait renvoyée à son avoué Petit-Sagnier, chargé de la succession Javel. Or, voici le petit bleu que l'avoué venait de lui répondre.

Le père Isoard, à qui le sous-secrétaire d'État passait la dépêche discrètement, dit très vite :

— Nous n'avons rien à cacher à ces enfants, hélas !...

Et il lut tout haut :

« Je ne crois pas un mot de ce suicide. On veut continuer avec le neveu le même jeu d'exploitation qu'avec la tante. Je maintiens la vente pour après-demain samedi. »

Du coin où les deux enfants s'étaient involontairement blottis, le même élan furieux les jeta en avant, indignés. Tous deux voulaient parler à la fois; mais Tonin, le petit, le rouge, ne put faire que les gestes de sa colère. Une contracture nerveuse empêchait les mots de sortir d'entre ses dents, serrées dessus à les broyer. L'aîné, Raymond, n'était guère plus éloquent avec sa voix en mue, le dégingandage de son grand corps poussé trop vite; pourtant, comme il fallait un défenseur à celui qu'on outrageait devant eux si injustement, l'enfant sut se tirer d'affaire. Non, leur père n'était pas un imposteur... S'il avait dit qu'il se tuerait, c'est qu'il voulait le faire, certainement; et il se tuait pour échapper à de mauvais singes qui s'acharnaient après lui, M. Petit-Sagnier et puis d'autres... Ça, on le saurait, il le dirait partout, il l'écrirait dans les journaux... Ah mais, c'est que !...

— Le père est mort, monsieur le ministre, on ne leur a pas encore dit, murmura le Marseillais inquiet de cette fugue exaspérée; mais un vague sourire de commisération aux lèvres de Marc Javel le rassura tout de suite, et convaincu que le haut fonctionnaire était aussi remué que lui, il ne se gêna plus pour écraser deux grosses larmes que ces cris d'enfants lui mettaient au coin de l'œil. Ah!

pauvre vieille barbe, comme si un homme politique et pratique, habillé de solides étoffes anglaises, pouvait s'émouvoir à ce petit drame de famille contemporain de Diderot. Tout de même, le gamin avait parlé de journalistes, et M. le sous-secrétaire d'État les craignait, les journalistes. Sous ce titre : « l'Héritage Javel », il se figurait un Premier Paris, relatant la mort volontaire de Victor Eudeline et la visite des enfants rue de la Ville-l'Evêque. C'est cela qui ferait un beau tapage. Il s'agissait de réparer bien vite la gaffe de Petit-Sagnier. Heureusement Izoard de Marseille était là, aussi bénisseur que bavard, et, tendant vers lui sa main loyale, large ouverte :

— Mon cher maître — Marc Javel prêtait ce titre à tous ceux auxquels il n'en pouvait donner d'autres — Mon cher maître, je vous remercie de m'avoir amené ces jeunes gens, et de l'occasion que vous m'apportez de réparer une injustice.

Puis, s'adressant avec une douceur divine à Raymond stupéfait :

— J'ignore, mon jeune ami, si votre père a donné suite à sa fatale résolution... J'ose espérer encore qu'il n'en est rien... En tout cas, dites à madame votre mère, de ma part, que si les gens de loi ont un langage, les honnêtes gens en ont un autre. Il n'y aura pas de vente chez vous après-demain, ni les samedis suivants.

— Je savais bien que je retrouverais mon Marc Javel! cria joyeusement le sténographe se retenant pour ne pas sauter au cou du ministre orateur.

Ce n'est pas la vente, en effet, qui eut lieu le surlendemain, mais l'enterrement d'Eudeline, retiré du canal au bout de quelques heures, et que sa femme avait obtenu de faire passer par Saint-Joseph de Belleville. Les obsèques, dont Izoard faisait les frais, furent très convenables. Beaucoup de monde, surtout des ouvriers et du petit commerce. Les grandes maisons en voulaient au successeur de Guillaume Aillaume pour ses théories humanitaires et sociologues; mais combien regrettèrent leur abstention, quand on apprit que le sous-secrétaire à l'Intérieur était venu jusqu'au cimetière. Pour atténuer la mauvaise impression dans le public, Marc Javel avait compris qu'il devait assister aux funérailles de sa victime; même il eut l'ingéniosité d'amener avec lui comme bouc émissaire son avoué Petit-Sagnier, type de *solicitor* obèse et jouisseur, que les ouvriers de la fabrique, vaguement informés, accueillirent de grognements et de mines revêches. Quant à Marc, lorsqu'on le vit descendre du coupé ministériel, ganté de noir et si correct, devant cette lointaine église de faubourg, il y eut pour le recevoir un sentiment de sympathie universelle. Pierre Izoard et les enfants qui l'attendaient sous le péristyle, sachant qu'en sa qualité de franc-maçon et de Vénérable il n'entrait jamais dans les églises, s'avancèrent tous les trois, congestionnés de larmes, pour le remercier d'être venu.

— *Fortitudo animi!* dit tout bas, en lui montrant le catafalque embrasé de cierges sous le porche, le sténographe à qui son émotion remémorait de vieux textes de son professorat.

Le ministre ne savait pas le latin et s'en cachait comme d'une lèpre; mais il comprit au jugé que ce *fortitudo* faisait allusion à la mort héroïque de ce père pour ses enfants, et l'aîné se trouvant près de lui, il le mit contre sa poitrine, d'un grand geste d'adoption.

— Enfants, dit-il de sa voix suave et pleine, qui s'entendait de loin, votre père était un de ces républicains de vieille roche auxquels le gouvernement de la République n'a rien à refuser. Tout ce que Victor Eudeline nous demande dans sa lettre d'outre-tombe pour Eudeline Raymond, fils aîné de sa veuve et soutien de famille, sera fait. J'en prends l'engagement devant tous ceux qui m'écoutent.

Et il y en avait!

De ce jour date le premier pas, le pas décisif de Marc Javel sur le grand chemin de la popularité, où nous l'avons vu depuis évoluer avec une souplesse, une vitesse sans exemple. De ce jour aussi, Raymond prit possession de son nouvel emploi de soutien de famille. Il en devina les responsabilités et les servitudes à une espèce de pitié, de déférence, dont il se sentit subitement enveloppé, tandis qu'il marchait derrière le corbillard avec son frère. Sans doute, la mort de ce père si indulgent, si tendre malgré ses violences, leur causait une peine affreuse; mais à son chagrin personnel se mêlait je ne sais quelle fierté, et même un peu de pose. Il ne pleurait pas en enfant, comme Antonin, et marchait, le dos rond, avec importance et solennité.

Cette attitude morose, fort au-dessus de son âge, cette sensibilité toujours exagérée et un peu fausse, il la garda pendant les trois ou quatre ans qu'il passa comme boursier à Louis-le-Grand, pour finir ses classes. Son histoire, à peu près connue dans le lycée, surtout la faveur du ministre, à qui on savait qu'il devait sa bourse, lui faisaient une célébrité. Au parloir, les élèves le montraient à leurs parents :

— Tu vois, ce grand blond de troisième B, il n'a que quinze ans, il est déjà soutien de famille.

Et le surveillant, que les mères interrogeaient à leur tour, chuchotait d'un ton de mystère :

— Un jeune homme très protégé...

Comme toujours, cette protection fut plus illusoire qu'effective. Quelques semaines après les funérailles d'Eudeline, le sous-secrétaire d'État se faisait annoncer chez la veuve, très fière de cette visite, et qui les recevait, lui et son homme d'affaires, Petit-Sagnier, dans ce bureau du rez-de-chaussée où le désespéré avait sué sa nuit d'agonie, entre le grillage de la caisse et deux rangées de livres de commerce en basane. Pierre Izoard et le comptable Alexis se trouvaient là, sur la demande expresse de Marc Javel, avec qui ce conseil de famille avait été combiné par Mme Eudeline, devant l'impossibilité de continuer le commerce de son mari. Une nature molle et rêvassière, une éducation sans mère, commencée au Sacré-

Cœur, puis achevée aux environs de Paris par une institutrice romanesque, dans la solitude de ce château de Morangis, où s'était retiré le vieux Guillaume Aillaume, n'avaient pas permis à sa fille d'être pour le ménage cet appoint d'activité et d'intelligence féminines qui, dans le commerce parisien, est l'explication de bien des fortunes. Le goût et l'instinct des affaires lui manquaient ; la violence de son mari lui en donna l'horreur et le tremblement. Cet homme excellent qui l'adorait, la mettait en fuite avec ses cris et, après dix-huit ans d'une vie à deux assez heureuse en somme, la laissait, comme le servant d'une pièce de marine au fort calibre, ahurie et presque sourde. Un détail en dira plus que tout : dans ces bureaux, où se tenait le conseil, depuis son mariage elle n'était pas entrée deux fois. On comprend qu'ainsi désarmée, avec des enfants tout jeunes, la malheureuse femme reculât devant une succession commerciale dont le comptable lui étalait tous les dangers, tous les embarras, triomphant de la netteté et de la régularité de ses livres. Une maison très achalandée, sans doute, mais déjà vieillie ; beaucoup de désordre, des créances périmées et des dettes, sans parler des termes en retard, que les factures à recouvrer ne payeraient certainement pas. Comment sortirait-elle de là ? Vendre le fonds ?... Mais il faudrait s'acquitter d'abord ; sans cela, qui voudrait d'un fonds usé, troué comme la bassinoire à Babet. M. Alexis, qui tenait à son expression berrichonne, la répéta plusieurs fois, pendant qu'Izoard et Mme Eudeline se regardaient consternés.

— Eh bien! moi, j'ai un acquéreur, fit Petit-Sagnier sur un signe de son illustre client.

Il nomma les frères Nathan, de petits marchands de meubles de la rue de Charonne, qui prendraient la maison avec dettes, termes en retard...

— Et l'immeuble de la cour? demanda vivement Pierre Izoard.

L'avoué ouvrit les bras, comme s'il laissait tomber l'affaire. Les Nathan n'avaient pas parlé de l'immeuble qui du reste accaparait l'air, le jour et la place dans une cour déjà trop petite; ils seraient enchantés de s'en débarrasser. Mme Eudeline eut de la peine à retenir ses larmes. Comment! ne pas même leur rendre le prix de la construction, les dix mille francs que Pierre Izoard leur avait fait prêter. Le gros avoué avança une lippe méprisante: une des nombreuses erreurs de ce pauvre M. Eudeline, l'idée de cette construction.

— Ne pensez plus à cela, chère amie, interrompit le sténographe, la personne qui vous a prêté cet argent n'est pas pressée de le ravoir.

Marc Javel eut un sourire indulgent :

— Elle est donc bien riche, cette personne?

— Dans mon genre, monsieur le ministre, dit le Marseillais tout épanoui.

— En ce cas, mon cher maître...

M. le sous-secrétaire d'État tirait de sa jaquette un élégant portefeuille en galuchat, y prenait un chèque qu'il signait au bord du bureau avec la plume d'Alexis — encore un cher maître à remercier — et remettait au sténographe un bon de cinq mille francs, afin que son imprudent ami n'y fût pas de toute la somme déboursée.

Izoard rougit, protesta, puis à la réflexion :

— Eh bien! si, tout de même, j'accepte pour Mᵐᵉ Eudeline qui va se trouver encore moins riche que moi et que mon ami.

La pauvre femme ne savait plus où elle en était.. on lui devait déjà tant à ce bon M. Marc Javel! Quelques jours avant, c'était la bourse de Raymond; ensuite une lettre de recommandation pour Esprit Cornat, l'ancien membre de la Constituante, maintenant directeur d'une grande maison d'appareils électriques où Pierre Izoard venait de faire entrer Antonin, comme apprenti... Ces cinq mille francs par là-dessus!

— Madame, je vous en prie, murmura Marc Javel, paternel et doux comme l'Évangile.

Dans le coupé du ministère, qui descendait à fond de train la pente boueuse du faubourg, l'avoué Petit-Sagnier reprochait à son client cette générosité inutile:

— Que diable! Je vous arrange une affaire superbe, je vous débarrasse d'un bail ridicule, d'un locataire dangereux, je vous fais cadeau d'un immeuble magnifique, et vous venez gâter mon chef-d'œuvre avec vos cinq mille francs, vrai!...

— Maître Petit-Sagnier, dit le grand fonctionnaire approchant de sa narine un cigare de la

Havane, aussi bien roulé et du même ton fauve que sa moustache, je n'aime pas les affaires trop belles et me méfie de ce qui ne coûte rien... Cet argent n'est pas perdu, croyez-moi... Vous êtes là pour sauvegarder l'héritage de la tante; mais, moi, j'ai ma carrière politique à surveiller.

— Et vous vous y entendez, patron! fit avec une gaieté respectueuse l'avoué qui, jusqu'alors, avait pris son client seulement pour un homme heureux.

Ces cinq mille francs, en attendant que Raymond fût en âge de tenir efficacement l'emploi de soutien de famille, permirent à la veuve, qui s'était réfugiée à Cherbourg chez la sœur de son mari, d'y vivre moins à l'étroit et d'envoyer quelques douceurs à l'interne de Louis-le-Grand et à l'apprenti d'Esprit Cornat. Les lettres qu'elle écrivait à ses garçons, à l'aîné surtout, chargé de leur avenir, se plaignaient de l'exil auquel la mère et la fille se voyaient condamnées pour longtemps, et le même désolant *postscriptum* suivait invariablement la signature : « Travaille, mon enfant, travaille, et tire-nous d'ici au plus tôt. » Il travaillait, le malheureux; mais par une extraordinaire malechance, lui qui, jadis, sans aucun effort emportait tous les prix de sa classe à Charlemagne, à présent que ses études avaient un but défini, volontaire, n'obtenait pas même une nomination à la fin de l'année. Ses maîtres, confidents de sa peine, témoins de ses efforts, attribuaient à une fatigue de croissance cet arrêt subit de l'attention, de la mémoire chez un être aussi parfaitement équilibré. Izoard, lui, l'expliquait par la secousse nerveuse dont la mort tragique du père avait ébranlé les deux enfants.

— Regardez Antonin, le plus jeune, disait-il à Marc Javel, un jour qu'ils en parlaient dans un couloir de la Chambre,... depuis le suicide d'Eudeline, ce pauvre petit est resté comme bègue; il bredouille, il cherche ses mots... Qui sait si ce trouble, cette hésitation de la parole ne se sont pas portés, chez le grand frère, sur les ressorts de la volonté.

— Possible, mon cher maître... C'est égal, faites-le venir un dimanche matin au ministère... ça se soigne, ces choses-là. Au revoir, et ne manquez pas de m'amener votre jeune homme.

Izoard n'y manqua pas, certes; mais il arriva que sur les innombrables visites faites à son protecteur soit à l'Intérieur, aux Finances ou au Commerce, postes divers successivement occupés par Marc Javel, le boursier de Louis-le-Grand fut reçu, en tout, deux fois pendant la durée de ses études, à peine cinq minutes chaque fois, et pour entendre le même boniment que sous le porche de Saint-Joseph, les mêmes engagements pris au nom du gouvernement de la République envers Eudeline Raymond, fils aîné de veuve et soutien de famille... « Ne l'oubliez pas, jeune homme. »

Il eût mieux valu pour un temps que le jeune homme les oubliât, ses lourdes et solennelles charges d'avenir; car l'idée qu'il se faisait de sa tâche, la crainte de n'être pas de force à la remplir, ne pouvaient que le paralyser, priver de tout élan, de toute joie ses brèves années de jeunesse. A une matinée du Théâtre-Français, où deux divisions de Louis-le-Grand avaient été conduites, *Hamlet*, que Raymond voyait jouer pour la première fois, le remplit d'un désespoir un peu théâtral et forcé comme toujours, mais dont il n'avoua la cause qu'à un type de rhétorique-lettres, un nommé Marquès, qui marchait dans le rang à côté de lui, au retour du spectacle.

— Pourquoi il me fait pitié, ce prince de Danemark, pourquoi je pleure sur lui comme sur un de nous, c'est parce qu'il me ressemble, vois-tu, Marquès, qu'il a comme moi une tâche au-dessus de ses moyens, à laquelle il pense à toute heure, et qui lui interdit tout plaisir. Lui non plus n'a pas le droit d'être jeune, d'aimer et d'être aimé, d'avoir son âge. Il faut qu'il soit un héros, un vengeur, et il sent qu'il ne peut pas; c'est à vous fendre l'âme.

De cette confidence, que le type de rhétorique-lettres racontait le soir à sa mère, une femme de ministre, je vous prie, naissait chez cette dame que la haute gomme républicaine appelait encore « la belle Marquès » un vif intérêt pour ce blondin à l'âme romanesque, et d'une si jolie nuance de cheveux; mais cette curiosité latente ne fut satisfaite que plus tard. Raymond alors ne voulait voir personne, n'acceptait aucune invitation. Ses dimanches, il les passait au Palais-Bourbon, chez Izoard; plus souvent à Morangis, un petit village de banlieue où, depuis la maladie de sa femme, le sténographe prenait l'habitude de vivre une partie de l'année. C'est ce même Morangis qu'habitait le vieux fabricant Guillaume Aillaume, retiré du commerce, et le lien s'était fait entre les deux familles par cette rencontre de villégiature.

Tous les samedis soir de jadis, Izoard et Eudeline descendaient à la station d'Antony et, laissant M⁰ Eudeline monter dans la correspondance avec sa fille, suivaient à pied un de ces chemins creux ombragés de vieux ormes, un arbre démodé, qui ravinent l'immense plaine entre la Belle-Épine et la tour de Montlhéry. Délices toujours nouvelles pour le fabricant du faubourg, cette marche d'une heure entre deux haies d'aubépine et de prunelles, au bras du vieux sténographe qui lui révélait les dessous de la Chambre, les mystères des couloirs, clamant de sa voix de tonnerre : « Gambetta me l'affirmait aujourd'hui même, à la buvette... » ou « Je tiens de M. Dufaure que la loi ne passera pas... » pendant que Raymond et Antonin se roulaient, semaient leurs livres et cahiers de classe dans les champs de sainfoin et de betteraves, mêlaient leur expansion bruyante aux « tireli » de l'alouette montant et tourbillonnant au-dessus des moissons, comme prise entre les mailles blondes du soleil couchant.

A l'entrée de Morangis, à la croisière de trois routes, s'érigeait, au milieu d'un terre-plein de verdure, un grand peuplier d'Italie qui avait un passé politique et que le père Aillaume, déjà propriétaire dans le pays en 48, se souvenait d'avoir vu tout ébranché, sans écorce, peint aux trois couleurs et baptisé « Arbre de la Liberté » par le curé de ce temps-là. Devant ce peuplier, retourné depuis lors à la nature, rentré dans la vie civile, nos Parisiens trouvaient, le samedi soir, Geneviève Izoard qui les attendait, entourant d'attentions le pliant de la malade, toute embobelinée de châles, et, près d'elle, le vieux Guillaume Aillaume, masque de Voltaire retouché par Labiche, toujours la tabatière à la main et une bonne prise massée entre deux doigts, venu au-devant de ses petits enfants qu'il adorait. On s'arrêtait un moment pour causer politique, sans s'entendre jamais, car il y avait là des générations différentes, chacune avec sa façon de sentir, même de parler. Puis, la fraîcheur du soir faisant frissonner le grand peuplier jusqu'à la cime, Geneviève, inquiète pour sa mère, donnait le signal, et l'on se séparait, d'un côté la malade, marchant doucement entre son mari et sa fille vers un très ancien pavillon de chasse qu'ils habitaient, composé d'un rez-de-chaussée sur perron, avec de hautes fenêtres à tout petits carreaux, ouvertes sur dix lieues de blé et de colza; par la route opposée, le grand-père Aillaume s'en allant de son petit pas vif de vieux sécot, en tête de la famille Eudeline et dans la direction du château, qu'on apercevait énorme et noir avec sa façade flanquée de deux grands tulipiers, toutes ses vitres rougies par le couchant lui donnant l'aspect d'une bâtisse incendiée, restée debout par sortilège.

D'année en année, l'arbre de la Liberté, dont le faîte s'ébranchait peu à peu, avait vu s'éclaircir son petit groupe d'amis du samedi soir. Le vieux Guillaume manqua d'abord, ensuite Victor Eudeline, et quelques mois après, Mme Isoard, qui avait endormi son éternelle plainte dans le cimetière de Nice ; enfin Mme Eudeline et Dina, dont l'exil en province semblait devoir durer longtemps encore. Pour attendre le sténographe à son arrivée de Paris, un soir, il n'y eut plus à la croisière des chemins que Geneviève en grand deuil et son ami Casta, de son vrai nom Sophia Castagnozoff, petite boulotte à lunettes, fille d'un grand marchand de grains d'Odessa, et qui, venue à Paris faire sa médecine contre la volonté des siens, donnait, afin de payer ses inscriptions, des leçons de toutes les langues mortes et vivantes, de toutes les connaissances que sa mémoire slave et sa vaste intelligence avaient emmagasinées. Pierre Izoard qui, par aventure, ne partageait pas sur le cerveau féminin les méprisantes théories de son maître et ami J.-B. Proudhon, aurait voulu, aidé de l'amie Casta, procurer à sa fillette — le Marseillais disait *filietle* — l'éducation classique complète des jeunes garçons. Mais la maladie de la mère, les voyages dans le Midi, empêchèrent Geneviève d'aller jusqu'aux deux baccalauréats que son père lui désirait. Quand elle revint du Midi, toute seule et si blanche dans ses vêtements noirs, avec des yeux trop brillants, des lèvres de piment rouge, ses amis s'alarmèrent ; elle dut vivre à la campagne, s'interdire toute fatigue, et

Sophia, dans cette petite maison de Morangis où elle trouvait un écho à ses idées de ustice idéale et d'émancipation universelle, ne vint plus que comme amie et comme médecin. Pourtant Geneviève, bien qu'interrompue au milieu de ses études, en savait assez pour faire travailler Raymond, plus jeune qu'elle, lui donner des répétitions de latin et même de mathématiques, auxquelles l'écolier pensait toute la semaine, rêvant de ces après-midi du dimanche qu'il passait dans un coin de la salle à manger de Morangis, sombre ou claire selon la saison, assis aux pieds de cette exquise grande sœur que les enfants nommaient « tantine », un Virgile ouvert sur des genoux qui le brûlaient à travers les jupes.

Raymond approchait de ses dix-huit ans ; il entrait en philosophie. Nos philosophes de lycée se reconnaissent d'ordinaire à une mine soucieuse, une gravité de chambellans, fiers de porter, brodées dans le dos, ces deux clefs symboliques et mystiques avec lesquelles Kant et Schopenhaüer leur ouvrent toute l'âme humaine et toute la vie. Ne riez pas, c'est une des misères de notre pays, l'importance donnée chez nous, depuis la guerre de 70, à la philosophie, surtout la philosophie allemande, qui remplace dans nos lycées ces lumineuses « humanités », si longtemps le rendez-vous, comme le palier intellectuel des études supérieures.

Assombri déjà par ces devoirs et droits d'aînesse dont il s'exagérait les responsabilités, cette étude nouvelle à laquelle Raymond s'initiait aurait dû le plonger dans le noir le plus noir : le professeur était navrant, la doctrine désespérée ; sortis de classe, les élèves entre eux ne parlaient que de suicide et de mort, de la laideur de l'existence et du néant de tout. Et pourtant, dans la morne jeunesse du boursier de Louis-le-Grand, elle compta comme la meilleure, cette année de philosophie, qui s'ouvrit sur un dimanche d'octobre 1883, entre tous les autres inoubliable.

Ce matin-là, Geneviève et son amie Casta, arrivée à Morangis depuis la veille, attendaient au carrefour de l'arbre de la Liberté le père qui était allé prendre Raymond à la gare d'Antony. Assise sur l'herbe jaunissante et rase, le dos au grand peuplier à demi défeuillé par l'automne, l'étudiante écrasait son large nez kalmouk et ses verres de myope dans un cahier de notes de médecine qu'elle ne lisait pas, pendant que Geneviève piétinait, d'un chemin à l'autre, chassait les pierres du bout de son ombrelle, traçait devant elle dans la terre des ronds, des lignes, toute la graphique inconsciente de l'attente distraite et de l'impatience.

Entre les deux amies, le contraste était le même qu'entre leurs attitudes. La Russe, lourde, courte, sans âge ni sexe, la peau fanée, vêtue et chapeautée dans les magasins du Quartier ; l'autre, guère plus de vingt ans, d'une élégance longue et pleine dont le deuil finissant s'éclairait d'un chapeau de paille blanche garni de violettes abritant l'éclat rosé du visage, des yeux d'un gris de velours, une bouche trop rouge et trop grande, accentuée en bonté. Envahies par le silence du dimanche, cette immobilité de tout qui se perçoit si vivement dans les plaines, où le travail a le geste plus large, s'entend et se voit de plus loin, elles se taisaient depuis longtemps, quand un coup de feu assez proche, mais comme étoupé par le léger brouillard d'arrière-saison, fit dire à Casta, sous l'éclair malin de ses lunettes :

— Tiens, le fils Mauglas est en train de vous tuer des grives.

L'ombrelle de Geneviève continuant à griffonner distraitement sur le chemin :

— Vous n'êtes pas juste pour ce garçon, reprit Casta... Il a l'air de vous adorer, il a du talent, il est modeste ; car vous êtes restée bien longtemps sans vous douter que le fils de vos voisins, les vieux maraîchers, entourés par lui de tant de soins, de tendresse, fût le Mauglas des *Débats*, de la *Revue*, le savant critique musical, auteur de ces belles études sur les danses grecques et syriaques, d'après les médailles... Je ne prétends pas qu'il soit beau, ni même élégant, mais enfin pour vous il s'efforce, il se soigne... et puis il a l'air d'un mâle, celui-là, ce n'est pas un travesti.

— Epousez-le, ma chère, lui jeta Geneviève, se retournant avec dépit.

L'étudiante leva du cahier de notes sa pauvre face d'Esquimaude, endimanchée de rubans et de panaches, pour répondre doucement, sans la moindre rancune :

— Moi, je voudrais bien ; c'est à lui que ça n'irait pas, faite comme je suis. Seulement écoutez, ma petite...

Elle l'attira d'un appel affectueux, et la tenant par les mains, droite devant elle :

— Il faut pourtant que je vous le dise, ce que j'ai depuis longtemps sur le cœur... Que faites-vous ? où allez-vous ? où conduisez-vous cet enfant qui a quatre ans de moins que vous et dont vous ne ferez jamais un homme, n'importe comment vous y tâcherez ? Encore si c'était le petit frère, Tonin. Il n'a pas même seize ans, lui, et c'est un bègue, une moitié d'infirme, mais quelle énergie, quelle volonté !... Tandis que l'autre... Croyez-vous vraiment qu'il travaillait, quand vous le teniez des journées près de vous, contre vous, vos yeux dans le même livre ? Il en a pourtant bien besoin, de son travail, pour lui comme pour les autres ; et c'est vous qui l'en détournez... Je pense à tout ce qu'on a imaginé pour expliquer la diminution évidente des forces d'attention et de compréhension de ce jeune Eudeline ; ce n'était pas sorcier à découvrir. Vous avez été le prétexte à l'indolence de ce lymphatique, son opium... Arrêtez-vous, ma chérie. Vous êtes en train de faire son malheur, à ce petit, et peut-être le vôtre. Il n'y a pas de grande sœur qui tienne ; la chair est un terrible piège où il se prend, où vous allez vous laisser prendre un de ces jours. Et alors, quoi ? Vous ne pouvez pas être sa femme ; autre chose, non, n'est-ce pas ? Je vous vois en détresse tous deux avant longtemps.

Sans retirer ses mains, sans essayer d'interrompre ni de nier, Geneviève rougissante laissa son amie parler jusqu'au bout. Ces reproches qu'elle entendait, combien de fois elle se les était adressés à elle-même! « En voulez-vous la preuve, ma chère Sophia? » Elle avait rapproché son loyal et beau sourire des verres de la myope pour bien lui montrer la limpidité de sa pensée, et tout bas, de tout près, comme s'il y avait autre chose autour d'elles que le silence et la solitude :

— Je vais me marier, mon amie...

— Ah! brave fille, dit l'étudiante dans un élan qui la mit debout. Et avec qui?

— Toujours mon même prétendant, l'homme de la questure, Siméon. Il doit venir déjeuner ce matin et renouveler sa demande. Seulement, cette fois...

Casta la regardait, ahurie :

— Non vraiment, c'est sérieux? Siméon?... Vous vous décidez pour Siméon?

L'arc de ses gros sourcils s'accentuait, à chacune de ses phrases, d'étonnement et de stupéfaction. Comment! ce bellâtre de ministère, méthodique, à remontoir; ce lièvre peureux de son ombre, sans passion, sans idées, n'ayant jamais rien dit ni pensé qui n'ait été pensé et dit par tant d'autres avant lui, voilà ce que Geneviève Izoard préférait au talent fier, à l'intelligence indépendante de Mauglas!

— Voyons, mon petit, vous êtes donc devenue sotte? Vous ne le trouvez pas assez chic, assez jeune?

— Non, ce n'est pas cela... Je ne le connais pas assez, Mauglas, il me fait peur.

— C'est vous qui me faites peur, dites donc... Je ne connais ce garçon que par vous, et devant lui j'ai toujours parlé librement de moi, de mes amis. Hier encore, il m'entendait raconter que j'avais caché dans ma chambre...

— Oh! soyez tranquille, interrompit Geneviève vivement, je le crois honnête; seulement il y a au coin de son rire, dans le pli de sa lèvre, je ne sais où, quelque chose d'obscur et de cynique qui me gêne. L'idée que cet homme pense à moi, qu'il emporte mon souvenir, mon image dans sa tête, m'est désagréable.

La Russe murmura : « Moi qui en serais si heureuse... » Puis avec un soupir :

— Comme tout s'arrange mal, dans la vie !

Des pas, des voix en marche s'approchaient dans le tournant du chemin. Sous ses rubans criards, les pommettes jaunes de l'étudiante s'empourprèrent d'innocentes lueurs ; elle venait de voir briller, derrière Izoard et Raymond, le canon d'un fusil de chasse et une plume de coq-faisan piquée sur un chapeau tyrolien.

— Ecoute ça, *filiette*, gronda la basse-taille du Marseillais dont le clair matin irradiait la barbe en tablier de sapeur, de plus en plus longue et blanchoyante, écoute çà, et dis-moi ce que tu en penses. Mauglas, que nous venons de racoler en route, prétend que d'une génération à l'autre on est aussi loin que de Mars à la Terre ou n'importe quelle planète, et que des gamins comme Raymond, lorsque je leur parle du coup d'Etat de 1852 et du lâche reniement de Badingue, ne savent pas ce que je veux leur dire...

— Pas plus qu'ils ne comprennent ceux de ma génération qui leur prêchent la revanche et la guerre.

Le retroussis d'une épaisse double lèvre, serrant une pipe anglaise, une pipe de chasse, à tuyau court, ce sourire que Geneviève n'aimait pas, accompagna cette étrange affirmation d'un gros homme à tête d'acteur bohème, de trente-cinq à quarante ans, en houseaux jaunes aux boucles étincelantes et veston de velours trop neuf, qui s'approcha des jeunes filles avec un salut de cour jusqu'à terre, balayant le chemin de sa plume mordorée. L'étudiante, qu'il ne gâtait guère de ses attentions d'habitude, fut si fière d'avoir sa part de cette révérence, même ironique, que, le temps d'un éclair, sa pauvre figure en devint presque jolie. Naturellement, Mauglas n'y prit pas garde et continua, tourné vers Geneviève :

— C'est comme si, devant mademoiselle, j'accusais M{^{me}} Lafarge d'avoir arseniqué son mari. Quelle que soit l'opinion de M{^{lle}} Geneviève sur cette cause célèbre, j'imagine qu'elle me l'exprimerait sans fanatisme, tandis qu'hier soir, à dîner, à la maison, j'ai cru que ma chère maman appellerait sur ma tête le feu du ciel, simplement parce que j'avais mis en doute l'innocence de cette sainte femme. Il y a comme cela des mots, des dates, qui sont des pierres de touche pour aider les gens d'une même époque à se retrouver, à se reconnaître, ainsi ce nom de Mme Lafarge, du vieux Raspail, de l'eau sédative, pour ma mère et votre père aussi, n'est-ce pas, mademoiselle?

Geneviève lui jeta un « oui » distrait, sans se retourner, absorbée déjà par Raymond qui, serré contre elle, lui racontait en marchant une lettre désolante, arrivée le matin même de Cherbourg, une lettre où Mme Eudeline, à bout de forces, écrivait avec des larmes à son grand fils qu'elle désespérait décidément de revoir jamais son cher Paris, d'y vivre au milieu de ses enfants; et comme c'était une sentimentale, elle aussi, une contemporaine de Mme Lafarge, de *Lélia*, d'*Indiana*, elle suppliait Raymond de lui envoyer bien vite quelques fleurs d'un des grands tulipiers de Morangis, voulant avoir près d'elle et respirer, évoquer avant de mourir, le souvenir de ces beaux endroits de sa jeunesse qu'elle ne reverrait plus.

Il est vrai qu'en travers de cette lettre sinistre, deux lignes rassurantes de Dina témoignaient de la parfaite santé de Mme Eudeline; mais le pauvre enfant devait porter sur son cœur depuis le matin ces reproches détournés, ces doutes de sa mère, car la « tantine » sentait frissonner contre son épaule la tunique en gros drap du lycéen, — Kant, ni Spinosa, pas même Schopenhaüer, hélas! ne dispensant nos jeunes philosophes de leurs uniformes de potaches. Et c'est justement ce jour-là qu'elle avait choisi pour lui causer une grosse peine. Ah! le fils des voisins pouvait pirouetter autour d'elle, essayer des effets de littérature et de houseaux neufs, pendant qu'ils avançaient tous ensemble d'un pas traînant de causerie à travers l'immense plaine espacée de bouquets d'arbres et de hautes meules; elle ne voyait rien, ne songeait qu'à une chose : « Comment lui dire qu'elle allait se marier?... A quel moment lui dire? » Avant le déjeuner, bien sûr. Raymond connaissait l'homme de la questure et ses intentions; rien qu'en le voyant arriver, tout à l'heure, il comprendrait, et la nouvelle apprise ainsi, sans explication, sans préparation, lui serait bien plus douloureuse. Seulement, le moyen d'être avec lui cinq minutes, avant l'arrivée de Siméon?... Soudain, la masse régulière et lointaine du château de Morangis, se dressant à sa droite avec les tulipiers de la façade, lui rappela le désir de Mme Eudeline.

— Si nous lui cueillions ses fleurs tout de suite? dit-elle tout bas à Raymond, et, sans attendre sa réponse, elle l'entraîna en criant aux autres d'aller devant, qu'ils s'arrêtaient au château quelques minutes.

A vingt-deux ans, Geneviève Izoard, bien qu'élevée par une étudiante en médecine et un père aux idées très avancées, était restée une vraie jeune fille, d'une candeur et d'une innocence délicieuses. Plusieurs raisons à cela : d'abord le père Izoard, de fabrication marseillaise, très complexe, à compartiments et cloisons étanches, voulait bien que sa fille fût instruite mais ne tenait pas à en faire une lycéenne à uniforme, bourrée de mots scientifiques, pas plus qu'une jeune mondaine à l'affût des courses et des premières, parlant tous les argots, imitant les chanteuses de beuglants à la mode. Ayant élevé Geneviève en dehors de toute pratique religieuse, il la voulait d'autant plus réservée de manières et de langage; là-dessus, un vrai papa du midi, farouche, intransigeant, d'un rigorisme de gardien de sérail. On citait ce mot de Geneviève, conduite par mégarde à un spectacle un peu vif, et disant ingénument à son amie Casta :

— Tu comprends, c'est pour papa surtout que j'étais gênée!

Sans partager les idées méridionales du vieux sténographe, cette Sophia Castagnozoff qu'il s'était adjointe pour compléter l'instruction de sa *filiette* lui avait plu d'abord par la tenue sévère de ses mœurs et de son langage, ses effarouchements célèbres à l'École de médecine. Quand les étudiants voisins de Casta, soit au cours, soit dans les promenades botaniques, voulaient se débarrasser de cette pauvre laide et de ses conférences humanitaires, ou seulement pour la joie de la voir rougir jusque dans la racine de ses cheveux fauves, ils n'avaient qu'à lâcher leur verve de voyous et de carabins; elle s'écartait alors avec des pudeurs de grosse chatte, un secouement de ses franges et de ses panaches. Outre ces deux influences éducatrices un peu spéciales, la maladie de sa mère avait tenu Geneviève constamment à la maison; elle n'était jamais entrée dans un cours de demoiselles ni dans un pensionnat, n'était pas d'esprit romanesque et manquait de ce qu'on est convenu d'appeler l'imagination, c'est-à-dire qu'elle s'absorbait dans ce qu'elle faisait, y mettait toute son attention, toute sa volonté. Ainsi s'explique l'ingénuité absolue où cette rayonnante créature était restée jusqu'à vingt-deux ans, et comment l'instinct de maternité, le premier, le seul éveillé en elle, avait pu se transformer, devenir de l'amour presque inconsciemment. Quand elle s'en rendit compte, aux vacances dernières, cette découverte la remplit de confusion. Être aimée de ce collégien, cela se comprenait encore; mais l'aimer elle aussi, s'émouvoir à son approche, rêver de sa jolie figure aux boucles blondes, de sa moustache de jeune hussard, de ses mains pâles et délicates, s'irriter quand il regardait d'autres femmes ou si la mère de son ami Marquès le faisait demander au parloir, voilà de ces faiblesses dont elle n'eût jamais pensé souffrir. Cet enfant à qui elle avait appris à lire, elle, tantine!... ce serait abominable un sentiment pareil si ce n'était risible. Et tout de suite elle essaya de se dégager, se surveillant comme la femme la plus subtile aurait pu le faire, évitant les contacts dangereux, les tendres familiarités. Mais que de peine, quel émiettement d'efforts inutiles. C'était toute son existence à refaire, un déménagement d'habitudes; et le père Izoard effaré, qui demandait à chaque instant du jour :

— Qu'est-ce qui te prend, *filiette?*

Et les yeux du petit qui se levaient, stupéfaits, désolés, embus de grosses larmes anxieuses, ces larmes d'enfant auxquelles les mères ne résistent pas. Alors, voyant combien ce qu'elle essayait était difficile, et qu'elle n'en viendrait jamais à bout, elle s'était décidée à ce mariage héroïque.

Sa résolution prise, il fallait la faire comprendre et accepter par Raymond, et ce serait difficile, car sans avoir jamais osé le dire, il l'aimait et ne l'ignorait pas, lui. A seize ans, il faisait des vers pour elle, des vers baudelairiens, des cantiques fervents en latin de la décadence — *Genovefæ meæ laudes —* où il énumérait les beautés de son amie, son teint d'aubépine, sa taille longue et souple. Les rares figures de femmes évoquées dans ses livres de classe, princesses et guerrières, que ce fût Electre au grand cœur fraternel ou la Camille de Virgile, lui apparaissaient toujours avec le sourire éclatant, les clairs yeux gris de la tantine. En classe, en cour, au dortoir, en promenade; il ne songeait qu'à celle dont le portrait, en joli médaillon, ne le quittait jamais. L'ami Marquès était seul à le connaître, et sa mère, la femme du ministre, obtenait par exception de le voir aussi, très intéressée par ces amours adolescents; bien entendu, Eudeline entourait d'aventures romanesques, masquait d'un faux nom le beau visage aux yeux large ouverts, d'une netteté déconcertante et si limpides qu'ils laissaient voir leur sympathie jusqu'au fond. Par quel moyen faire entendre que ces sentiments étaient partagés? Comment dire à cet ange : « Je vous aime! » sans s'exposer à perdre le coin de paradis qu'on tenait déjà, le demi-bonheur dont tant d'autres se seraient contentés? Consulté là-dessus, Marquès, le jeune homme pervers et connaissant la femme comme pas un à Louis-le-Grand, Marquès lui proposait deux modes de déclaration, ou l'étreinte à pleins bras, et bouche contre bouche, un soir qu'ils seraient seuls; ou plus insidieusement, un savant libertinage de causeries, de lectures et d'images. Heureusement que retenu par une honnêteté, plutôt une timidité de nature, Raymond, si confiant qu'il fût dans la précoce expérience de son ami, continua d'aimer en silence aux pieds de Geneviève, de se serrer, de se frôler contre elle, son livre ouvert sur ses genoux. Ce matin d'octobre, cependant, en marchant dans la belle lumière, le sang fouetté, les veines gonflées, il avait senti en lui comme un ouragan de sève, une crue subite de jeunesse et de puberté. Tout en marchant, il se répétait : « C'est pour aujourd'hui, je lui dirai que je l'aime... » pendant que Geneviève se préparait de toutes ses forces à lui faire croire, à se faire croire à elle-même qu'elle ne l'aimait pas.

— Le château n'est donc pas encore habité? demanda Raymond, comme ils arrivaient devant la grille monumentale, bandée d'un écriteau sur lequel le vent et la pluie s'amusaient à effacer un peu plus chaque jour : *A vendre ou à louer*.

— Il n'a vraiment pas de chance, ce malheureux château...

Geneviève en parlant cherchait vers la porte la chaîne de la cloche qu'un routier, furieux de ne trouver personne, avait sans doute arrachée.

— ... A la mort de ton grand-père, il a été vendu à des Anglais qui y ont installé une magnanerie, pour faire en grand la culture des vers à soie. Ça n'a pas réussi. Après eux, on a mis l'écriteau et il n'a plus bougé.

Du fond de la cour, une casquette forestière apparue au rez-de-chaussée, dans l'encadrement d'une des hautes fenêtres dominant le perron aux vieilles pierres, cria d'une voix de commandement :

— Poussez la grille, elle n'est pas fermée.

Geneviève obéit.

— C'est le père Lombard, dit-elle à Raymond, un ancien garde de Fontainebleau, il est là pour faire visiter le château, et se distrait en fabriquant des cannes, des fourches, des râteaux avec les bois de toute espèce qu'il trouve dans le parc. Tu sais que grand-père Alliaume avait la passion des arbres exotiques... Mais qu'as-tu, mon petit? comme tu trembles!

Le grincement que fit la grille pour s'ouvrir, associé aux cris d'un paon sur la crête du mur, dans le soleil, et au clocher voisin sonnant la grand'messe, bouleversa Raymond jusqu'au plus intime de son être. Il revivait des dimanches pareils de sa petite enfance, par ces blancs matins de lumière dorée. Il revenait de la chasse avec son père, et traversait, en lui donnant la main, la cour d'honneur toute craquante de sable fin, aujourd'hui mangée d'herbe, jonchée de feuilles mortes. En passant, il jetait sur la table de la cuisine le carnier pesant dont le cuir lui brûlait le dos. Que de choses, mon Dieu! Quel tourbillon! La tête lui tournait, son cœur lui semblait emplir sa poitrine, et à chaque pas, pour le moindre objet reconnu par son souvenir, la niche de l'Autan, le vieux chien danois de grand-père — oh! ce nom de l'Autan qui avait intrigué toute son enfance!... — l'éraflure laissée dans la muraille par la cloche des repas, il sentait venir des larmes.

— Ça me fait trop mal, tantine, dit-il à la jeune fille, toute remuée aussi de son émotion. Prenons nos fleurs et allons-nous-en.

Elle s'en voulait de l'avoir amené là et n'eût pas mieux demandé que de partir. Mais les deux tulipiers de la façade, que l'orage de la dernière nuit avait dépouillés de la moitié de leurs feuilles, étaient défleuris depuis longtemps. Le garde Lombard, qui s'était approché et respectueusement découvert en apprenant qu'il parlait à un des anciens propriétaires du château, se souvint heureusement que sur un petit arbuste au bord de l'eau il restait encore quelques fleurs :

— Si monsieur Eudeline veut aller jusque-là, il peut passer par le bas. Justement le vestibule est ouvert... Je profite des derniers beaux jours pour donner de l'air au grand salon et battre les rideaux qu'on y a laissés... avec cette badine de ma fabrication, ajouta le garde fièrement, en montrant une baguette de noisetier taillée en sifflet dans le haut.

À travers les quatre fenêtres du salon, ouvertes à toutes persiennes sur deux vues et se faisant vis-à-vis, Raymond apercevait la pièce d'eau étincelant au soleil parmi les splendeurs automnales comme une haute glace répondant à celles encastrées dans les tentures vert et or du salon. Aurait-il le courage de marcher jusque-là, enlacé de ces mille souvenirs qui, de la maison d'enfance, sortent du sol en lianes grimpantes, serrantes, étouffantes.

— Décidément, ça te remue trop... nous reviendrons un autre jour, murmura Geneviève apitoyée.

L'enfant se raidit, voulut faire l'homme :

— Non! il faut... je veux... un autre jour, ce serait trop tard.

Il la prit par la main et ils entrèrent ensemble.

Oh! ce vestibule, sonore et dallé, avec son stucage d'un rose pâle, où d'anciens chapeaux de paille pendaient encore aux patères ; il ne fit que le traverser, mais quelle émotion en retrouvant cette odeur de fruitier et de moisissure! Au tournant du grand escalier, dont la rampe avait toujours la pomme de cristal ébréchée par l'arbalète d'Antonin, n'avait-il pas cru entrevoir le dos du grand-père Aillaume et sa montée furtive de long chat maigre. Par les portes entre-bâillées, à droite, à gauche, des ombres sortaient, entraient, semblaient l'appeler de loin, lui faire signe dans le demi-jour des pièces abandonnées. Il voyait se tendre des mains, il entendait chuchoter des voix amies, éteintes depuis longtemps, des frôlements de robe au tournant des couloirs, il reconnaissait le tic-tac de vieilles pendules mortes. Et son impression que Geneviève subissait par contre-coup était si vive, qu'une fois dehors, la grande bâtisse traversée, ils marchèrent longtemps l'un près de l'autre sans parler.

Dans le parc autour d'eux, la solitude et l'abandon, non point visibles, comme à l'intérieur, par le désert et le vide des endroits traversés, mais au contraire par un envahissement de la nature qui comble tout ce que nous abandonnons; les allées mangées d'herbe, les prés envahis de mousses parasites, les arbres sans taille ni culture avec un surcroît de branches bruissantes sous la double travée de la charmille à demi défeuillée, où chantaient et sautillaient, trompées par le soleil d'arrière-saison, des bandes d'étourneaux, merles, grives, rouges-gorges, en train d'émigration, posés le temps d'une halte. Tout le parc immense, changé en forêt, ouvrait devant eux des chemins verts, ce que les forestiers appellent des routes mortes, traversés par le bond à revers blancs d'un lapin, le glissement d'une couleuvre; et sur des bancs de pierre moussue, un rayon, une ombre remuée par le vent leur donnait l'illusion de fantômes amis qui se levaient à leur passage.

« Nous voici près de l'île, il faut que je lui parle de ce mariage, » songeait Geneviève; mais de voir Raymond si ému, si faible, elle en perdait toute force. Lui, grisé de souvenirs, oublieux de l'heure, ne vivait que dans le passé; et l'apparition du grand-père Guillaume à un coin d'allée, une prise entre ses doigts maigres, son danois l'Autan sur les talons, lui aurait semblé très naturelle. En passant le petit pont jeté sur la pièce d'eau noire et profonde qui entourait comme d'un canal étroit les pelouses plantées d'arbres rares, il s'arrêta, immobile, appuyé au parapet. La jeune fille, qui le dépassait, revint vers lui, inquiète.

— Qu'est-ce que tu fais là?

Il redressa sa jolie tête un peu pâlie.

— Rien... je regardais la lumière dans cette eau moirée... Et la voix changée, peureuse : Comme je ressemble à mon père, dis, tantine?

C'est toujours ce qu'elle redoutait pour lui, le souvenir de son père et de l'horrible suicide qui l'avait tant impressionné. Elle s'en voulut davantage de l'avoir exposé à ces évocations.

— Ton père?... non, je ne trouve pas. Il était grand et blond comme toi, mais c'est tout, tu ressembles bien plus à ta mère.

— Oui, de nature, peut-être... Je suis faible, sans volonté, moi aussi, ce qui est terrible quand on a une lourde tâche à remplir... Et malheureusement je ne m'illusionne pas comme ma pauvre mère, je ne suis pas romanesque.

— C'est notre génération qui ne l'est pas, fit Geneviève en riant ; et, pour le distraire de ses idées noires, elle lui montrait le décor magique de l'automne autour d'eux, ce quinconce d'arbres dorés comme de grands ostensoirs, sorbiers, genévriers, tulipiers, dans ce champ d'herbes folles couchées par l'orage de la nuit, relevées par le soleil du matin avec la tache brune des roseaux au milieu des sorbes rouges et des feuilles tombées.

— Regarde, mon petit, le bouquet de maman Eudeline.

A genoux dans l'herbe, elle se tournait vers lui en agitant une dernière fleur arrachée par la bourrasque, et le mouvement de sa taille souple dans la laine noire de son deuil, la grâce du geste et du joli rire renversé sous le petit chapeau tressé de paille et de soleil, ce fut fini pour Raymond des apparitions et des fantômes. Subitement rappelé à la vie en même temps qu'à son amour, il s'agenouilla près de l'amie, et, la tête contre son épaule, il regardait hypocritement la fleur d'arbre d'un brun verdâtre presque couleur de feuille.

— Pauvre maman, qu'est-ce que ça peut lui représenter ce calice fripé, décoloré ! A moins qu'elle n'y trouve une image de sa triste destinée, à laquelle la mienne ressemblera sans doute.

Il frissonnait, blotti dans le cou blanc.

— Ah! tantine, la vie me fait peur. Si je ne t'avais pas pour m'appuyer, me rassurer, que deviendrais-je ? Tu ne me quitteras jamais, n'est-ce pas ?

Elle pensait : « Le moment est venu ; si je ne parle

pas maintenant, quand oserai-je jamais?... » Et, toujours à genoux, sans bouger, sans se retourner :

— Non, mon chéri, je ne te quitterai pas, quoi qu'il arrive; et quand je me marierai, prochainement sans doute, je m'arrangerai pour rester toujours ta sœur et ton amie.

Sa phrase n'était pas finie qu'elle le sentit glisser de son épaule et, se retournant, le vit écroulé dans le gazon, les yeux éteints, les lèvres blanches, son képi roulé par terre près de lui.

— Raymond, qu'as-tu, mon petit?

C'est elle, à présent, qui le prenait dans ses bras, contre sa poitrine, effrayée de le voir si pâle.

— Rien... une faiblesse, un vertige. J'ai senti le sol fuir, les arbres filer en l'air, pour un mot que j'ai cru entendre, mais que tu n'as pas dit, bien sûr... Voyons, tantine, ce n'est pas vrai? tu ne te maries pas?

Elle n'avait jamais su mentir, et baissa la tête. Alors il éclata en sanglots et en plaintes. Se marier! et avec qui?... Siméon?... Sans l'aimer, alors?... jamais elle n'en avait voulu... Non, elle ne ferait pas cela... Ah! mon Dieu...

Il pleurait, la tête cachée aux genoux de Geneviève, lui mouillait les mains de caresses brûlantes, tandis qu'elle essayait de l'apaiser, de le convaincre.

— Il le faut, mon petit Raymond, le père le veut; je ne suis plus jeune, tu comprends. Et puis, toi aussi, un jour, tu te marieras et cela ne t'empêchera pas de rester mon ami.

Il secoua la tête :

— Est-ce que je pourrai me marier, moi ? Dès que j'aurai dans les mains un métier, j'ai tout un ménage à faire vivre, je suis soutien de famille... Et d'ailleurs, est-ce qu'il existe pour moi une autre femme que Geneviève ? Me serait-il possible d'en épouser une autre ? C'est que je t'aime, moi, et toi, tu ne m'aimes pas... Non, tu ne m'aimes pas d'amour, tu ne sais pas ce que c'est que l'amour. Tu me prends pour un enfant à cause de mon képi et de ma tunique. Cependant j'ai dix-huit ans, et dans notre cour à Louis-le-Grand, j'entends ceux de mon âge parler de leurs maîtresses. Moi, je n'en ai jamais voulu de maîtresse parce que je ne pensais qu'à toi, que ton amour me gardait de toutes les parodies de l'amour... Mais si tu m'abandonnes, que veux-tu que je devienne ? Ma vie est si triste, si morne. Ah ! méchante, méchante tantine...

Il se tut, couvrant toujours les jolies mains qui s'abandonnaient à lui de baisers et de larmes. Elle se taisait aussi, agitée d'un cruel débat, sentant l'heure et l'endroit solennels. Pour la vaincre, elle pourtant si vraie, il fallait que le mensonge s'en mêlât ; que le rhéteur, qui déjà déclamait en lui, abondât en vaines paroles :

— C'est bien simple, dit-il redressé tout à coup, si tu te maries, mon père m'a montré le chemin qu'il faut prendre pour sortir de la vie et de ses laideurs ; mais je n'attendrai pas son âge...

Elle cria d'épouvante :

— Raymond, tais-toi!...

Il persista, très calme, dans la sûreté de son argument :

— J'y pensais, tout à l'heure, penché sur le pont... Mon père m'est apparu au fond de l'eau comme quand on l'a retiré du canal... Il me faisait signe de le rejoindre, que je serais mieux, bien mieux... C'est bon, j'irai voir...

Il répéta deux ou trois fois : « J'irai voir », avec un sourire mauvais, un accent de menace douce qui la remplit de terreur. La vérité, c'est que dans son image reflétée au fond de l'eau tout à l'heure, une lointaine ressemblance lui avait montré son malheureux père. « Comment a-t-il eu le courage de se tuer? moi, je ne pourrais pas... Vivre avant tout, oh! vivre.... » s'était-il dit dans sa courte méditation qui avait tant effrayé la pauvre fille, trop sincère maintenant pour mettre en doute les menaces répondant si bien à ses angoisses personnelles. Oh! ces lois sinistres d'hérédité, dont la science est venue assombrir la vie déjà si noire!

« Névropathe comme son père, pourvu qu'il ne finisse pas comme lui! » Combien de fois s'était-elle révoltée en entendant son ami Casta jeter ce diagnostic implacable de jeune savant aux efforts du petit et à ses espérances! Voyez-vous maintenant si, au lendemain de son mariage, on lui rapportait l'enfant tiré de l'eau, les lèvres bleuies comme tout à l'heure, les yeux éteints à jamais, et pour un Siméon qu'elle n'aimait pas, qu'elle ne pouvait aimer!... Et brusquement, pendant qu'il proférait son cruel et mensonger « J'irai voir », elle lui ferma la bouche avec la main :

— Assez, ne te fais plus de peine, surtout ne dis plus de pareilles horreurs. C'est convenu, je ne me marierai pas encore cette fois. Je ne sais ce que dira le père, comment il s'en tirera avec Siméon. Qu'ils s'arrangent. Le beau malheur après tout, si je ne me mariais jamais, si je restais toujours tantine... Montre tes yeux, voyons, dis-moi que tu es content.

Elle était tout près de lui, maternelle et passionnée, la bouche gonflée de bonté, de tendresse ; il sentit qu'il la tenait, qu'elle était à lui pour toujours, sa dupe, son éternelle dupe. Et dans un élan de joie et d'orgueil, il la prit entre ses bras, l'étreignit avec transport.

— Vrai !... bien vrai, tu ne te maries pas, tu ne te marieras jamais ? Ah ! tu es bonne, je t'aime. Dis-moi que tu m'aimes aussi.

— Raymond !...

Leurs bouches se rencontrèrent et s'unirent. C'était la première fois.

Suivirent quelques mesures de silence et de gêne délicieuse. Assis en face, l'un contre l'autre dans l'herbe folle que le soleil crible d'étincelles, où de longs fils blancs se balancent, ils ont senti se glisser entre eux quelque chose de nouveau et d'inattendu. Il n'est plus son petit, elle n'est plus sa tantine. Ils sont seuls. L'eau des fossés reluit immobile. Tout le parc chante et vibre. Ah ! si le jeune homme pervers pouvait les voir, comme il rirait de leurs lèvres en feu disjointes, de leurs mains qu'ils laissent retomber pleines de caresses inutiles.

Le silence fut rompu par leurs deux noms criés sous la charmille où pépia, s'effara toute une volière en rumeur.

— Casta... elle nous cherche. Le père doit être inquiet de nous, dit la jeune fille à voix basse. Et tous deux se levèrent vite en rougissant. Pourquoi rougir, puisqu'ils n'étaient pas coupables ?

Geneviève se trompait. Bien loin d'éprouver la moindre inquiétude, le père Izoard comptait profiter de l'absence de sa fille pour s'expliquer avec le prétendu au sujet de la dot, graves questions toujours embarrassantes à débattre devant la jeune fille.

Debout sur la porte de l'antique pavillon chaperonné d'ardoise, porte cintrée à heurtoir, surmontée d'un écusson de pierre dont les attributs cynégétiques étaient aux trois quarts effacés, dès qu'il vit paraître sur la route d'Antony la correspondance chargée de Parisiens comme aux plus bleus dimanches de l'été, le vieux sténographe se campa sur l'oreille son chapeau de planteur à larges ailes, endeuillé d'un crêpe depuis deux ans, et descendit avec majesté les trois marches du perron pour aller au-devant de son futur gendre. L'omnibus s'arrêtait à la porte des Mauglas, locataires d'un pavillon voisin de celui-ci, mais plus moderne. Le fils Mauglas et son père, vieux paysan tordu comme un cep, le teint d'un sillon de labour, recevaient du conducteur avec des précautions infinies des paniers, des mannes, des bourriches, à la marque des plus renommés fournisseurs de la gourmandise parisienne, et les passaient aux longues mains jaunes, osseuses et calleuses, aux bouts de bras décharnés, de la mère Mauglas, en train de cuisiner derrière ses volets entreclos. Le vieux 48, planté au milieu de la route, regardait ce manège avec envie.

— Sont-ils gueulards ! et c'est comme ça tous les dimanches... Le fils invite des amis à ces ripailles de famille ; en voilà justement toute une bande.

Des jeunes hommes à lunettes et monocles, en chapeaux de soie et redingote, tenue d'huissiers ou de médecins de campagne, mais avec des figures intelligentes et fatiguées, sautaient de voiture et, saisis tout de suite par ce pétillement de lumière et d'oxygène, entraient chez les Mauglas en gambadant et poussant des cris sauvages. Le dernier descendu, mis avec plus de recherche, complet vert et gants gris perle, se détacha du groupe en saluant d'un air réservé ; c'était M. Siméon, l'employé de la questure.

Neveu d'un colonel en retraite député et questeur de la Chambre, le jeune homme se targuait de ses hautes alliances, portait beau, arborait moustache et royale, un choix de cravates et de cannes varié, avait en présence des dames de petits battements fats de la paupière.

— Eh bien ! Siméon, quand je vous disais qu'elle

y viendrait, que c'était pour vous une affaire de patience... A présent nous y sommes, qué !

Poussant au bord du chemin une claire-voie à sonnette, enguirlandée de vigne, le vieux sténographe introduisit Siméon dans un grand verger qu'il partageait avec les Mauglas, séparé d'eux par un petit mur en espalier. A droite et dans le fond, pas de voisinage ; et pour clôture, d'épais buissons de prunelle et d'aubépine avec la plaine à perte de vue. Bordée d'arbres à fruits et aussi de quelques arbres verts, pour que dans la saison mauvaise la malade pût réjouir ses yeux d'un peu de verdure, une allée de sable fin admirablement trié traversait le jardin dans sa longueur, coupée au milieu d'un rond-point où se dressait une toiture de chaume dont le pied rustique servait de dossier à un banc circulaire. C'est là que s'assirent les deux hommes pour causer librement avant l'arrivée de Geneviève. On entendait de gros rires dans le jardin à côté, la belle humeur des apéritifs, et le clocher de Morangis qui sonnait au lointain.

— Je vous avais dit, mon cher Siméon, que ma fille possédait une fortune personnelle de cinquante mille francs, laissée à la chère enfant par sa grand'maman de Nice ; or, voici comment se trouve ébréchée cette petite fortune.

Le père Izoard toussa plusieurs fois pour laisser à son futur gendre le temps de dire : « Que voulez-vous que ça me fasse ? » ou « Je suis au-dessus de cela, mon cher beau-père. » Mais Siméon garda le plus complet silence et le père dut continuer :

— Quand ma femme est tombée malade et que nous avons loué ici, ce bout de jardin, ce pavillon l'ont tellement séduite qu'une location ne lui a pas suffi. Il lui fallait un acte de vente ; elle n'en dormait plus de l'idée que son bonheur pouvait finir avec notre bail. « Achète la maison, » disait la petite. Malheureusement, je ne disposais que de quinze mille francs et on nous en demandait vingt-cinq mille. Geneviève fit la différence, ce qui ne vous étonnera pas.

Le jeune homme paraissait très surpris, au contraire.

— A quelque temps de là, reprit le sténographe, Victor Eudeline, le père des deux enfants que vous connaissez, eut besoin d'argent pour faire bâtir ; une question vitale, cette location de sa cour improductive. La petite me demanda : « Combien lui faut-il ? — Dix mille francs. — Les voilà. » La mère et moi nous fîmes toutes les objections raisonnables : « Prends garde, au temps où nous vivons, une fille a beau être jolie, elle ne se marie pas sans dot. » L'enfant riait : « Siméon m'épousera toujours, il m'aime. » Ah ! elle vous connaissait bien, mon cher garçon... Tout de même ça lui a fait dix mille francs de moins. Chez les Eudeline, personne ne s'est jamais douté que l'argent venait de la petite, elle le voulait ainsi ; il lui semblait que les enfants l'aimeraient moins, que ce rôle de bienfaitrice la gênerait auprès d'eux... des idées, enfin, mais de jolies idées, n'est-ce pas, mon camarade ?

Il y eut un grand silence, piqué çà et là de cris d'oiseaux, traversé des cloches lointaines balançant dans le soleil une chanson lumineuse et douce. Oh! le grand ciel profond et bleu, le clair matin pour d'heureuses fiançailles!

— Si je compte bien, alors, la dot de Mlle Geneviève n'est plus que de trente mille?

Ayant proféré ces mots d'une voix sifflante, l'employé de la questure n'attendit pas de réponse.

— C'est bien malheureux, fit-il songeur, le front incliné, les mains derrière le dos avec sa canne jaune d'or qui lui battait les jambes.

Et tout autour du banc il allait à petits pas, tâchant d'expliquer l'embarras de sa situation. Cinquante mille francs qu'il lui fallait, et non trente mille... indispensables pour sa part dans une grosse affaire, une écurie de chiens de course qu'il devait monter avec le chef piqueur de la meute de Dampierre, fonds social fixé à quatre parts de cinquante mille. On n'attendait plus que la sienne, et même on l'attendait depuis longtemps. Et l'employé, clignant son petit œil fat :

— Vous pensez bien, cher monsieur Izoard, que les occasions ne m'ont pas manqué... Mon oncle le questeur m'a procuré deux ou trois fois de très belles dots... mais avec un apport plus modeste, Mlle Geneviève me tentait bien davantage. Pourtant faut-il encore que je tienne mes engagements, et ne pas laisser à d'autres le bénéfice d'une idée qui m'appartient; car c'est moi qui l'ai eue, cette idée de faire courir les chiens, et j'aurais tant voulu que mademoiselle votre fille en profitât.

— Bah! vous savez bien comme elle est, dit le père Izoard, ne pouvant s'imaginer encore où le Siméon voulait en venir. La petite tient de son père, elle n'a jamais su ce que c'était que l'argent... Aimez-vous, ayez de beaux enfants, et l'*aze me gnille* si je vous en demande davantage.

L'homme de la questure arrêta vivement son petit train circulaire et, ses deux mains gris perle appuyées sur la pomme de sa canne, il déclara le plus posément du monde qu'une de ses faiblesses étant la peur de manquer, il lui serait impossible de se mettre en ménage sans au moins cinquante mille francs.

Le vieux riposta, très pâle :

— Ma fille ne les a pas, Monsieur.

Il le voyait, maintenant, le Siméon, en toute splendeur.

— Alors, cher monsieur Izoard, malgré mon très vif chagrin, je me trouve dans la nécessité...

Il se découvrit, inclina dans le soleil son tout petit crâne rond, traversé comme le jardin d'Izoard d'une allée droite, admirablement ratissée, puis gagna d'un pas rigide et rapide la claire-voie, qui fit « ding » pour s'ouvrir sur le grand chemin.

— Siméon... et déjeuner? cria le vieux.

A Morangis, les restaurants sont rares; il fallait gagner Antony, peut-être attendre le train... Siméon n'y avait pas songé. Il hésitait, la main sur la porte. Mais la pensée d'affronter le regard de Geneviève...

Il eut un geste à la Manlius et se sauva très vite, comme si un de ses chiens de course l'emportait.

Écrasé par l'imprévu et la brutalité de sa déception, le sténographe s'immobilisa sous la tonnelle, répétant machinalement dans sa barbe blanche : « Celle-là, par exemple!... celle-là, par exemple! » C'est ainsi que Raymond et Geneviève le trouvèrent en rentrant avec Sophia Castagnozoff. Tous les trois avaient un air singulier. Tantine, frémissante, une teinte d'anxiété qui lui rosait la peau, se demandait quel prétexte donner au père et à Siméon pour un refus définitif. Tout sonore et vibrant du premier baiser, Raymond sentait encore la souple tiédeur de l'étreinte et ces jeunes seins en coupes, moulés contre son cœur. Malgré lui, de son regard rayonnait vers la jeune fille une reconnaissance qui les embellissait tous les deux. « Qu'est-ce qu'ils ont? » se demandait l'étudiante en venant; tout le long de la route elle interrogeait son amie.

— Tu lui as dit?

— Parfaitement.

— C'est qu'il n'a pas l'air désolé du tout...

— Je ne sais pourquoi, signifiait le geste évasif de Geneviève, uniquement occupée de son refus, de ce qu'elle pourrait dire à l'infortuné prétendu.

— Siméon sort d'ici, gronda la basse-taille du bonhomme à l'apparition de sa fille sur le perron.

— Comment! il sort d'ici?

Il y eut des croisements d'impressions diverses et éperdues.

— Et pour n'y jamais revenir, j'espère bien, *trondesarnipabieüne!* vociféra le Marseillais qui ne trouvait rien d'assez blasphématoire, pas d'injure au niveau de son indignation. Devine un peu, *filiette* — il jetait les bras devant lui avec une véhémence à se désarticuler l'épaule, — devine pourquoi Siméon ne veut pas de toi, car il n'y a pas à dire, c'est lui qui ne veut plus maintenant... Et le motif? parce qu'il manque vingt mille francs à ta dot. Crois-tu que c'est un joli merle?

Sa fille lui sauta au cou :

— Pauvre père, va! nous nous en consolerons vite.

Ses yeux étincelaient sous le voile hypocrite et léger de mélancolie dont elle essayait de masquer sa joie.

— Il ne sera toujours pas difficile à remplacer, dit la Russe, dont le monocle allait de Raymond à la tantine avec inquiétude. Et, sans chercher bien loin, je crois que le fils Mauglas...

Le vieux sténographe eut un sursaut. Très jaloux de sa fille, mais aveugle comme tous les jaloux, il n'avait jamais remarqué les attentions et les approches du voisin.

— Le fils Mauglas? dit-il de son plus beau creux.

Comme pour lui répondre, dans le jardin à côté, un baryton éraillé entonnait, soutenu par des from from de guitare.

> A table, à table, à table,
> Mangeons ce jambonneau,

Un chœur de voix fausses, avec accompagnement

de tambours et de casseroles, continuait à l'unisson :

> Qui serait détestable,
> S'il n'était mangé chaud.

Geneviève prit le bras de son père :

— Voilà l'état d'esprit de mon amoureux... Profitons de l'exemple et du conseil qu'il nous donne, et allons déjeuner, mes amis.

Dans la salle à manger de l'ancien pavillon, vieux de plus d'un siècle, où tant de chansons à boire et de rires épais de fermiers généraux, de fournisseurs des armées, de pairs et de sénateurs de la Restauration et de l'Empire, avaient fait trembler les fenêtres hautes à tout petits carreaux verts, dans cette salle que l'après-midi du dimanche transformait en cabinet d'étude pour la tantine et son élève, Raymond avait passé de bien doux moments, mais jamais une journée pareille à celle-ci. L'immense plaine lumineuse, avec ses fonds de brume violette qu'il voyait de sa place en déjeunant, étalait devant lui comme un pays nouveau et splendide, une *terra incognita* que la passion venait de découvrir. Assis en face de Geneviève, toutes les fois que leurs yeux se rencontraient il avait envie de lui crier : « Viens, envolons-nous! » C'était dans tout son être un afflux de force et de joie, à l'idée qu'elle s'était promise à lui pour jamais, à la saveur sans cesse ressentie de leur premier baiser d'amour. Maintenant, la vie ne l'effrayait plus.

L'arrivée imprévue d'Antonin et les bonnes nouvelles qu'il apportait achevèrent d'égayer la table. Comprenez-vous ce gamin que son patron emmenait en Angleterre, comme surveillant de dynamo, dans une usine au bord de la Tamise, destinée à l'éclairage électrique d'un grand établissement scolaire ! Logé, chauffé, un traitement d'ingénieur, et dix-sept ans, pas même. C'est maman qui allait être contente ! Il en bredouillait de joie, le pauvre enfant, l'émotion accentuant la gêne nerveuse de sa parole, multipliant à l'infini les tics, broutilles, mots insignifiants et parasites : « Enfin... n'est-ce pas ?... le... le chose du chose, » dont il émaillait ses phrases pour se donner le temps de trouver les expressions rebelles.

— Gardez-vous votre logement de la place des Vosges ? demanda l'étudiante, qui avait fait asseoir son préféré à côté d'elle pour lui servir son café.

— Oh ! oui, mademoiselle... D'abord, il n'est pas bien cher, et comme je viendrai souvent à Paris... Enfin, n'est-ce pas ?... le... le chose du chose... il reste à votre disposition.

La Russe accepta avec enthousiasme. Justement elle cachait chez elle depuis quelques jours un de ses compatriotes, le fameux révolutionnaire Lupniak, dont la présence à Paris avait motivé celle du préfet de police de Pétersbourg avec ses plus fins auxiliaires. Ce serait bon cet asile, place des Vosges, tout préparé et si loin du Panthéon, du quartier Saint-Marcel, où habitaient tous les réfugiés.

— Quand partez-vous pour Londres, Tonin ?

— Nous devions nous embarquer demain, mais mon livret n'est pas en règle; on est très difficile à Calais pour le... le chose, pour les papiers.

— Oui, je sais, précisément à cause de Lupniak et de quelques autres. C'est pourquoi, si vous partez demain... Mais, nous les ennuyons; prenez votre tasse et filons au jardin.

Ils allèrent s'asseoir tout au fond sur un banc dans l'ombre courte de la haie.

Avec un an de moins que son frère, Antonin paraissait bien plus âgé. Trapu, la main plus dure, une main d'ouvrier de métaux, il portait dans sa démarche et sa mise, pourtant toujours très nette, une marque d'infériorité sociale, soulignée encore par des cheveux crépus d'un rouge sombre, pas du rouge vénitien, oh! non, et par des yeux sans cils, un teint éclaboussé de taches de feu. Cette infériorité, qui n'était pas de naissance et à laquelle son mauvais sort le condamnait, il la subissait sans plainte ni colère, et rien ne peut s'imaginer de plus touchant que son admiration pour ce grand frère qu'un injuste droit d'ainesse affinait de toutes les suprématies de l'éducation. Raymond l'aimait tendrement, son cadet, mais de haut, et dans la maison tout le monde se penchait un peu pour lui parler. Un innocent dont le nom, rien qu'en y songeant, faisait sourire.

— Ça m'ennuie de voir Tonin mêlé à toutes ces histoires de politique, dit l'ainé qui regardait le banc du fond.

Izoard le rassura. Antonin était un garçon raisonnable, incapable de s'emballer, et puis il s'en allait pour longtemps :

— Non, c'est plutôt Casta qui me ferait peur...

Le vieux songeait tout haut, accoudé à la fenêtre ouverte :

Ce ne sont pas des révolutionnaires, mais des fauves, ces hommes de son pays qu'elle fréquente... J'en ai connu, moi, des grands révolutionnaires... Je me vante d'en avoir été un, dans ma jeunesse... Mais on avait des entrailles tout de même, on n'était pas des loups. Ce Lupniak à tête de carnassier qu'elle nous a amené un soir et qui se glorifiait devant nous d'avoir mis le feu au château d'un général, gouverneur de district en Petite-Russie, et de l'avoir brûlé vif, lui, sa femme, ses trois enfants, en voilà un sauvage !... Et quand je pense à notre Casta si humaine et pitoyable, qui ne saurait voir mourir un insecte, quels rapports entre elle et ces cannibales? Sans compter que la plupart sont vendus à la police de leur pays, indicateurs ou provocateurs, j'en mettrais la main au feu. La pauvre enfant ne veut pas me croire, jusqu'au jour où il lui arrivera, ce qui pourrait lui arriver de moins cruel, une aventure du genre de la mienne, en 48, au club Barbès. Le grand citoyen présidait, ce jour-là, ayant pour assesseurs le patron d'Antonin, Esprit Cornat... mais j'ai dû te raconter cette histoire bien des fois, pas vrai, *fillette?*

Fillette sourit gentiment :

— Il me semble que oui, père.

— Alors, je vais la servir à ton amie, dit le Marseillais sans s'émouvoir, elle lui sera plus utile qu'à toi.

Geneviève se leva pour le suivre au jardin, troublée par l'idée de se trouver en tête à tête avec Raymond; mais la grosse pipe anglaise et le chapeau Cavour du fils Mauglas lui apparurent tout à coup, derrière la haie, dans le fond. Décidément, cet homme lui faisait peur. Sans qu'il se fût jamais expliqué, elle sentait que c'était pour elle ses rôderies autour de la maison; et rien que l'approche de son pas l'angoissait. Tout autre la gêne que pouvait lui causer Raymond, aussi préféra-t-elle rester avec lui. Et comme les autres dimanches, la tantine et son élève s'installèrent devant la fenêtre pour travailler ensemble tout l'après-midi.

— Arrivez vite, maître Izoard, et soyez mon témoin!...

D'une voix gouailleuse, le teint chauffé par la table, le fils Mauglas, visible à mi-corps, faisait signe au vieux en agitant sa pipe.

— J'ai pris Sophia Castagnozoff en flagrant délit de détournement de mineur, sur ce banc de votre jardin. Voici les circonstances... Il venait de reconduire un de ses invités à l'omnibus et rentrait par le petit chemin, quand un bruit de baisers, une averse, une giboulée de baisers lui arrive par-dessus la haie. Il s'approche, et qu'est-ce qu'il voit? On vous le donne en mille...

— Oh! monsieur Mauglas...

La pauvre Sophia s'agitait, protestait, d'un effarement si comique que maitre Izoard, à force de rire, en avala son histoire :

— Vous ne voyez donc pas qu'il se moque de vous, ma petite Castagne? D'ailleurs quel mal y aurait-il si les filles couraient après les garçons, à présent qu'ils ne s'occupent plus d'elles et ne font la chasse qu'aux dollars? Ah! mon voisin, quand vous me parliez ce matin de l'écart qui existe d'une génération à l'autre, comme vous aviez raison, quelle preuve je viens d'en avoir!...

— Siméon, pas vrai? dit le journaliste, la bouche tordue d'un mauvais rire.

Et devant l'étonnement du vieux de le voir si bien renseigné :

— Dame! vous parliez assez haut, sous la tonnelle. Je n'avais pas besoin d'écouter pour entendre. D'autant que je savais ce qu'il venait faire; il s'en était vanté devant tout l'omnibus.

— En tout cas, mon cher voisin, — Izoard souligna le mot non sans malice, — j'ai appris aujourd'hui qu'entre les hommes de mon âge et ceux de trente à quarante-cinq ans, il n'y a pas un écart, mais un abîme, surtout quand il s'agit de sentiment.

Mauglas fut de cet avis : — Ce que vous dites est absolu, cher monsieur Izoard, et pour les petites choses comme pour les grandes. Vous ne fumez pas. Les hommes de votre temps ne fument pas. Moi, regardez ma pipe, un tuyau de locomotive, tandis que voilà les jeunes, la génération d'Antonin, de son frère, ça roule à peine une cigarette, ça ne boit pas, ça ne rit jamais, ça ne chante que du Wagner, qui n'est pas commode à chanter... Ah! celui qui a dit, le premier, « les gens de mon bateau », pour signifier ses contemporains, a bien trouvé la vraie image. Quand on est du même bateau, on court la même bordée, les mêmes risques. Passagers du pont ou des premières, on a même pavillon, même pilote, même boussole. On lit les mêmes livres, les livres du bord, on se berce à la même musique. Il y a une telle solidarité, faite du plaisir ou du danger commun. Si un passager vient à mourir, tous les cœurs se serrent sans l'avoir connu, tandis que du bateau qui suit ou de celui qui précède n'arrivent que de vagues échos, des visions d'épaves dans le brouillard. Tenez, je me rappelle une vieille romance de Masini qui fait tenir tout ce que je vous dis là dans un refrain mélancolique.

Il ôta sa pipe de son coin de bouche, et roucoula, campé, le bras arrondi :

La musique d'un temps, un bateau qui s'en va...
    Ah! ah!

puis salua et disparut derrière les aubépines.

— Drôle de personnage! marmonna Pierre Izoard, écoutant s'éloigner le chanteur et sa romance enrouée.

Antonin, qui n'avait rien dit, en boule sur son banc comme un hérisson, émergea d'entre ses épaules et déclara que, pour lui, Mauglas était un voisin trop... enfin, n'est-ce pas? le... le chose du chose...

— C'est précisément ce que j'allais dire, affirma Sophia Castagnozoff.

Ce soir-là, — quand leurs amis de Morangis les eurent quittés au rond-point de la Liberté, comme d'habitude, — Raymond et Antonin éprouvèrent une joie infinie à se retrouver seuls, bien serrés l'un contre l'autre, pour gagner la station d'Antony, par des traverses qu'ils connaissaient depuis l'enfance. Une nuit tiède enveloppait de brume floconnante la plaine immense, où de hautes meules mettaient des taches sombres et arrondies, pareilles à ces koubahs, à ces tombeaux de saints surgis le soir dans la campagne algérienne. Loin devant eux, un vaste halo rougeâtre, l'haleine en feu de Paris tenait tout l'horizon. Oh! la fierté d'Antonin marchant au bras du grand frère... Avec quel respect ému il écoutait ses confidences, l'aveu de son amour pour Geneviève et de leurs serments échangés!

— Nous nous aimons, hélas! et ne serons jamais l'un à l'autre, disait l'aîné, toujours théâtral et déclamatoire, même dans l'expression de ses sentiments les plus vrais.

— Mais pourquoi, mon grand?

La voix d'Antonin tremblait, et ce tremblemen était fait de bonheur autant que de tristesse, parce qu'au fond, tout au fond, là où c'est noir, là où l'on ne se guère descendre, resplendissait l'image de la tantine, et, tout en trouvant son frère plus digne de cette grande joie, peut-être y avait-il songé quelquefois pour lui-même...

— Pourquoi ne pas vous marier aussitôt que tu le pourras?

— Je ne le pourrai jamais, tu sais bien; je suis soutien de famille... Le sacrifice est dur, mais il y a si longtemps que je m'y prépare.

Il parlait dans la sincérité de son être, tellement convaincu que des larmes inondaient ses joues en songeant à tout ce que les siens lui coûtaient. Mais Antonin ne l'entendait pas ainsi. A quoi servirait donc tout le mal qu'il se donnait, pourquoi s'exiler dans les brouillards de Londres, sinon afin d'alléger la tâche du grand frère? Dans l'ombre, il lui prenait la main, la serrait, la gardait :

— Nous serons deux à nous sacrifier, mon grand; écoute un peu ce que je compte faire.

La nuit se taisait tout autour; au loin, un hibou miaulait au creux d'un saule. Et tout en balbutiant, en bourrant de copeaux les phrases où des mots manquaient, le petit frère raconta ses projets. D'abord payer les dettes du père, les cinq mille francs qui restaient dus à l'ami d'Izoard. Depuis son arrivée chez Esprit Cornat, il avait déjà mis la moitié de cet argent de côté, au prix de quelles privations, le pauvre petit ne s'en vantait pas; mais au bout d'une année de séjour chez les English, il comptait bien que la moitié de la dette serait acquittée. Alors il ferait venir maman et Dina; déjà il rêvait pour elles d'une installation dans un magasin très soigné, où l'on exploiterait un brevet quelconque, une babiole électrique de son invention : les idées ne lui manquaient pas, Dieu merci!

Brusquement dégagé de son bras, l'aîné s'arrêta au milieu du chemin. La lanterne d'une auberge clignait à quelques pas dans la brume d'automne, puis d'autres lumières plus lointaines, les premières maisons d'Antony.

— Et moi, qu'est-ce que je deviens, dans tout ça? demanda-t-il, la bouche amère.

Pour la première fois, il venait d'être mordu d'une douleur presque imperceptible qu'il devait retrouver plus tard, toujours à la même place, mais chaque fois plus aiguë. Tonin répétait sans comprendre :

— Comment, ce que tu deviens?

— Eh! oui... mes études finies, quand je serai sorti du lycée, c'est moi qui devrai me charger de la maison, de Dina, de maman...

— Mais tu ne pourras pas... avec ton droit à faire, ou ta médecine, ou l'École normale... A quoi te serviraient tes études, sans cela?

— Enfant!

Le grand frère en képi et en tunique avait pris son cadet par les épaules et l'étreignait paternellement.

— ... Enfant!... Comme s'il pouvait être question pour moi de médecine ou de Normale, comme si je ne leur avais pas sacrifié tout cela avec le reste!

— Mais pas du tout, cria le petit Tonin dans un

élan passionné, je me charge de la maison tant que tu n'auras pas dans les mains le... le... chose du chose.

— Assez, tu me blesses, fit l'aîné avec hauteur.
Le frère bégaya :

— Oh! pardon. Je n'ai pas voulu...

Plus bas, presque en pleurant :

— Mais enfin, comment t'arrangeras-tu?

Ils arrivaient devant la station. Avec un geste qui enveloppa la petite place, son quinconce d'arbres noirs, tous les feux de la gare, le grand frère répondit :

— Ça me regarde.

Antonin eut la conviction, en le voyant si assuré, que Marc Javel s'était occupé de lui trouver une bonne place à la sortie du lycée. Tous ces braves gens y croyaient comme au premier jour, à la protection du ministre; et le petit plus fermement encore que les autres, parce que beaucoup plus naïf.

— Bon! se disait-il; je vais le faire causer en wagon... Mais à peine assis à côté de son frère, quelqu'un se précipita et prit en face d'eux la dernière place vacante dans le compartiment mal éclairé. Tout le train hurlait, débordant de monde; des grappes de voyageurs accrochés aux poignées extérieures des portières. Un train de banlieue du dimanche soir. Comme ils sortaient de la gare, un afflux de lumière blanche éclaboussa les wagons au passage.

— Bonsoir, les gosses! graillonna une voix connue, à laquelle l'aîné des Eudeline répondit :

— Bonsoir, monsieur Mauglas.

Devant son frère, il essayait de le prendre de haut avec l'écrivain, mais au fond il le craignait, le sachant railleur et mauvais chien, rougissant en face de lui de ses dix-huit ans et de sa livrée de lycéen, surtout quand la tantine était là. Ce soir, par exception, Mauglas, distrait, n'avait pas la dent méchante; penché dans la portière ouverte, il regardait dehors avidement, cherchant à trouer l'ombre et la brume avec ses petits yeux en vrille noyés de bouffissures. Tout à coup :

— Vous souvenez-vous de la guerre, mes enfants ?...
Il jetait les mots sans se retourner. Où étiez-vous pendant le siège? Étiez-vous nés, seulement?

— Je crois bien que j'étais né! dit Raymond en se redressant. Tous les moindres détails de notre existence d'alors, la fabrique fermée, changée en ambulance, le bataillon du quartier, où mon père était capitaine et le comptable Alexis sergent-major, montant la rue du Faubourg en battant la charge et chantant

        Par la voix du canon d'alarme,

et tantine qui nous lançait son ballon en exerçant Tonin et moi à nous jeter par terre à plat ventre au cri de : *Gare la bombe!* Et les désespoirs de maman avec sa cuisinière, les ragoûts de cheval, le riz au chocolat, le sale pain du siège, et un certain pâté de yack et d'éléphant, tout le jardin d'Acclimation qui t'a rendu si malade, tu te rappelles, Tonin!

Antonin se rencoigna sans répondre. Mauglas marmonna dans sa pipe :

— Il n'a pas l'air très chaud, le petit frère, pour les souvenirs du siège.

Les dents serrées, avec un craquement nerveux de la mâchoire qui indiquait l'effort de sa parole, le petit riposta violemment :

— La guerre est bête et laide... le... le... enfin, n'est-ce pas... je n'aime pas la guerre.

Le gros homme haussa les épaules.

— Pauvre mioche, tu ne sais pas ce qui est bon.

Et l'œil au guet, à mi-voix, pour lui seul, il nommait — à mesure que leurs silhouettes fantômatiques se profilaient dans la nuit — des endroits fameux où l'on s'était battu, villages de maraîchers, laiteries, fermes, usines, gares de marchandises, qui furent des redoutes, des barricades, des avant-postes. « L'Hay, Chevilly, l'aqueduc d'Arcueil, les Hautes-Bruyères... Ah ! les belles nuits de frousse et d'enthousiasme que j'ai passées là, avec les grands éclairs du fort de Montrouge et les balles de rempart des Bavarois, qui vibraient comme des coups d'archet, vromm ! »

— Ainsi vous n'aimez pas la guerre, jeune homme ? C'est de votre temps, ces idées-là... Mais à vous, spécialement, elles vous viennent de Casta, de ce carabin russe en jupon — que j'adore, du reste — et de son ami Tolstoï, un vieux fou qui crache sur la guerre comme il crache sur l'amour, parce qu'il n'a plus que de la salive et des gencives ; mais tant qu'il lui est resté une dent debout, ces crocs de bêtes fauves qu'ils ont là-bas, écartés et pointus, il a mordu à même la belle viande. Pourquoi veut-il empêcher les autres, maintenant? Pourquoi mentir aux passions d'autrefois? Eh bien! moi, je vous déclare..

Il baissa la voix, s'apercevant que les gens du wagon l'écoutaient; et ses affirmations chuchotées n'en pénétraient que mieux les jeunes oreilles forcées d'être attentives.

— Oui, mes enfants, depuis trente-huit ans que je roule ma bosse, ma triste bosse, les seules bonnes heures de ma vie, je les ai eues là, à bivouaquer dans ces gravats et ces pierres meulières... Pendant quatre mois d'hiver, ce dur hiver poméranien qu'ils nous avaient apporté dans leurs musettes de toile avec leur pain sans levure et leur saucisson aux pois, la troupe d'éclaireurs dont je faisais partie ne s'est pas une fois remisée. Pas un jour sans écoper du plomb ou de la mitraille; pas une pierre où il n'y ait eu un peu de mon raisiné ou de celui des camarades... Et les chasses à l'homme, la nuit, au fond des champignonnières, avec l'échelle de corde, la hache et le poignard, comme dans les mélos... Non, voyez-vous, mon cher Raymond, — il s'adressait au grand frère, sentant que le petit lui échappait, — vos philosophes ont beau dire, pour agrandir l'être et la vie, l'être mesquin et la vie plate, il n'est rien tel que le danger. Tout ce petit coin de banlieue m'est apparu grand comme le monde, quand j'ai cru y laisser ma peau... Et je ne l'y ai pas laissée... Quel sort! Ah! mourir à vingt ans, une balle au front, plutôt que de finir salement dans la vidange...

Quelque chose se brisa au fond de sa gorge. Il mit la tête à la portière et n'en bougea plus qu'à l'arrivée.

— Faut-il t'accompagner à la boutique? dit Tonin à son frère comme ils descendaient l'escalier de la gare de Sceaux dans la bousculade de la sortie.

Mauglas, qui marchait à côté d'eux, tressaillit et demanda :

— La boutique?

Raymond se mit à rire, Entre eux, ils appelaient ainsi Louis-le-Grand, où le règlement voulait que chaque interne de sortie fût reconduit le soir jusqu'à la porte par un correspondant, un ami.

— Mais il est inutile qu'Antonin se dérange, dit Mauglas vivement, il habite place des Vosges, à l'autre bout de Paris, et moi, sur le Luxembourg, tout près de votre lycée. Donc, si ma compagnie ne vous déplaît point...

Tonin voulait protester. Mais la parole, chez lui, était d'une mise en train si difficile, que l'aîné — fier de se montrer aux pions de Louis-le-Grand avec une notoriété à son bras — acceptait l'offre de Mauglas, sautait au cou de son frère en lui faisant mille souhaits de bon voyage, avant que celui eût sorti seulement la moitié de sa phrase.

Pendant que le pauvre garçon regagne son petit logement du Marais dans un Paris sombre et désert, en soliloquant tout haut avec cette facilité d'élocution que retrouvent les timides et les bègues livrés à eux-mêmes, pendant qu'il développe devant des

maisons en construction, des palissades chargées
d'affiches, des silhouettes de sergents de ville en faction et d'ivrognes endormis sur des bancs, tous les
beaux projets de son séjour à Londres, tous les rêves
de fortune et d'inventions qu'il n'a pas eu le loisir
de raconter à son frère, l'aîné des Eudeline et son
compagnon descendent le boul' Mich' grouillant et
flamboyant d'un dimanche d'été, — un vrai soir d'été,
en effet, cette fin de journée d'octobre, — et quand ils
passent devant un des grands cafés qui encombrent
la moitié du trottoir, le nom de Mauglas chuchoté de
table en table par toute cette jeunesse liseuse fait se
cambrer et plastronner la tunique du lycéen, et il est
content, et il bavarde, pendant que l'homme connu
qu'il est fier d'arborer à son bras tord sa double
lèvre de ce rire en coin, ce rire muet que Geneviève
n'aime pas. C'est si amusant, la vanité des jeunes,
ça vient si sûrement à l'amorce.

— Vous, mon petit Raymond, vous y voyez plus
clair que tout ce qui vous entoure. Le malheur vous
a mûri, affiné; puis la réflexion, l'étude... voilà
pourquoi je me suis adressé à vous plutôt qu'à
M. Izoard ou à votre frère.

— Merci, monsieur Mauglas.

— Que voulez-vous? cette brave Sophia m'intéresse... je la vois mal entourée, vivant avec des
frénétiques; quand elle n'est pas à Morangis, chez
nos amis, elle ne connaît que des fous. Je sens
qu'elle va se fourrer dans quelque désagréable aventure... Ainsi ce garçon qu'elle cache chez elle...

— Lupniak?

— Précisément, Lupniak. Je vous demande si c'est raisonnable... Donner sa chambre à Lupniak, un assassin authentique, signalé par toutes les polices de l'Europe, et qui n'a trouvé de refuge qu'à Londres. C'est Lupniak, vous êtes sûr?

S'il en est sûr! mais puisque le père Izoard aujourd'hui même leur en parlait avec épouvante, à Geneviève et à lui. Mauglas soupire, désolé; puis il se demande si elle n'en abrite pas d'autres. Raymond ne lui aurait-il pas entendu nommer un certain Papoff?

— Celui qui avait installé une imprimerie clandestine chez elle, rue du Panthéon?

— Tout juste, celui-là... Quelle mémoire vous avez, mon petit Raymond!

Quelques pas en silence. Puis ils s'arrêtent au milieu de la chaussée :

— Unissons nos efforts, mon enfant, dit l'écrivain, et nous la sauverons malgré elle... J'ai la politique en horreur; seulement le journal dont je suis, et qui fut le journal de Gambetta, m'a mis en rapport avec le gratin de la République... Ministre de l'Intérieur, préfet de police, directeur de la sûreté, j'ai des accointances avec tous. Notre amie est donc tranquille pour la France... mais le préfet de police de Pétersbourg se trouve à Paris avec de pleins pouvoirs; et voyez-vous Casta prise dans un coup d'épervier!... Il faut donc que je sois averti à chaque nouvelle relation qu'elle peut faire. Ainsi je me méfie d'une certaine bibliothèque russe très mystérieuse où elle fréquente beaucoup depuis quelque temps...

— La bibliothèque de la rue Pascal?

— C'est cela, rue Pascal... Quel délicieux indicateur vous feriez, dit Mauglas avec une flamme qui lui traverse les yeux, si vive que Raymond tressaille par contre-coup comme à l'éclair d'une arme à feu tout près de lui. Plus tard, que de fois il songera à cette flamme sombre, comme il mordra son oreiller de colère en se la remémorant dans la nuit du dortoir! mais à cette heure, il est tout à sa vanité, à l'ivresse de voir tous les lycéens de sa classe rentrant avec lui se découvrir avec respect devant son compagnon.

— Surtout, que notre amie sache bien que dans tous les repaires du quartier Saint-Marcel, même dans cette bibliothèque de la rue Pascal, même à la crémerie des Quatorze-Marmites, il y a parmi les révolutionnaires plusieurs affiliés à la boutique, à la police russe... Je compte que vous la préviendrez, mon cher Raymond.

— Comptez sur moi, monsieur Mauglas.

Ce nom de Mauglas, qu'il accentue exprès devant le surveillant de garde à la porte du lycée, fait au jeune Eudeline une entrée triomphale... Mauglas, Marc Javel!... il en a des relations, celui-là... un type à connaître, à retrouver dans la vie.

Toute la journée du lendemain, Raymond fut encore enveloppé par les frondaisons lumineuses du parc de Morangis et la chaleur de la première étreinte.

Pour prolonger sa sensation, en même temps qu'en alléger l'angoissant souvenir, il essaya de la fixer; mais les vers les plus décadents, les proses les plus subtiles n'exprimaient rien de ce qu'il avait ressenti. Il retrouvait la peau du reptile, son empreinte sèche et poudreuse, qui s'effritait entre ses doigts, pendant que, luisante et souple, la couleuvre lui échappait, fuyait sous l'herbe odorante, déroulait ses anneaux voluptueusement dans le soleil. Pour la première fois il comprenait jusqu'au fond le vers de Verlaine, ce Verlaine devenu depuis quelques mois le poète de la cour des grands :

Et le reste est littérature.

Combien plus facile à rendre, ce qui n'est que littérature !

A la récréation de quatre heures, ce lundi, il reçut au parloir une visite qui le bouleversa jusqu'à lui faire oublier la littérature et même l'amour. Blafarde, une fin de jour d'octobre éclairait mal la longue salle de réception au rez-de-chaussée, de peinture scolaire et sombre, où des formes vagues de parents et d'élèves se groupaient pour causer à mi-voix sous l'œil des prix d'honneur encadrés et alignés le long du mur par rang de dates. Les deux marches de l'entrée descendues, il aperçut un homme de haute taille, debout à contre-jour devant une des croisées et, croyant reconnaître le patron d'Antonin, l'ancien membre de la Constituante, il vint à lui très vite, inquiet de ne pas voir son frère. Mais il se rendit compte de sa méprise. Esprit Cornat avait bien cette chevelure grise en broussaille, le buste court, les longues jambes; mais, de près, la bouche informe, l'exagération des pommettes et des maxillaires sous une barbe fauve et inculte donnaient à l'homme une âpreté sauvage qui ne rappelait en rien le saint Vincent de Paul de la Chambre de 48. Il parlait bas, très correctement, la voix douce, l'accent étranger.

— Raymond Eudeline, je suppose? Moi, Lupniak... Attention, on nous regarde, tenez-vous... Faire savoir au plus vite à Sophie Castagnozoff de ne plus rentrer rue du Panthéon, la police avertie... Lui dire que je suis en sûreté depuis hier soir où elle m'a dit d'aller, où il faut qu'elle me rejoigne dans la soirée, sans quoi elle serait cueillie demain à Morangis.

Le lycéen sentait pâlir son visage, ses jambes fléchir :

— Que s'est-il donc passé?

— Quelqu'un a mangé le morceau...

Dans la douce inflexion slave, l'argot sonna brutalement, bizarrement.

— Pas le temps de savoir qui... Ce qu'il y a de sûr, c'est que le général est renseigné sur tout, que nos rendez-vous sont à changer, et qu'on doit se méfier de tout le monde.

La figure sabrée de grandes rides qui se creusaient à mesure, il termina vivement :

— C'est miracle que j'aie pensé à vous. Vous trouverez un moyen pour que Sophie soit avertie aujourd'hui même?

— Il y a séance à la Chambre, Pierre Izoard tout de suite prévenu sera dans la soirée à Morangis.

— Parfait... bonsoir.

Une haleine de lion, une patte énorme et velue engouffrant la main de Raymond, et, sous la porte du parloir, l'enfant vit la longue taille du révolutionnaire se courber, bondir dans l'ombre et disparaître.

Jusqu'au dimanche, quelle angoisse! Si c'était lui, pourtant, qui avait mangé le morceau. Cette pensée ne le quittait plus. Mais alors il aurait fallu que Mauglas, le seul à qui il avait parlé... Était-ce supposable? non. Seulement dans ces milieux politiques où le critique fréquentait, une parole imprudente, un renseignement donné sans intention de nuire, et l'information se propageait, arrivait jusqu'au chef de la police russe. Raymond se souvenait d'avoir été si sottement bavard. Avec une lucidité implacable d'ivrogne dégrisé, de fiévreux après l'accès, il se rappelait ses moindres intonations, se voyait marchant à côté de l'homme connu, dressé sur ses ergots de jeune coq. Pourquoi tous ceux de son âge passent-ils par cette crise de vanité, ce besoin d'affirmer une personnalité inexistante, et qui mue, et que tout blesse parce qu'il lui manque la moitié de ses plumes! Au moins quand ce délire n'est que ridicule; mais ici, tout le mal qu'il avait pu causer!...

Par une pluie menue et froide du matin, dans l'omnibus qui le menait de la station à Morangis, le dimanche suivant, Raymond Eudeline faisait ces réflexions et d'autres aussi tristes. Sans nouvelles de ses amis, il n'avait pas non plus de lettre d'Antonin, parti cependant depuis plusieurs jours. Ce ciel gris, ces vols noirs de corbeaux en accent circonflexe sur l'horizon mouillé, personne à la gare pour l'attendre, quel contraste avec le dernier dimanche! Ce qui acheva de l'assombrir fut de voir la maison des Mauglas silencieuse, toutes ses persiennes fermées.

— Ils sont en voyage, dit le conducteur qui n'en savait pas plus.

Descendu devant le pavillon, quand il laissa retomber le vieux heurtoir de la porte, le battement de son cœur retentit aussi fort. Un guichet qu'on n'ouvrait jamais grinça, le creux du Marseillais gronda : « Qui vive? » et Raymond dut se faire connaître avant d'entrer au cœur de la place.

Dans la salle à manger, à son grand trouble et à sa grande surprise, il aperçut d'abord Geneviève devant une des hautes fenêtres, à la place même et dans le fauteuil où elle lui donnait ses leçons du dimanche... Mais le tabouret de jonc aux pieds de la jeune fille, qui donc l'occupait? Antonin, son frère Tonin en tenue d'ouvrier endimanché.

— Tu n'es donc pas à Londres?

C'est tout ce qu'il trouva la force de lui dire. Il le croyait, du moins; mais il n'y a pas que les paroles de nos lèvres, il y a ce que profèrent les moindres plis du visage et le sang sous la peau et le frisson de nos nerfs, et tout l'être émotif, et ce qui l'enveloppe, cet être, l'invisible tissu. le filet du ballon, c'est avec tout cela que Raymond avait crié involontairement à son frère : « Que fais-tu ici? pourquoi prends-tu ma place? Si tu savais le déchirement que je viens d'avoir en vous voyant là tous les deux!... »

Et tous les deux, Antonin et Geneviève, dans la même langue que lui, avec les mêmes voix éloquentes et muettes lui répondirent, le rassurèrent, l'une de son beau sourire dont la ligne pure ne pouvait mentir; l'autre, de toute la fidélité canine de ses yeux, ses pauvres yeux sans cils clignotant dans la lumière de la fenêtre et l'immense horizon blanc. Cela dura le temps d'un éclair. Plus calme, Raymond s'informa de leur amie. Le petit frère prit un air de triomphe :

— Casta?.... Elle est à Londres... bien tranquille.

— Mais elle l'a échappé belle! dit le père Izoard qui rentrait dans la salle, après avoir accroché à la porte de la rue une chaine de sûreté d'un appareil formidable et bruyant. Et, penché sur Raymond, il lui chuchota dans l'oreille :

— Tu sais qu'ils sont venus la chercher ici, chez moi.

— Mais nous pouvons parler, papa, dit Geneviève en riant, nous sommes seuls dans la maison.

Tonin souleva le rideau pour montrer le jardinet des Mauglas, frileux et désert :

— Plus même de voisins.

Raymond frissonnant demanda :

— C'est vrai... les Mauglas, que sont-ils devenus?

— Mystère! depuis huit jours nous nageons dans le mystère, déclama le Marseillais posant sur la table une fameuse eau-de-vie de prunes faite à la maison, ce qu'il appelait son « clos Izoard ». L'aîné s'était trempé sur l'omnibus en venant, et pendant qu'on le sécherait avec deux doigts de ce clos incomparable, le petit leur conterait son aventure...

Donc, rentrant le dimanche soir dans son logis de la place des Vosges, après avoir laissé Raymond avec Mauglas, Tonin se sentait inquiet, pas à son affaire. Ces histoires de police russe dont on avait parlé tout l'après-midi, la commission secrète donnée par Casta pour ce Lupniak qu'elle cachait dans sa chambre, rue du Panthéon, l'avertissement qu'il eût à déguerpir le plus tôt possible et à venir s'enfermer place des Vosges, tant de détails mêlés à des préoccupations personnelles promenaient sous le crâne du brave garçon une agitation, une rumeur pareilles à la galopade des rats dans les combles du grand toit en pente raide où s'ouvraient les tabatières de ses deux chambres. Sa malle prête pour le départ du lendemain, il ne pouvait se décider à se coucher, d'autant que sa voisine, une grande belle fille, brodeuse de chasubles, avec laquelle il causait quelquefois, d'une fenêtre à l'autre, avait son soldat, un chasseur à pied très bruyant. Et voilà qu'en songeant à ce troupier turbulent qui restait là jusqu'à deux heures du matin, Antonin se dit que pour introduire Lupniak, il ne se rencontrerait pas d'occasion meilleure. Le cordon demandé, des voix, des pas insolites dans l'escalier, la présence du soldat expliquerait tout. Allons-y!...

Quand il arriva rue du Panthéon, un peu avant minuit, la logeuse de Casta qui connaissait Antonin depuis longtemps pour l'avoir vu venir avec Geneviève Izoard, s'écria en l'apercevant :

— Tiens, monsieur Eudeline, comme vous venez tard! mais Mlle Sophie n'est pas là, elle est encore à la campagne.

— Je le sais bien, puisqu'elle m'a chargé de lui apporter des livres de médecine dont elle a besoin.

— C'est que je n'ai pas la clef... Elle vous l'a laissée à vous? vous avez de la chance... C'est si méfiant, ces Cosaques!

Tonin eut beaucoup de peine à l'empêcher de monter. Et pour descendre, pour faire passer devant le bureau ce locataire inconnu, pensez s'il en fallut de l'astuce. Heureusement que Lupniak, comme sang-froid, comme combinaisons, était prodigieux. Il sortit de chez l'étudiante, une caisse de livres sur le dos, commissionnaire improvisé que Tonin avait rencontré dans l'escalier, juste à point pour transporter ce colis trop lourd à la voiture; et le lendemain, les concierges de la place des Vosges disaient au jeune Eudeline, rentrant de course :

— Votre patron, M. Esprit Cornat, est là-haut; nous l'avons vu monter.

Le petit ne répondit rien malgré son étonnement qui s'accrut en trouvant chez lui, au lieu du grand moujik aux cheveux et à la barbe incultes qu'il avait ramené dans la nuit, la face imberbe et les lunettes d'or de son patron dont Lupniak s'était amusé à copier la tête, d'après un portrait pendu à la muraille. A l'aide de ce déguisement, le Russe put aller aux nouvelles dans le quartier Saint-Marcel, ce qu'on appelait la Petite-Russie. Là, il apprit que depuis le matin — quelle chance d'avoir décampé la veille ! — il y avait eu descente de la police française rue du Panthéon, rue Pascal, aux Quatorze-Marmites, arrestation des émigrants les plus connus, une souricière au domicile de Sophie Castagnozoff, qu'on attendait elle-même d'un moment à l'autre. C'est alors que, voulant avertir son amie avant tout, la pensée de Raymond et de son lycée lui était venue naturellement, et naturellement aussi, quand Sophie Castagnozoff les eut rejoints place des Vosges, l'idée de la déguiser en ouvrier électricien allant installer une usine, près de Londres, avec son directeur. Antonin prêta à Sophie ses vêtements et ses papiers ; le patron, au courant de l'aventure, mettait au service de Lupniak sa carte d'électeur et son antique médaille de membre de la Constituante. Et le mardi dans la soirée, tandis que le petit venait s'enfermer à Morangis, qu'Esprit Cornat, pour plus de sûreté, courait régler quelques affaires à Lyon, Lupniak et Sophie partaient pour Londres, où ils arrivaient sans accident, ainsi que le constatait une lettre reçue le matin avec les cartes et papiers de sauvetage.

— Ah ! mon grand, si tu savais...

Tonin arpentait la salle à manger, suppléant par

des « choses du chose... » et une mimique passionnée aux mots de son récit qui faisaient long feu.

— ... Si tu savais quels enfants ça fait, ces révolutionnaires, quels naïfs ! ça rit clair comme des petites filles ou des bonnes sœurs... et ils assassinent, ils incendient... enfin, n'est-ce pas ?... le... le chose du chose. C'est à n'y rien comprendre ! Depuis le lundi soir où Lupniak et moi nous attendions Casta sous les arcades de la place des Vosges, et où ce grand diable, filant de pilier en pilier, avec une volubilité de clown, d'ombre chinoise, s'amusait à rendre fou le sergot de planton sous la galerie, jusqu'à notre séparation dans la soirée du lendemain, ça n'a été qu'une partie de rire entre nous trois. Moi, tout le temps à dire : « Taisez-vous ! » Ces maisons de l'ancienne place Royale sont si paisibles, tout y résonne... Et la brodeuse de chasubles, ma voisine, qui aurait voulu crocheter la serrure de ma chambre avec ses yeux, faire un trou de vrille dans la muraille... Mais Lupniak était bien trop malin pour nous laisser prendre. Il n'y a que sa cigarette de dangereuse. Déjà, rue du Panthéon, elle avait failli le faire pincer ; et chez moi, après avoir entendu la voix de Sophie et senti l'odeur du tabac, ma voisine répète partout que je reçois des femmes de mauvaise vie...

Il avait si peu le physique de l'emploi que tout le monde se mit à rire.

Subitement maître Izoard reprit son intonation de mystère, son regard circulaire et fureteur de vieux carbonaro, et apportant à Raymond son petit verre de « clos » oublié dédaigneusement sur la table :

— Ce qu'ils ne te disent pas, mon petit, c'est que Sophie Castagnozoff, dans sa lettre, affirme que la police russe entretient à Paris deux ou trois indicateurs fort adroits, parmi lesquels... voyons, devine...

Raymond accepta d'une main chevrotante le petit verre qu'on lui tendait, et demanda en s'étranglant :

— Qui ?

Le nom fut prononcé si bas, que la pluie sur les vitres empêcha de l'entendre ; mais ils le connaissaient tous, ce nom.

— Tu es comme moi, mon petit Raymond, cela te paraît invraisemblable ; et comprends-tu ces deux-là — il montrait sa fille et Tonin — qui sont convaincus que c'est vrai ?

— Il m'a toujours fait peur, murmura Geneviève.

Antonin voulut ajouter un mot ; mais le père Izoard ne lui en laissa pas le temps :

— Un écrivain de cette valeur, qui publiait justement dans la *Revue* du 15 une étude admirable : *la Danse de l'abeille aux fêtes d'Adonis*... un artiste pareil descendre à ce métier !... Et quelle preuve, en dehors de l'affirmation de notre amie ?... Ce départ des vieux Mauglas ? Mais il ne prouve rien, ce départ.

— Pardon, répliqua Geneviève tranquillement, il savait que Casta allait être arrêtée sur sa dénonciation, et se retrouver en face de nous l'aura gêné. Songe qu'elle est partie lundi soir, et que mardi matin la police arrivait.

— Sophie aura peut-être été imprudente, suggéra Raymond, enchanté et soulagé de transmettre à un autre la responsabilité de sa maladresse.

Izoard protesta :

— Jamais de la vie ! Regarde que ni toi, ni Geneviève, pas même Pierre Izoard, un vieux de la vieille, deux ans de Mont-Saint-Michel sous Louis-Philippe, nous n'avons eu sa confiance. Il n'y a que le petit, à qui elle a tout raconté ; et qu'elle n'a pas eu tort, car il s'en est tiré mieux qu'aucun de nous n'aurait su faire.

Ces derniers mots tombèrent dans un profond silence, le temps d'écouter passer un hurrah de corbeaux et la pluie, installée pour tout le jour, ruisseler sur dix lieues de plaine.

— Si vous voulez toute ma pensée... — rassuré maintenant, Raymond reconquérait son sourire hautain et paternel de soutien de famille — je trouve que pour Casta c'est aller un peu vite de s'exiler, de se condamner soi-même ; nous savons pourtant qu'elle ne conspirait pas... Mettons qu'on l'eût arrêtée, je serais allé trouver Marc Javel.

L'accent résolu, l'élan qui redressa sa longue taille dans son uniforme de lycéen... Ils furent tous saisis et le regardèrent pleins d'admiration, autant pour le ministre que pour lui. Il vit l'effet, le redoubla.

— Oui, Marc Javel ; j'ai pensé à lui tout de suite, quand Lupniak est venu à Louis-le-Grand et que j'ai senti notre amie en danger. J'avais bien envie de courir à la Chambre, mais le lycée, les règlements... et sous ma tunique d'écolier, comment accomplir un acte d'homme ?

— Bravo ! cria le sténographe, se croyant au Palais-Bourbon. Sur l'*Officiel*, il eût écrit : *bravos prolongés*.

L'orateur triomphait, mais non sans rancœur. Sa bêtise ignorée de tous et réparée, il lui restait un violent dépit contre son frère, ce gamin que la Russe lui préférait comme confident, et qui se cachait de lui, jouait au Machiavel avec lui tout un soir. Le navrant, c'est qu'elle avait eu raison, Sophia Castagnozoff, dans son choix entre les deux frères. Tout se trouvait perdu par la faute du grand, le petit avait tout sauvé, et cela dans la première grave complication où ils prenaient tous deux contact avec la vie.

Comme s'il pouvait lire sous ce front vaniteux, le petit, confiant et tendre, dit à Raymond :

— Tu as raison, grand. Je me suis trop pressé pour bien faire ; et tantine, par ma faute, se trouve privée de sa meilleure amie, car voilà Sophia partie pour bien longtemps. Seulement... enfin... n'est-ce pas ?... le... le... tu n'as qu'à parler pour elle à M. Javel, et tu la feras bientôt revenir de Londres.

Un geste de son frère l'interrompit. Ces excuses pourtant très humbles, et sincères, ne suffisaient pas à son orgueil. C'est à cause de Geneviève surtout qu'il en voulait à Antonin de ses airs glorieux, de la place prise dans la maison depuis huit jours ; c'est devant Geneviève qu'il tenait à l'humilier, à le faire rentrer dans le rang. Et lui posant la main sur l'épaule avec cette autorité protégeante dont lui-même avait senti la pesée sous une patte illustre et ministérielle :

— Veux-tu me croire, enfant? toi aussi, tu vas vivre un temps en Angleterre; pendant la durée de ton séjour, renonce à fréquenter les Lupniak, les Papoff, tous ces héros du socialisme, de l'internationalisme, même notre chère Casta... Tous ces gens-là sont trop savants pour toi, ils te détourneraient de l'atelier en te bourrant la tête d'utopies philosophiques que tu ne comprendrais pas, — c'est autrement dur que ton métier, l'étude de la philosophie, — et ils arriveraient à faire de toi ce qu'il y a de plus inutile et de plus dangereux, un métis, une espèce d'être ridicule et crépusculaire, un nègre mal blanchi.

Sous le drap rugueux de son vêtement du dimanche, Raymond sentit frissonner le dos du petit qui l'écoutait, la tête basse. Son cœur se serra aussitôt, — car il n'était pas méchant, hors de ses vanités insatisfaites; — et puis comment rester dur dans cette atmosphère de tendresse, ce logis de braves gens, tiède et lumineux comme une serre?

— Il ne faut pas m'en vouloir, Tonin, je ne veux pas te faire de peine... Mais le père n'est plus là, je suis l'aîné, et il faut bien... Dis-moi que tu ne m'en veux pas?

Le petit releva le front :

— T'en vouloir, à toi? mais le... le...

Il balbutia une minute et, à bout d'efforts, prit

entre ses mains déjà rudes la main souple et délicate de son frère, et, tout ému, appliqua dessus fortement ses lèvres gonflées de mots qui ne pouvaient pas sortir. Cette fois, Raymond triomphait; mais il lui restait une arrière-pensée, et regardant le vieux et sa fille il se demandait s'ils étaient aussi convaincus de sa supériorité.

— *Princeps juventutis*, je bois à toi! lui cria, levant son petit verre, Pierre Izoard, à qui l'émotion comme toujours faisait remonter son latin de professeur.

Et Geneviève, à quoi songeait Geneviève? L'admirait-elle comme son père? Ou se rappelait-elle les sages conseils de son amie Caeta, tandis que, le visage à la vitre, s'accoudant des deux bras au bord de son fauteuil, elle semblait interroger l'immense horizon blanc, mystérieux et muet comme une prunelle d'aveugle.

FIN DU PRÉLUDE

I

A LA LAMPE MERVEILLEUSE

Tous les Parisiens de la rive gauche se souviennent d'avoir vu — il y a une dizaine d'années — dans le bas de la rue de Seine, un étroit magasin dont la devanture, faite de petits globes de verre multicolores, rangés et superposés en demi-cercle, jetait une note éclatante sur le grisâtre alignement des maisons voisines. Cela s'illuminait, la nuit venue, et flamboyait jusqu'à neuf heures du soir à la façon d'un arc-en-ciel nocturne. L'enseigne portait, toute piquée de lumières, elle aussi :

A LA LAMPE MERVEILLEUSE
MESDAMES EUDELINE
Éclairage électrique breveté

Le pluriel de la raison sociale était assez peu véridique, puisqu'à peine Antonin avait-il rappelé sa mère et sa sœur de Cherbourg pour les installer rue de Seine, Mme Eudeline y restait seule, et Dina entrait aux Postes et Télégraphes, à quinze cents francs par an.

Ah ! l'engageante petite boutique, avec ses glaces claires, son parquet reluisant comme les étagères où s'alignaient des lampes minuscules, dites *lampyres*, à formes et couleurs de tulipes, d'iris, de grenades ; et derrière le comptoir, coiffée d'un bonnet noir sur de longues anglaises comme les dames en portaient aux beaux jours de Lamartine et de Ledru-Rollin, la vieille maman immuablement plongée dans un roman de cabinet de lecture. Que de fois je me suis arrêté sur le trottoir à contempler avec envie ce brillant et paisible intérieur, alors que je rêvais de m'installer marchand de bonheur en plein Paris. Vous lisez bien, marchand de bonheur. Ce fut un temps ma fantaisie d'adopter cette profession bizarre, de mettre mon expérience de la vie et de la souffrance au service d'une foule de malheureux qui ne savent pas discerner ce qu'il y a de bon, ce qu'on peut extraire encore d'agréable de l'existence la moins favorisée. Pour le débit de cette denrée précieuse et rare qu'on appelle le bonheur, le magasin de Mmes Eudeline me semblait le cadre idéal, comme douceur, silence, netteté, sérénité.

J'aurais probablement changé d'avis, si, caché dans quelque coin, j'avais assisté, un soir d'avril 1887, à la rentrée de Mlle Dina, rapportant du bureau central de la rue de Grenelle une de ces fringales qui creusent, aux approches du dîner, un estomac de dix-huit ans, et ne trouvant à la maison rien de prêt, rien à manger, pas même le couvert mis. Oui, le marchand de bonheur eût manqué, ce soir-là, du calme nécessaire à ses consultations, au milieu du vacarme inusité qui faisait trembler le grand vitrage séparant le magasin des pièces du fond.

Ces pièces se composaient d'une salle à manger, occupée en partie par une table ronde couverte d'une toile cirée à demeure, et par un escalier en bois, véritable échelle de moulin, menant à la chambre de Raymond. Sous cet escalier, un cabinet noir, percé d'un trou pour le tuyau du poêle, servait de cuisine et complétait la misère, le dénûment de cet envers des étalages, qu'on appelle l'arrière-boutique. En face, derrière un haut paravent, le lit que Mme Eudeline partageait avec sa fille, surmonté, au chevet, d'une Madone en plâtre, d'un grand chapelet, d'un buis bénit, de tout un étalage d'images pieuses, d'*ex-voto* auxquels la jeune fille avait la foi la plus vive, sans y trouver le moindre recours contre les colères folles où elle s'emportait souvent. Tout cet arrière-fond ouvrait sur une cour plantée de tilleuls rabougris, et dont un coin abrité servait de hangar au marchand de cadres, voisin de rez-de-chaussée des dames Eudeline. Souvent Dina, au retour du bureau, rentrait par cette cour. Ce fut même la cause de sa mauvaise humeur, ce jour-là.

Passant devant le magasin, sa *besace* en percale noire sous le bras, la tête droite, la voilette bien ajustée, elle avait aperçu sa mère occupée, dans le restant de jour qui jaunissait la vitrine, non pas à lire les *Heures de prison de Mme Lafarge* ou les *Mémoires d'Alexandre Andrianne*, ses livres de prédilection, mais à repriser le gilet d'un costume Louis XV, semé de fleurs d'argent. Le profil absorbé de la vieille dame et la hâte fiévreuse de ses vieilles mains ridées lui causèrent un mouvement de dépit qu'exaspérait encore l'aspect de la table nue et du fourneau sans feu. Du coup, le paravent fut rejeté au mur; les gants, la toque, la voilette s'envolèrent épars sur le lit. Il y eut des tiroirs ouverts et refermés rageusement, des roulements de tisonnier sur la fonte froide du poêle, et, pour accompagner cette gesticulation frénétique, il fallait voir ce délicat visage de blondine aux traits fins, à la pulpe enfantine, se déformer en grimaces, ses sourcils soyeux se rapprocher en deux rides creuses au-dessus des jolis yeux couleur d'améthyste.

« Son père !... son pauvre père !... » songeait tout haut Mme Eudeline, debout sur la porte vitrée et regardant sa fille avec tristesse. Elle lui rappelait ce terrible et cher mari, dont la violence et les cris, après plus de dix ans, lui restaient en éclats de cuivre au fond des oreilles, passaient en jets de flamme rouge devant ses yeux. Et si bon, pourtant, si tendre avec tous les siens! Comme cette petite Dina; où trouver une enfant plus exquise, accomplissant mieux tous ses devoirs? Depuis que M. Izoard l'avait placée au bureau central — cher

M. Izoard, bonne et délicate Geneviève, dire qu'on avait pu se brouiller avec des amis pareils! — rien que des compliments de tous ses chefs. On la donnait en exemple à la brigade ; et en moins de six mois elle était passée dans le service de Paris, avec les appareils Morse d'un maniement si difficile. Comment à une créature aussi parfaite, et sage, et pieuse, pouvait-il monter de ces colères diaboliques?

— Ah ça, maman, gronda le joli petit démon, pourquoi me regardes-tu de ces yeux tristes, avec ces oripeaux de théâtre que tu essayes de cacher, comme si je ne voyais pas que tu es en train d'y remettre des boutons pour monsieur ton fils? Moi qui, depuis quinze jours, te demande de faire une reprise à ma besace, cette besace où je mets mon déjeuner, ma poudre de riz, et qui est autrement utile à la maison que ce gilet d'opéra-comique!

Doucement la mère essaya de glisser quelques mots :

— Mais, mon enfant, tu sais bien que Raymond...

— Danse le menuet, en costume, aux Affaires étrangères...

Dina se déformait les lèvres sur chaque parole pour lui donner une emphase ridicule :

— Il y a assez longtemps qu'on nous en assomme de ce menuet des marquises et bergères, réglé et mis en scène par M. Dorante, de l'Académie nationale de musique... Veux-tu que je te le chante?... Non, attends, je vais te le danser... tra la la la la la.

Elle esquissait le pas en fredonnant, toujours

furieuse, crispée, et si comique, que soudain elle se mit à rire d'elle-même, vaincue par la mesure, sa colère tombée à ses pieds subitement.

— Je meurs de faim, tu comprends, quand je reviens du bureau, reprit-elle tout à fait radoucie. Autrefois, je trouvais mon couvert mis, un bol de bouillon pour attendre le dîner, mais depuis que Raymond vise la présidence de l'A et qu'il reçoit des visites dans sa soupente, on n'allume plus le fourneau que très tard, à cause de l'odeur... Alors, du moment que l'aîné a toutes ses aises, qu'on lui apporte son chocolat au lit, qu'il danse le menuet dans les grands ministères... moi, je peux m'arranger tant bien que mal.

Mme Eudeline se rassérénait devant cette fin d'orage :

— Comme si tu n'étais pas la première à te réjouir de ses succès... Ne fais donc pas la méchante.

— Je ne suis pas méchante, moins aveugle seulement que toi et qu'Antonin.

En ouvrant le buffet, elle venait de trouver un reste de daube dans sa gelée, triomphe de la maman, et commençant à manger, se trouvait dans cet état d'apaisement et d'indulgence auquel les plus âpres ne résistent guère. C'est alors que Raymond fit son apparition. Deux ou trois fois, au cours de la bourrasque, il avait entr'ouvert sa chambre, vite refermée à de nouveaux éclats. Enfin, la voix de Dina rendue à son diapason naturel, un joli marquis Louis XV en poudre et souliers à boucles, le jabot bouillonné sur la culotte de satin vert, Raymond Eudeline, avec quatre ans de plus qu'à l'automne de Morangis, se montra en haut de son échelle et la descendit lentement, frôlant la rampe en bois des « engageantes » de ses manches.

— Tiens, la petite sœur est là? dit-il, feignant la surprise.

— Laisse donc, tu m'a bien entendue, car j'ai fait assez de train.

Et tournée vivement vers sa mère, elle ajouta avec un élan d'admiration feinte :

— Mais est-il joli, joli, ton garçon, ton préféré.

Pour éviter un nouveau grain, Raymond se hâta de demander si l'on était venu de chez M. Aubertin.

— Non, personne, dit la mère; mais tu sais, je t'ai averti. Si l'on vient, on ne montera pas chez toi. Tu n'aurais qu'à te laisser tenter par les offres de cet homme... Te vois-tu parti pour l'Indo-Chine?

— Jamais de la vie! prononça Dina avec conviction.

Raymond les regardait toutes deux d'un air d'hésitation qui allait bien à ses yeux un peu troubles, à ses traits indécis, noyés dans la splendeur d'un teint refait sous la poudre.

— Vous avez beau dire, mes chéries, je crois que j'ai eu tort de refuser. Ce n'était pas grand'chose pour commencer, secrétaire intime du gouverneur et précepteur de ses enfants, mais je suis bien sûr qu'en sachant m'y prendre j'aurais, au bout de quelques mois, décroché une vraie position; tandis qu'à Paris, je n'arrive à rien. Avec ce droit qui n'en finit plus, même si je suis nommé président, je ne pourrai pas encore vous venir en aide. Il vaudrait mieux que je parte, croyez-moi.

Mᵐᵉ Eudeline eut un geste désespéré :

— Y penses-tu ? Mais ce n'est qu'un grand marécage, ce pays d'Annam... si tu y prenais une insolation, un abcès au foie ; et que deviendrions-nous, nous autres ?

— Il vous resterait Antonin.

— Tais-toi ! d'abord tu n'a pas le droit de partir... Rappelle-toi la parole du père, que M. Izoard t'a répétée si souvent. Que n'est-il là pour te la redire encore, le cher ami ! « Raymond sera le chef de la maison, le soutien de famille. Il faut qu'il en accepte toutes les charges. » Est-ce qu'un chef de famille s'expatrie ?

— Mais s'il n'a pas d'autre moyen de gagner le pain de la maison !

Et l'aîné ajouta, regardant sa sœur en dessous, un frisson au coin des lèvres :

— Je suis sûr que Dina pense comme moi.

— C'est bien ce qui te trompe, répondit la petite indignée, et son frère l'eût bien surprise en lui répétant ce qu'il entendait de sa chambre la minute précédente.

Il se contenta de sourire et, prenant des mains de la maman le beau gilet Louis XV fleuri de guirlandes minuscules, il la paya d'un baiser pour sa peine.

S'il se trouve des êtres qui, par sécheresse ou gauche timidité, n'ont pas le don de caresse, d'autres au contraire, les privilégiés comme Raymond, en possèdent le sentiment et la séduction.

— Ah ! câlin, murmura Mme Eudeline, tout émue par le frôlement d'une moustache blonde au bord de ses vieilles anglaises.

Mais la porte du magasin venait de s'ouvrir sur un violent coup de sonnette, et les deux femmes eurent la même pensée : « On vient de chez Aubertin. » Aussitôt Dina entraînait Raymond vers l'escalier, et Mme Eudeline se précipitait dans le magasin pour empêcher l'ennemi de passer.

A peine entrée, elle s'arrêta stupéfaite, cria d'une voix toute changée :

— Dina ! Raymond ! vite... vite...

Puis elle se rua en avant et, durant quelques minutes, devant le comptoir où traînaient ses lunettes, à côté des *Heures de prison de Mme Lafarge*, il y eut une mêlée d'étreintes, d'exclamations. Des bras d'un petit vieux, la tête droite et tondue, une barbe de fleuve interminable et toute blanche, Mme Eudeline passait dans ceux d'une belle jeune fille au visage de franchise et de bonté, puis elle s'échappait pour crier vers le fond :

— Mais venez donc, les enfants ; c'est M. Izoard, c'est Geneviève.

Deux ans bientôt qu'il ne s'étaient vus, qu'ils s'ingéniaient à ne pas se voir, vivant à quelques rues les uns des autres, les Eudeline rue de Seine, les

Izoard au Corps législatif. Le motif de la rupture, la cause apparente ? Une discussion politique entre Raymond et le vieux sténographe, à la suite de laquelle Geneviève était allée passer quelques mois près de son amie Sophie Castagnozoff, exerçant la médecine en Angleterre ; puis, prise d'un spleen farouche, elle avait dû revenir à Paris subitement, et c'est peu après ce brusque retour que, parlant des Eudeline avec son père, elle avait déclaré tout à coup :

— Allons les voir.

— Une riche idée que tu as eue là, tantine !

Dina entrait sur ces paroles, se jetait au cou de Geneviève qu'elle retrouvait toujours belle, mais les joues, les yeux un peu creusés. Elles se regardaient en souriant, avec une bonne envie de pleurer, tandis que le vieux gonflait sa voix pour faire l'homme fort.

— *Filiette* prétend que tous les torts étaient de mon côté, voilà pourquoi je reviens le premier.

Mme Eudeline essuyait éperdument les verres de ses lunettes.

— C'est moi qui n'ai jamais rien compris à cette brouille !

Izoard se mit à rire :

— Moi non plus, pas grand'chose.

— Et moi donc, ajoutait la petite Dina. Je me rappelle seulement que c'était un dimanche, au magasin, quand on a pendu la crémaillère... Ces messieurs parlaient de Gambetta, de la République, puis ça c'est embrouillé. Le sais-tu, toi, tantine, pourquoi nous étions fâchés?

La tantine gardait un sourire contraint, et le vieil Izoard crut exprimer le sentiment de sa fille, en disant :

— N'importe, ces brouilles sans raison sont les plus dangereuses, comme ces maladies vagues dont les médecins ignorent le nom; et je suis bien aise que ma chère *filiette* soit revenue de Londres exprès pour nous guérir. C'est moi qui ai passé un triste temps, seul dans Paris; et pour m'achever, un tas de vilenies que je voyais monter chaque jour, à la Chambre, la République noyée dans l'or et dans la vidange... mais ne parlons pas de ça. Qu'est-ce que vous avez fait, vous autres? Ça va-t-il un peu, les petites lampes? Tonin est-il toujours chez son électricien? Et Raymond, aura-t-il bientôt fini son droit? Est-il content?

— Oh! très content, se hâtait de répondre la mère. Vous allez le voir, il est là, il descend. Tu l'as prévenu, Didine?

Geneviève prononça, l'air indifférent :

— Il ne faut pas le déranger.

Et Dina, avec violence :

— Le déranger? mais il est comme nous, dans la joie de vous revoir.

Ce retard de Raymond, malgré tout, mettait une gêne. On attendait sans plus rien dire, quand le vieux 48, apercevant sur le comptoir le grand volume vert du cabinet de lecture, eut un mouvement de plaisir.

— Je vois, ma chère amie, que vous restez fidèle aux histoires de notre temps.

— N'est-ce pas, monsieur Izoard, qu'il y a de la vraie poésie dans ces *Heures de prison?*

— Et quelle injustice, la destinée de cette femme!

— Ah! monsieur Izoard...

— Ah! madame Eudeline...

Dina et Geneviève se regardèrent en riant, rapatriées par ces paroles et ces intonations connues, ce refrain découragé de toute causerie entre les deux survivants d'une génération lointaine et sentimentale, comme l'écho d'une vieille romance retrouvée. Mais le vitrage du fond s'ouvrait tout grand, livrant passage à un jeune marquis reluisant de satin, que d'abord Geneviève et son père ne reconnaissaient pas, dans le jour tombant.

— Eh! c'est Raymond, tonna enfin Izoard, les bras tendus. On se déguise donc maintenant, pour recevoir les vieux amis?

Mme Eudeline s'empressa de raconter que son fils dansait le menuet, ce soir, aux Affaires étrangères; il dînait même au ministère, en costume, avec toute la figuration du menuet.

— *Macareü!* fit le Marseillais, dont les gros sourcils se tordaient en lanières. Pas de chance, moi qui voulais vous emmener tous aux *Quatre Sergents de La Rochelle.*

Voyant l'attitude embarrassée que tenaient Geneviève et Raymond, éloignés l'un de l'autre, il jeta à sa fille d'un ton bourru :

— Embrasse-le donc... Il a beau s'habiller en marquis et dîner dans les ministères, c'est toujours notre petit Raymond.

Heureusement qu'il commençait à faire noir dans le magasin où ne restaient plus que quelques paillettes de soleil dans le haut des vitrines; Raymond seul aurait pu voir comme Geneviève était pâle et comme elle tremblait. Mais il n'y prit pas garde, déjà dans le courant de son plaisir de la soirée, avec cette fougue de la jeunesse qui jouit de tout par avance. Ah! qu'il était loin, l'innocent, le premier baiser sous les feuilles de Morangis.

— Alors, tu dînes chez les Valfon? reprit le père Izoard, comme s'il devinait la secrète pensée du jeune homme. Tu vas retrouver la belle Marquès de ton lycée. Elle était déjà ministresse, dans ce temps-là, mais pas au quai d'Orsay. Moi, je l'ai connue à Bordeaux, où j'étais professeur de rhétorique, il y a vingt ans... professeur libre, eh! là-bas... jamais prêté le serment à Badingue... Le mari de la dame, à cette époque, fin de l'empire, était le plus riche armateur de Bordeaux, un juif portugais. Valfon père, le célèbre clown, danseur de corde, donnait des représentations au Grand Cirque; le fils dirigeait un petit journal de scandales, *le Galoubet*, et déjà terriblement joueur, passait pour dévorer à la bouillotte les économies de Mme Marquès qu'il devait, à vingt ans de là, devenu son second mari, installer aux Affaires étrangères sous le nom misérable de Mme Valfon. En voilà une salade!

Sa main large étalée sur l'épaule de Raymond, il lui demanda familièrement :

— Est-ce pour la mère ou pour la fille que tu te mets ces clinquants sur le dos?

— Je ne savais pas que les Valfon avaient une fille, murmura la voix altérée de Geneviève.

— Une fille du premier lit, ainsi que le garçon, Wilkie, l'ancien condisciple de Raymond; Florence Marquès est fiancée, paraît-il, au fils du richissime soyeux et sénateur de Lyon, Tony Jacquand.

— Comme M. Izoard est bien renseigné, dit Raymond en riant.

— Question de voisinage, mon petit. Le Corps législatif et les Affaires étrangères sont mitoyens; on se regarde vivre les uns les autres par-dessus le lierre des murailles. D'ailleurs, après plus de quinze ans de sténographie à la Chambre, tu penses si je connais tout le personnel parlementaire, surtout le personnel soi-disant républicain, qui ne me laisse guère d'illusions... J'en ai appris de belles, va! depuis que nous nous sommes vus.

Et il arpentait le magasin d'un pas de colère. Ça, oui, il les connaissait, les députés. Il pouvait citer telle conscience de législateur digne de porter le bouchon de paille qui indique le champ ou le cheval à vendre. Maintenant, la Chambre s'ouvrait aux trafiquants. On voyait fureter dans les couloirs jusqu'aux portes des commissions, de ces groins de verrats, de ces lunettes à verres fumés qui masquent les regards, de ces serviettes d'agents d'affaires comme il en rôde sous le péristyle de la Bourse, dans les cafés autour du Palais de Justice. Et les questeurs laissaient faire. L'oncle Siméon, l'ancien colonel de gendarmerie, chargé de la police de la Chambre, tolérait toutes ces infamies. Comment donc! Son neveu, l'ancien prétendu de Geneviève, l'homme à l'écurie de chiens lévriers, faisait effrontément le courtage des députés et gagnait des sommes à ce honteux métier! Ah! c'était du propre. Et l'exemple venait de haut. Ce Valfon jeune, ministre des Affaires étrangères, tout Paris savait, tout Paris pouvait dire, à quelques mille francs près, le chiffre de ses dettes de jeu et la somme que serait obligé de lui compter le mari de sa belle-fille, sous peine de voir craquer le mariage... Oui, de la belle pourriture, le ministre chez qui ce brave garçon allait danser le menuet.

— Laissez-le danser, monsieur Izoard, interrompit la petite Dina, effrayée de voir surgir cette hideuse politique qui les avait déjà brouillés... Nous nous amuserons bien mieux que lui, vous allez voir

Un bras passé sous le bras robuste du bonhomme, l'autre autour de la taille de tantine, voici le plan qu'elle proposait pour la soirée. Au lieu du dîner aux *Quatre Sergents*, réservé pour un jour où l'on serait tous ensemble, elle allait commander chez Melano, le petit restaurateur de la rue Mazarine, la soupe aux ravioli, le riz à la milanaise, l'estouffato et des zambayons. Ce soir, justement, elle n'était pas de service; sitôt Antonin venu, le magasin fermé, on mettrait le couvert dans le fond... Ah! fine mouche, au premier mot de ravioli, les yeux du vieux père, fervent admirateur de Garibaldi, de Manin et de la cuisine italienne, s'allumèrent sous leurs gros sourcils.

— Entendu, petite, va faire ta commande.

— Veux-tu que je t'accompagne? demanda Geneviève à Dina.

La petite, qui se dépêchait de mettre son chapeau dans la seconde pièce, se retourna et, tout bas, montrant Raymond qui les avait suivies :

— Non, reste avec lui, et causez un peu avant qu'il s'en aille.

Geneviève ne répondit pas, n'eut même pas l'air de comprendre.

Les deux jeunes gens, restés seuls dans l'arrière-magasin, se rapprochèrent instinctivement de la fenêtre, comme si l'ombre leur faisait peur; et, silencieux, le front à la vitre, ils regardaient la cour s'envahir de soir, les pavés devenir violets, tandis que sous le hangar reluisaient des dorures de cadres, pareilles à ces rayons du couchant encore posés à la cime du toit et dans les hautes branches des tilleuls.

— Donne-moi ta main, Geneviève.

Sans répondre à l'instante prière de Raymond, sans le regarder, elle tendit sa main qu'il prit dans les siennes :

— Comme elle est froide, dit-il, comme elle tremble. C'est donc vrai que je te fais peur?

Elle, très émue :

— Non, je t'assure.

— Si, je te fais peur. Tu penses toujours à cette horrible scène, là-haut, dans ma chambre. Ai-je été assez brutal, indigne ! et tu ne t'es plainte à personne. Pauvre tantine ! oublie-la, je t'en supplie, cette mauvaise minute... Ce qui m'est arrivé ne m'arrivera plus. Tu n'es, tu ne peux être pour moi qu'une amie, qu'une sœur...

Au coin des lèvres de la jeune fille frissonnait un sourire amer et triste.

— Tu ne me crois pas, Geneviève ? oh ! je vois bien que tu ne me crois pas. Écoute alors.

Et moins encore pour la convaincre que par ce besoin qu'ont les jeunes hommes de raconter leurs bonnes fortunes, surtout à une jolie femme longtemps convoitée, Raymond lui chuchota ses succès amoureux dans le monde, le grand monde officiel, celui où il dansait ce soir. Maintenant, il connaissait la passion, la vraie ; il savait combien peu elle ressemble à cette frénésie de jeunesse qui l'avait affolé un jour jusqu'à effrayer la tantine, jusqu'à la tenir loin d'eux, fâchée, pendant de longs mois. Oh ! tellement fâchée...

A mesure qu'il parlait, la main de Geneviève devenait froide et lourde entre les siennes, jusqu'à lui échapper par son propre poids ; mais il ne s'en apercevait guère, pas plus qu'il ne voyait dans l'obscurité envahissante l'expression d'ironie et de douleur sur ce visage adorable incliné vers lui, à portée de sa bouche et si inutilement. Il détaillait les moindres épisodes de son roman, les premiers propos échangés avec sa dame du monde, un soir d'opéra, dans la loge ministérielle où Marquès l'avait amené ; son plus ou moins de hardiesse à proposer son bras, offrir un bouquet, et pour terminer :

— Voyons, tantine, toi qui es femme, crois-tu qu'elle m'aime vraiment ?

Comme tous ceux de son âge, la peur de n'être pas pris au sérieux l'angoissait, et surtout la difficulté de recevoir dans sa chambre cette belle personne qui, deux ou trois fois, lui avait exprimé le désir de le voir chez lui, à sa table de travail. Rue de Seine, dans son humiliant taudis, avec le voisinage de sa mère et de sa sœur, impossible de recevoir qui que ce soit, mais surtout une femme, une femme du monde. Ah ! l'abomination de la misère en famille... Quand pourrait-il s'échapper de là, mon Dieu ! Dire qu'à vingt-deux ans, après avoir tant trimé, absorbé des litres d'encre, il ne gagnait pas même de quoi se payer une chambre en ville. Car c'est une chambre qu'il lui fallait — tantine qui était femme devait bien le comprendre — et des tapis et un piano, Mme Marquès étant une grande musicienne renommée dans tous les salons de Paris pour son admirable contralto.

Depuis longtemps la nuit, versée comme une cendre, remplissait la petite cour, où il ne restait plus un fil de lumière. Soudain, un jet de flamme blanche traversa le vitrage : l'électricité que Mme Eudeline ouvrait dans le magasin, et tellement à l'improviste que Geneviève n'eut pas le temps d'essuyer les larmes qui brûlaient ses joues. Raymond fut surpris de lui voir cette figure de désolation, autant qu'elle l'était elle-même de le retrouver dans ce costume chatoyant dont elle ne se souvenait plus D'un geste que M. le marquis avait dû répéter souvent et d'une élégance un peu canaille, il tira de sa culotte de satin un énorme chronomètre d'or émaillé, unique héritage de son père, et dit brusquement :

— Quelle heure est-il donc? je dois être en retard.

— Alors, va! riposta Geneviève, crispée.

Une voiture roula dans la cour, le fiacre amené par Dina pour le grand frère, dont le costume aurait ameuté toutes les boutiques de la rue. Pendant qu'il montait chercher son tricorne galonné d'or et sa longue canne, la petite glissa dans l'oreille de tantine :

— Tu as bien tort de pleurer, il n'en trouvera pas d'aussi jolie que toi.

En même temps, elle appelait les deux vieux amis en train de tisonner leurs souvenirs : « Ah! monsieur Izoard... — Ah! madame Eudeline... »

— Nous embarquons Monseigneur, venez-vous lui faire la conduite?

Le départ fut mélancolique. Cette cour de misère, l'éclair des boucles d'argent sur le marchepied d'un fiacre à galerie, les manches de dentelle envoyant des baisers d'adieu par la portière...

— Nous avons l'air de jouer la *Berline de l'émigré*, disait le père Izoard, furieux de ce malencontreux menuet.

Pourtant, Raymond parti, la tristesse ne dura pas. Il y eut le couvert à mettre, le fourneau à allumer ainsi que la grosse lampe bleue — on ne s'éclairait qu'à l'huile chez l'inventeur des lampyres — puis la triomphante arrivée des ravioli qui, mijotant au bain-marie dans l'étroite cuisine, embaumaient toute la maison d'une odeur pimentée et joyeuse. Et lorsque le petit frère vint comme tous les soirs fermer le magasin de maman, l'aspect de cette nappe éclatante, entourée de ces appétits de belle humeur, surtout la présence inattendue de Pierre Izoard et de Geneviève donna aux yeux sans cils, toujours un peu hagards, du brave cadet, une expression d'ébahissement si extraordinaire que tout le monde éclata de rire.

En quatre ans, la démarcation s'était encore accentuée entre les deux frères : Antonin, de langage et de démarche, était bien le contremaitre dont la physionomie se serrait parfois d'un pli d'inquiétude et de responsabilité ; à peine aurait-il semblé le menin du jeune seigneur qu'on venait de mettre en voiture. Toujours le même bon être, par exemple, et la même difficulté à s'exprimer.

— Tu n'as pas bientôt fini, sacré lambin, avec tes volets et tes boulons ?

C'était le creux du Marseillais qui grondait joyeusement, pendant que Tonin fermait la boutique.

— Si je descends encore une fois dans la soupière, tu n'y trouveras plus la queue d'un ravioli.

Ce soir-là, en effet, le petit était d'une lenteur, d'une maladresse... Il heurtait les volets avec fracas, faisait sonner des ferrailles. A table, ce fut bien pis. De peur d'éclabousser la nappe, à peine s'il approchait son verre ou sa cuiller de sa bouche, tellement il tremblait ; et lorsqu'on lui parlait, ses efforts pour répondre !

La tantine s'inquiétait :

— Qu'a-t-il donc, notre Tonin ? Est-ce qu'il est malade ?

Mme Eudeline protesta, indignée. Tonin malade ! voilà ce qu'on n'aurait jamais vu. Et lui, croyant devoir appuyer l'affirmation maternelle :

— Oh ! ça, jamais, tantine... Seulement, la surprise de vous trouver là... depuis si longtemps... enfin, n'est-ce pas ? le... le chose...

C'est tout ce qu'il put dire, l'émotion lui scellant la bouche pour toute la soirée. Quand le père Izoard voulut savoir des nouvelles de l'atelier, si le patron était content, Dina dut parler à la place de son frère et le fit avec une abondance, une ardeur que la timidité d'Antonin ne lui aurait jamais permises.

— Content, le patron ? Mais depuis longtemps Tonin, en dehors de ses appointements, possède un intérêt dans la maison de Paris, et un petit laboratoire à part pour ses essais, ses recherches. Quand il est là, personne n'ose le déranger, pas même Esprit Cornat. C'est qu'il en est déjà sorti, des inventions, de ce laboratoire. Et toujours d'une façon imprévue. Le miracle chaque fois... Vous qui n'aimez pas les miracles, monsieur Izoard, si je vous racontais comment il a trouvé son lampyre, cette petite lampe merveilleuse à laquelle nous devons d'être tous réunis ! Figurez-vous qu'un jour, dans une caisse au rebut, un déchet d'emballage, restait un tas de vieilles herbes sèches qu'il s'amuse à calciner. Justement, moi, ce matin-là, j'avais dit un *Souvenez-vous, Marie...*

Le vieux bonze de 48 l'interrompit :

— Tu y crois donc encore, à tes manitous, petite idolâtre ?

— Mais, plus que jamais, puisque c'est toujours après une prière...

Impatienté, le bonhomme se tourna vers la mère :

— Alors vous en vendez, de ces petites lampes ?

— Beaucoup, mon ami, à regretter de n'avoir pas gardé Dina avec moi ; je vais être obligée de prendre quelqu'un... Ce n'est qu'un *petit malheur* ; mais une autre chose m'inquiète. Pour la fabrication de ce fil de carbone — comme elle était fière de prononcer ces mots techniques — la présence d'Antonin est indispensable à l'atelier, et dans quelque temps il va être obligé de partir soldat. M. Esprit est venu me voir l'autre jour, causer un peu de ce qu'on pourrait faire...

— Mais comme pour Raymond, s'écria la petite étourdiment. La mère haussa les épaules :

— Comprends donc, mon enfant, qu'on a eu pour Raymond des facilités auxquelles son frère ne peut prétendre. Raymond est fils aîné de veuve et soutien de famille, lui.

A la façon respectueuse dont elle soulignait « soutien de famille », au dévotieux allongement de ses paupières, il semblait qu'il fût question de quelque haute magistrature. Dina se permit d'intervenir. Antonin la soutenait aussi la famille, et plus effectivement que son frère. On s'en apercevrait quand il ne serait plus là.

La mère et le petit rouge partirent d'un même élan :

— Oh ! Dina...

Izoard, absorbé par son riz milanaise, releva la tête :

— Où en est-il, Raymond, définitivement ? Il me semble qu'il piétine.

— Ne dites pas cela, monsieur Izoard... Elle s'indignait, la maman. Le temps que Raymond a pu perdre, c'est toujours à cause de nous. Pour avoir une position sérieuse, assise, il s'est présenté à Normale, ce qui l'a obligé de redoubler des classes, de rester au lycée jusqu'à vingt ans. S'ils l'ont refusé à l'École, ce n'est pas sa faute, mais celle d'un examinateur dont les idées philosophiques ne cadraient pas avec les siennes. Tout le monde l'a bien dit. Il voulait se représenter ; alors son ami

Marquès lui a démontré qu'il valait mieux faire son droit pour entrer ensuite aux Affaires étrangères, où il lui garantissait de bons appointements et un autre avenir qu'à l'École normale. Il s'est donc mis au droit dare dare et, dans quelques mois, il sera liencié. Mais auparavant, ceci entre nous, je crois que nous le verrons président de l'A.

Les épais sourcils du sténographe se dressèrent en points d'interrogation :

— Président de l'A ?

— Oui, l'Association des étudiants de Paris... Il est déjà membre du comité ; il a toutes les chances pour passer aux élections du mois prochain.

— Et qu'est-ce que ça pourra lui rapporter, cette place ?

Mme Eudeline répondit, non sans orgueil, qu'il ne serait pas payé. Dina ajouta en riant :

— C'est toujours ça, les places qu'on offre à Raymond, superbes et pas payées.

Antonin voulut protester ; mais les mots ne lui venant pas, la mère s'exprima pour lui. D'abord, cette présidence de l'A offrait de grands avantages : on était reçu chez les ministres, à l'Élysée, on allait représenter la France à l'étranger, avec des bannières et de grands rubans en sautoir. Marquès, l'ami de Raymond, président de l'A l'autre année, avait eu la visite d'un grand-duc. D'ailleurs, on n'offrait pas à son garçon que des positions de ce genre. La veille encore, M. Aubertin était venu lui proposer...

Izoard sauta sur sa chaise :

— Aubertin, celui qu'ils ont bombardé gouverneur de l'Indo-Chine ? encore une belle ordure... et il aurait emmené Raymond comme secrétaire ?

— Je n'ai pas consenti, vous pensez bien, dit Mme Eudeline. Raymond n'a pas le droit de nous quitter ; mais enfin voilà la preuve que s'il voulait... Et encore, s'il avait un logement plus présentable, si au lieu de ce galetas — elle montrait l'échelle menant au-dessus — il pouvait recevoir dans une vraie chambre...

— Il va en avoir une, maman.

Tout le monde se retourna sur Antonin, qui venait enfin de parler et ne s'arrêtait plus, comme ces vieilles horloges empoussiérées, lesquelles, après bien des craquements et des faux départs, commencent à sonner et n'en finissent pas. Oui, un gentil logement au troisième... un mobilier neuf, des tapis et des rideaux magnifiques, une occasion de toile de Gênes ; mais tout cela ne serait prêt que dans quelques jours, alors jusque-là, motus !

— Viens m'embrasser, tu es trop mignon.

Et pendant qu'elle lui tendait ses anglaises, Mme Eudeline, transportée, demanda :

— Comment as-tu fait ? Tu as donc des économies ?

— Toujours, dit le petit rouge avec un rire de triomphe. Et le meilleur placement que je puisse faire, c'est... enfin, n'est-ce pas ?... de fournir à Raymond le... le... les outils dont il a besoin.

Le sténographe se tourna vers la vieille amie :

— Il parle bien, l'enfant, lorsqu'il s'en donne la peine ; mais ce qu'il exécute vaut mieux encore que ce qu'il dit. Aussi, croyez-moi, cette question du service militaire est la plus importante de toutes. Ce garçon-là vous est indispensable. C'est le moment d'aller trouver Marc Javel ; par hasard, il n'est pas ministre pour le quart d'heure, mais il le sera bientôt. Y a-t-il longtemps que vous ne l'avez vu ?

— Oh ! très longtemps. Je sais bien, j'ai tort. La petite me le dit souvent, mais ces hommes au pouvoir me font peur. Les ministères où il faut aller les chercher ont tant de domestiques, d'employés, des plafonds si hauts et tellement dorés, on est déjà impressionné avant d'entrer. Marc Javel surtout, quand je me trouve en face de lui, je me sens hébétée et comme sourde ; même sa politesse, sa façon de vous prendre, de vous tapoter les mains, les phrases dont il vous emberlificote... Enfin, il ne vous donne jamais rien et l'on dirait qu'il vous comble, ouvrez ses belles phrases en papier, rien que des papillotes vides.

Mais le père Izoard insista :

— En effet, je commence à croire, ma bonne amie, que Marc Javel, comme tant d'autres républicains de ce temps, n'est qu'un mime adroit et un prestigieux ventriloque qui fourre ses électeurs dedans avec des gestes et des phrases. N'importe, il vaut mieux que ce grimacier de Valfon ; et puis il a contracté une dette sacrée envers vous et vos enfants, il faut qu'il s'acquitte, il faut qu'il paye.

Le nom de Marc Javel, avec tout le sinistre qu'il évoquait, fit tomber comme d'une manche à air un courant glacial sur une partie du repas. On finissait, quand une voiture s'arrêtant à la porte, des coups sur les volets, les éclats de la voix de Raymond qui appelait, firent quitter la table à tout le monde.

— En voilà une aventure, s'écria l'aîné se précipitant au milieu d'eux, tête nue, le catogan de côté, le pardessus qu'il avait jeté sur ses épaules tout trempé et craquant de givre, rien que pour la traversée du trottoir.

La mère s'effarait :

— Il neige donc, que tu es tout blanc ? Il faisait si beau tout à l'heure.

La vieille barbe de 48 grommela :

— Le printemps d'aujourd'hui... aussi froid que l'hiver, seulement bien plus de caprices.

Et Raymond enfin expliqua qu'on venait d'apprendre au ministère qu'Hélène Molin de l'Huis, une des bergères du menuet, s'était foulé le pied en descendant le perron de l'hôtel familial. Mme de l'Huis avait d'abord espéré que Pétersen, le masseur suédois, en soignant sa fille lui faciliterait de danser quand même ; mais il avait fallu renoncer à tout soulagement immédiat, et dans une dépêche désolée, en dernière heure, Mme Molin de l'Huis annonçait que Mlle Hélène avait pour huit jours de chaise longue, en même temps qu'elle envoyait le costume et les accessoires pour le cas où l'on pourrait remplacer la jeune bergère.

— Et vous avez quelqu'un? fit Dina ingénument.

— Oui, répondit le frère, toi-même, ma petite.

— Tu badines!

— Ce n'est pas moi qui en ai eu l'idée, mais Mme Valfon, qui savait qu'à force de me faire répéter, tu dansais le menuet mieux que moi : « Sautez vite dans une voiture, mon ami, et allez chercher votre sœur! » Et pour comble de chance, tu as la même petite taille que Mlle Hélène; voilà la coiffure, le costume, habille-toi bien vite.

Dina tourmenta ses fins sourcils, interrogea Mme Eudeline pour la forme :

— Crois-tu, maman?

La mère, pour la forme aussi, à cause des amis présents, crut devoir objecter :

— Et ton bureau, demain matin? Après une si longue veille?

Pour un peu, la petite se serait mise en colère... Son bureau, ah bien oui! Et quand elle y restait jusqu'à trois ou quatre heures du matin, à son bureau, pour « passer » de la prose du gouvernement, des rapports, des discours, c'était bien plus fatigant, certes, et pas aussi gai... Non, ce qui la contrariait, c'était d'abandonner ses amis au lieu de finir la soirée ensemble.

— Veux-tu bien te taire, petite grimace, dit gaiement Geneviève que le retour de Raymond semblait tirer d'un sommeil léthargique. Où est-il ce costume?... que maman Eudeline et moi nous fassions une bergère adorable de cette petite télégraphiste.

En trois voyages, avec des précautions infinies, costume, chaussures, accessoires, tout fut porté dans le fond, étalé sur le lit, qui s'alluma de couleurs éclatantes; puis ces messieurs priés de rester au magasin, le paravent déployé en rideau devant le vitrage, les dames expédièrent rapidement la toilette de la petite avec des rires, des galopades, des appels par la porte entre-bâillée.

— Raymond, ta poudre pour les cheveux.

— Tonin, vite chez le coiffeur.

— Il sera fermé !

— Fais-le rouvrir, nous n'avons plus de rouge.

Et quand les dames se tenaient tranquilles cinq minutes, à son tour le magasin s'agitait, s'impatientait :

— Allons, allons, dépêchons-nous ; dix heures sonnent à Saint-Sulpice.

Décidément, pour mon installation de marchand de bonheur, en supposant que le mot « bonheur » signifie aussi calme et quiétude, le magasin de la *Lampe merveilleuse*, ce soir-là non plus, n'aurait point fait mon affaire.

Enfin, le paravent s'écarta respectueusement et l'on vit s'avancer, à pas menus, une bergère Pompadour vêtue de claires étoffes à bouquets, la jupe courte, le corsage ouvert en carré, à la main une houlette aux nœuds flottants, et tout en haut de lourdes nattes massées sous la poudre, un petit chaperon de fleurs pareil à ce bouquet qu'on hisse au faîte de la maison neuve et dûment achevée. La merveille, c'était l'éclat du teint, ce corsage indiscret sur une chair idéalement blonde, chair nacrée où brillaient, attachées à un imperceptible fil de perles, deux tout petits reliquaires d'or.

— Elle n'a pas voulu d'autres bijoux, disait d'un ton de reproche Mme Eudeline, très fière de quelques antiques joyaux de famille échappés à tant de naufrages et gardés au fond d'un tiroir. Mais pour Dina, ces deux petites médailles — Notre-Dame de Fourvières et Notre-Dame-des-Victoires — étaient deux porte-bonheur qui ne la quittaient jamais.

— Pauvre petite, vient-elle assez de sa province! s'écria le vieux 48, dont le sourire méprisant cherchait l'approbation de sa fille, élevée par lui dans un déisme anticlérical, antibondieusard.

Dina s'amusait beaucoup :

— Mais c'est vous qui retardez, monsieur Izoard, vous datez de 1812.

Geneviève, elle, se contenta de dire, promenant le rayonnement de la lampe autour de la petite poupée qu'elle venait d'habiller :

— Toujours, elle est bien jolie.

Les yeux bleus de la petite étincelèrent de plaisir.

— Ah! tantine.

Et tout bas, lui sautant au cou, sans peur d'abimer ses mouches et son fard :

— Tu peux être tranquille, je le défendrai contre les belles dames.

Cette fois encore, Geneviève fit semblant de ne pas entendre.

— Y sommes-nous, à la fin? dit Raymond, la voix crispée.

Mais Mme Eudeline demanda une minute de grâce, le temps de lui danser quelques mesures de menuet pour s'assurer que Dina savait bien, en réalité pour la satisfaction de son double orgueil maternel. Raymond, en effet, eut beau dire que sa sœur était trop petite pour lui, qu'un marquis n'allait pas avec une bergère, que le menuet s'appelait « bergères et marquises », deux quadrilles très distincts — jamais on ne put voir rien de plus ravissant que ce couple de jolis fantômes enrubannés émergeant de la demi-ombre, et sur l'air de Mozart que fredonnaient leurs bouches closes, amenant peu à peu en pleine lumière, les mains unies et levées, les doigts entrelacés, avec des glissements, des tours de bras, deux personnages de Lancret ou de Fragonard, à la démarche pompeuse et frivole; puis, révérence, demi-tour, et rubans, catogan, houlette s'éloignèrent dans le noir de l'arrière-boutique et de la cour, pour s'éteindre et disparaitre enfin, avec la voiture qui emportait à travers les rues silencieuses la petite Cendrillon si magiquement enlevée à son triste coin de feu.

II

FIN DE BAL

Devant la grande cour du ministère, toute blanche et craquante de givre, éclairée comme en plein soleil par les hauts lampadaires de sa grille large ouverte, les ifs lumineux espacés en quinconces et le silencieux flamboiement des fenêtres de la façade, quelques rares équipages attendaient encore au long du quai. Hâtive et frileuse, de temps en temps une ombre descendait le vaste perron gardé par deux cavaliers, immobiles sous leurs manteaux poudrés de giboulées. Derrière cet invité, qu'on pouvait croire chaque fois le dernier, la lourde porte vitrée retombait du même poids que les valets de pied sur les banquettes d'antichambre où ils reprenaient leur somme interrompu, tandis qu'à travers l'enfilade des salons allumés et déserts s'entendaient des bouffées sonores de chant et de piano, écho suprême de la fête réfugiée au premier étage, après l'abandon du rez-de-chaussée.

Dans le vaste escalier décoré de palmes et de roses, embaumé et tiède comme une serre, qui faisait communiquer les deux réceptions, un berger Watteau, M. Wilkie Marquès, secrétaire particulier du ministre, fournissait des renseignements à deux habits noirs, dont l'un dessinait pour le *Graphic*, et l'autre prenait des notes rapides sur un carnet de reporter. Attardés par l'inauguration d'une statue de Jacquard à Lyon, ces deux messieurs étaient arrivés trop tard pour assister au menuet, qu'on avait pourtant dansé deux fois, la première dans les salons du rez-de-chaussée, la seconde pour les spectateurs de l'étage.

— Le plus joli moment de la soirée, celui que je vous engage à donner dans le *Graphic*, — le secrétaire particulier, un petit monsieur glabre et mince, à tête de vieille fille, parlait d'un air supérieur au dessinateur de la feuille anglaise, un colosse qui le dépassait de tout le buste; le reporter était quelconque — c'est le moment où les deux quadrilles, marquises et bergères, de quatre couples chacun, ont fait l'ascension de cet escalier, suivis d'un orchestre de hautbois et de violons qui jouait le menuet de Mozart. Chaque couple montait, apparaissait peu à peu, rythmant ses gestes et ses pas; et de l'avis de tous, ces mouvements, cette musique, le chatoiement des satins sous les lustres, la nacre des pommeaux d'épées, la dorure des houlettes, rubans, chaperons, catogans, on n'a jamais rien vu de plus adorable.

— Quelques noms, je vous prie, demanda le reporter.

Le secrétaire répondit, le nez dans une des grandes roses jaunes qui enguirlandaient la rampe :

— Quadrille des marquises conduit par ma sœur Florence, la belle-fille du ministre, et son fiancé, Claudius Jacquand, le fils du sénateur et grand manufacturier de Lyon que vous avez dû voir, là-bas, à l'inauguration dont vous venez. C'est un peu pour ces jeunes gens que notre fête était donnée. Dans le même quadrille, Mlle Nadia Dejarine, la fille du général russe, l'ancien préfet de police de Pétersbourg. Quadrille des bergères : Hélène Molin de l'Huis, fille du ministre de l'Agriculture, remplacée au dernier moment par Mlle Dina ***, une étoile nouvelle au ciel parisien, dont j'ai eu l'honneur d'être le Babinet... à houlette.

Il cligna de l'œil, fronça ses lèvres sèches pour souligner son mot « le Babinet à houlette »; les Affaires étrangères n'en entendent pas souvent de ce calibre !

— A signaler encore dans le quadrille des bergères : Jeannine Briant, nièce de Marc Javel, un ministre d'hier et de demain; Octavie Roumestan, la fille du grand leader de toutes les droites. Qui encore ? je cherche...

Avant qu'il eût trouvé, un roulement d'arpèges sur un Pleyel à toutes pédales éclata dans le salon voisin, en même temps qu'une note, un cri plutôt, lancé à pleine gorge par une voix de femme, attaquait la belle cantilène de Banville :

Ah! quand la mort que rien ne saurait apaiser
Nous prendra tous les deux dans un dernier baiser...

Après le « Ah! » de l'attaque, tout s'écroulait, s'égouttait dans un *diminuendo* rapide, haletant, où la voix mourait, n'était plus qu'un souffle, précipitant les notes déclinantes.

— Mme Valfon, la femme du ministre, ma mère, répondit tout bas le jeune berger à l'interrogation muette du reporter. Il ajouta d'un ton léger de persiflage : elle a chanté plusieurs fois dans la soirée, mais il lui reste encore de la vapeur, elle la dégage pour la fin.

— Et maintenant, je vous demande la permission de me retirer, murmura l'énorme dessinateur du *Graphic*, qui tombait dans son album, comme écrasé sous cette suprême avalanche musicale. Le reporter, ayant trotté tout le jour les mêmes pistes que lui, ne semblait guère plus ingambe.

C'étaient les deux derniers pardessus du vestiaire. Pour s'en assurer, sans doute, le secrétaire particulier reconduisit ces messieurs jusque sous la véranda et, tout en frissonnant dans sa jaquette à fleurs et sa culotte enrubannée, tandis qu'un *Angélus* vibrait au lointain parmi les brouillards pâles de la Seine :

— Vous êtes heureux, messieurs, dit-il, d'aller prendre un peu de repos.

Le reporter filait comme un rat, sans répondre. L'homme du *Graphic*, arrêté le temps d'allumer un cigare aussi gros que lui, se retourna stupéfait :

— Mais vous ne travaillez pas, à cette heure-ci ?

— Comment donc ? Le ministre est déjà à son bureau, je dois le rejoindre bien vite. Et nous allons tailler des croupières à Bismarck.

Le jeune diplomate ajouta, montrant ses fanfreluches :

— En berger Watteau, des croupières à Bismarck, il me semble que c'est assez Choiseul, Pompadour et vieille France.

Il salua du bout de sa petite main de singe, finement gantée, jeta par-dessus son épaule en traversant le hall immense :

— Il n'y a plus personne, Granvarlet.

Dans les salons silencieux aux parquets étincelants, où flottait encore une odeur composite de poudre de riz, de truffes, de fleurs de serre, où des brindilles de tulles, de papiers dorés, des grelots, des banderoles traînaient parmi toutes les épluchures d'un somptueux *cotillon*, les hautes glaces irisées et lumineuses reflétaient au passage la silhouette surannée d'un jeune berger de trumeau qui battait de joyeux petits entrechats à l'idée du bon somme qu'il ferait jusqu'à midi, et riait tout seul en songeant : « Dire qu'ils croient que je vais tailler des croupières à Bismarck », pendant que le dessinateur du *Graphic* sur le quai désert, blanc de verglas, plissait sa grosse face de rides ironiques et répétait en se pouffant :

— Dire qu'il croit que je crois qu'il va tailler des croupières à Bismarck !

Devant un buffet qu'on desservait, au premier étage, le secrétaire particulier s'arrêta pour boire un cocktail carabiné, puis entra dans le petit salon, où une femme dont on ne voyait que la tête aux yeux longs et lourds, aux belles lignes fatiguées et le savant décolletage crépi comme un mur de mosquée, chantait, rêvait plutôt, les mains sur le clavier d'un grand Pleyel.

— Où est le patron? demanda le jeune homme à mi-voix.

N'ayant pas de réponse :

— Et Florence? est-elle couchée? dit-il, scrutant de ses regards curieux le rideau en perles japonaises qui séparait le salon de la pièce voisine.

La musicienne eut un sourire distrait :

— Florence, je ne sais pas.

Puis avec passion :

— Écoute...

Plaquant un accord frémissant, elle lança de toutes ses forces :

Ah! si la mort que rien ne saurait apaiser...

et resta, les paupières battantes, en extase.

Le jeune Wilkie, que toute manifestation exagérée faisait loucher, dit exprès très froidement :

— Elle est nouvelle, celle-là, chère mère? je ne te la connaissais pas...

— On me l'a apportée ce soir, j'en suis folle.

— Très chic! murmura le jeune homme, toujours épiant.

Ce qu'elle ne disait pas, ce qu'elle ne pouvait avouer à son fils ni à personne, c'est que tout à l'heure, à cette même place et sur cet émouvant prélude, elle avait prononcé le « oui » définitif, fixé le rendez-vous où elle devait se donner. Et ces mêmes notes, dix fois lancées, évoquaient la hantise d'un jeune seigneur de mascarade penché sur elle, effleurant ses épaules d'une haleine passionnée et recueillant enfin la promesse qu'elle lui faisait d'elle-même. *Ah! si la mort que rien...*

Au fond de la pièce tout en longueur, où Wilkie venait d'entrer en soulevant comme par effraction le cliquetant rideau de perles, le maître de la maison, abrité par des tables de jeu, s'enfouissait dans un divan bas, très serré contre sa belle-fille. Le ministre des Affaires étrangères, réduction de son père, l'acrobate Valfon, tel du moins que nous l'avons connu, de sa tête crépue de mulâtre, de sa moustache blanche et tombante agrémentée chez le fils d'un tour de gueule faubourien, disparaissait sous les paniers et les falbalas de Mlle Marquès, aussi grande à dix-huit ans, et presque aussi femme que sa mère. Le secrétaire particulier, qui n'avait vu que sa sœur en entrant, s'arrêta tout saisi, quand il aperçut — à côté du pouf de roses et des boucles poudrées de Florence — la toison laineuse du beau-père. Ce n'est pas la familiarité de cette attitude qui surprenait le jeune homme pervers, mais que sa mère les sachant tous deux seuls en *a parte* ne s'en montrât pas plus inquiète, qu'elle restât devant son piano, indifférente et lointaine, contre toutes ses habitudes.

Dans l'intimité des Valfon, nul n'ignorait en effet que le chagrin de cette vie de femme était la trop vive tendresse de son mari pour la fille qu'elle avait eue toute jeune d'un premier mariage avec son cousin le Portugais Marquès, mort d'apoplexie en pleine bourse de Marseille. Comme il arrive très souvent, ce chagrin dérivait de ce qui fut d'abord une grande joie. Que de fois, voyant son mari, cet élu du suffrage universel, ce politique redoutable et subtil se rouler sur le tapis de leur chambre avec les petits Marquès, Florence et Wilkie, qu'il appelait « ses gosselins », que de fois Mme Valfon s'était extasiée pour ce goût des tout petits, cet instinct de paternité inné dans cet être implacable. Mais quand Florence, précoce comme tous les fruits de soleil, atteignit ses quatorze ou quinze ans, la mère qui l'avait eue au même âge, s'émut de privautés inquiétantes prises par le beau-père et lui en fit l'observation. Valfon, acrobate de race, bien qu'ayant changé de scène et de répertoire, joua l'indignation, déclama, en marchant de long en large son petit pas de la tribune. Lui, cette enfant? A qui le ferait-on croire? Non, renoncer à une seule de leurs caresses si candides, si pures, ce serait les avouer toutes coupables. Et puis, voyons, si Florence venait dire à sa mère : « Valfon me boude, Valfon est fâché, pourquoi? Qu'est-ce que je lui ai fait? » La mère oserait-elle répondre ? Ne serait-ce pas troubler cette jeune pensée, que de vouloir seulement la mettre en garde? Là-dessus, il continua son jeu dangereux, leurré peut-être par son propre mensonge, affectant avec « sa grosse Floflo » les libertés les plus tendres, les plus intimes, surtout lorsque la mère se trouvait là.

Alors, l'enfer s'alluma dans cette malheureuse femme, une brûlure intérieure qui lui tenait toute la poitrine, qu'elle emportait dans le monde avec elle, et qui la calcinait, creusait ses yeux, ses épaules, sans lui arracher un cri ni une plainte. A qui se plaindre, d'ailleurs! Son mari, elle y avait renoncé; son fils, au premier mot qu'elle essaya, ne fît que rire de ses soupçons. Il savait pourtant à quoi s'en tenir, et mieux que personne; mais sa perversité professionnelle prenait aux péripéties de l'aventure un certain plaisir de « voyeur », sans compter que Valfon se montrait charmant pour lui, l'installant dans son cabinet, l'initiant aux affaires, paternel enfin. Voyez-vous que pour une toquade de femme jalouse, agitée par son retour d'âge, il allât se brouiller avec le patron... Et le garçon détalait sur une pirouette, laissant la pauvre femme encore plus consternée. Confier son chagrin à sa fille, certes elle en fut tentée; mais Florence était bien jeune, bien innocente. Il faudrait tout souligner, s'exposer à troubler cette candeur, comme disait son hypocrite mari. Elle recula devant l'atroce confidence, et l'enfant continua à ne pas comprendre. C'était une superbe créature, un peu lente et lourde, de carnation éblouissante, avec des yeux bovins de forte mangeuse, de belles dents blanches écartées et pointues. Toute petite, le vieux Valfon l'appelait « la fille de l'ogre », et le nom allait bien à cette gamine d'une sensualité inconsciente, aimant déjà les bijoux et les parfums, les étoffes riches et la chair fraîche. En grandissant, dans le luxe qui l'entourait, ce goût d'un bien-être doré n'avait fait que s'accroître, et pour que rien d'impur ne s'y mêlât encore entre la perversité fraternelle et les hypocrites tendresses d'un Valfon, il fallait qu'une force occulte d'innocence veillât sur la jolie Florence, ce tulle protecteur invisible qui garde la jeune fille toute blanche à travers les souillures.

Le monde officiel, témoin de ce drame de famille que les Valfon croyaient absolument caché, le suivait, s'y intéressait. Quand ils entraient dans un salon, dans un théâtre, les deux femmes en avant, derrière elles la figure chafouine du ministre, on épiait leurs moindres sourires et attitudes; on en faisait des symptômes et des pronostics, et si, pour certains, tout était consommé depuis longtemps, d'autres s'imaginaient au contraire que Valfon, raffiné jouisseur, restait exprès au bord de son désir. Tous admiraient l'énergie vitale de ce petit vieux que la passion au lieu de le détourner de ses ambitions politiques, exaltait dans un surcroît d'astuce et d'activité. La brusque nouvelle du mariage de Florence avec le fils Jacquand fut une stupeur. On soupçonna d'abord quelque invention du maître fourbe. « Attention! la carte va passer... » Mais quand le bruit se certifia, que la longue silhouette indolente du jeune Claudius se fut montrée plusieurs fois à l'Opéra dans la loge des Valfon, accompagnant Florence et sa mère, quand le ministre lui-même eut annoncé le mariage comme très prochain, sans qu'il y eût rien de changé dans leurs apparentes façons d'être à tous les trois, les plus affirmatifs commencèrent à douter de ce qu'ils assuraient la veille; et bientôt, avec cet emportement délicieux qui donne aux opinions de la société quelque chose de détraqué et d'enfantin, personne ne voulut plus entendre parler de cette douteuse affaire qui fut définitivement classée. Jamais pourtant elle n'avait été aussi intéressante à suivre.

Désespéré par le mariage de Florence, Valfon trouvait de tels avantages à la *combinazione*, qu'il eût agi follement en ne s'y résignant pas. En effet, si en sa qualité de président du conseil il s'était engagé à donner, le lendemain de la signature du contrat, à Tony Jacquand, le riche soyeux lyonnais, le ministère de la Marine disponible depuis un mois, en retour le père Jacquand promettait de payer les dettes du ministre qui, avant que l'amour lui tînt tout le cœur, était un joueur aussi malheureux qu'enragé. Il devait, en outre, lui faire les fonds d'un grand journal, influence indispensable à qui veut rester grand et fort en politique comme en littérature. Le plus illustre et le plus pratique des écrivains de ce temps, Victor Hugo, a été le premier à le comprendre. Cette force du journal avait manqué jusqu'alors à Valfon. Durant ses fréquents passages aux affaires, il avait disposé largement des feuilles ministérielles, de toutes les plumes parasites des fonds secrets; mais le journal à soi, pour les temps difficiles, la disgrâce et le chômage, l'arme aveugle, chargée à toute heure, c'est dans la corbeille de sa belle-fille qu'il devait la trouver, sous les dentelles de Flandre et d'Angleterre. Seulement la fatalité voulait que cette occasion se présentât quand sa femme distraite par un flirt sans conséquence avec ce joli blondin, ami de Wilkie, ne se montrait plus jalouse, quand Florence longtemps engourdie et muette commençait à vibrer sous les flatteries et les caresses de son beau-père... Comme si ce Claudius Jacquand n'aurait pas pu retarder sa demande de deux ou trois mois!...

Pour se rendre compte de la crispation furieuse où vivait depuis quelque temps le ministre des Affaires étrangères, il faudrait feuilleter l'*Officiel* de cette époque; surprendre dans notre politique extérieure, tellement prudente d'ordinaire qu'elle en paraît peureuse, les coups de tête et les détentes de nerfs, résultats des chagrins intimes de Valfon. Cette nuit surtout, durant le bal en l'honneur des fiancés si galamment travestis, le président du Conseil avait manifesté une humeur de sanglier fonçant sur tout ce qui l'approchait, petits et grands dont le moindre contact s'attirait un coup de boutoir ou de griffe, tandis que, par un contraste assez ordinaire, Mme Valfon, rayonnante, accueillait ou congédiait son monde d'un sourire de langueur et de bienveillance.

— Mais qu'est-ce qui se passe donc chez nous? songeait le jeune Wilkie surprenant Florence et le ministre dans cette intimité si près de sa mère.

Il toussa pour les avertir, puis s'approchant :

— Sœurette, on va publier dans le *Graphic* un beau portrait de toi en marquise ; j'ai donné ta photographie et celle de Claudius. Tu conduis le menuet avec ton fiancé; pour un reporter qui était là, j'ai appuyé sur le mot : ton fiancé.

— Il ne l'est plus... comme ça se trouve.

La belle jeune fille avait relevé la tête, et son frère, seulement alors, s'aperçut qu'elle pleurait. Il balbutia :

— Qu'est-ce qui t'arrive, mon petit Flo?

La réponse fut dans le premier salon, derrière les perles tremblotantes, le cri à toute gorge de Mme Valfon :

Ah ! quand la mort que rien ne saurait apaiser
Nous prendra tous les deux dans son...

Elle n'eut pas le temps de finir. Le ministre était debout, ivre de rage, criant — les poings crispés — dans un démentiel oubli des convenances :

— Vas-tu te taire, à la fin, tonnerre de Dieu !

Florence et Wilkie pâlirent en se regardant.

Jamais ils ne l'avaient vu traiter leur mère avec cette brutalité. Celle-ci apparut, indignée et frémissante :

— Le service est encore sur pieds, on t'a entendu, dit-elle froidement. Il eut honte de sa violence, surtout en présence des enfants, essaya de plaisanter, sans souci des fausses notes qu'amènent ces habiles changements d'intonation.

— J'ai fait la grosse voix pour t'appeler, enclouer ton contralto... Nous avons besoin de toi ici. Demande à Florence ce qui lui arrive.

Elle regarda sa fille :

— Quoi donc?

Florence voulut parler : « Mon mariage... fini... fracassé... » Sa voix se brisa dans un sanglot. Tout de suite la mère s'assit à côté d'elle sur le divan, lui prit les mains, attendrie de sa peine, mais ne pouvant y croire. Quelque enfantillage. Ils avaient dû se disputer à propos de superstitions, de pratique religieuse ; sûrement ce n'était pas sérieux.

— Si... si... très sérieux.

Et tout empourprée de larmes sous sa coiffure Louis XV, l'infortunée marquise tamponnait ses joues, gâtait son fard et ses mouches.

— Mais enfin, puisque tu connais sa toquade, à ce bon Claudius, disait Mme Valfon, si heureuse cette nuit-là qu'un chagrin à quelqu'un d'aimé ne lui semblait pas admissible, pourquoi lui parler religion?

Le ministre demanda vivement :

— Ainsi, c'est vrai?... Il y a de la bondieuserie dans votre brouille?

— Autre chose aussi, mais cela surtout.

Il eut un rire cynique qui brida, plissa tous les traits canailles de sa face.

— C'est trop fort... D'où sort-il donc, ce grand jocrisse, pour croire à ces niaiseries? Ils ne sont plus que deux catholiques en France, lui et puis un autre... qui est mort il y a longtemps.

Wilkie salua le mot du patron comme une ancienne connaissance, et après s'être suffisamment esclaffé :

— Tu sais, Valfon, dit-il, ne t'y trompe pas, la génération qui arrive est croyante et mysticocandarde.

— Possible... Le ministre haussait les épaules : Dans tous les cas, je ne sais pas ce qu'il réclame, ce Claudius Jacquand... Pour lui faire plaisir, j'ai consenti au mariage à l'église, ce qui va mettre en rogne tous mes électeurs de Belleville... Que lui faut-il de plus?

Apaisée au contact de sa mère, la jeune fille répondit simplement, sans trop d'émotion :

— Il lui faut une autre femme que moi, il ne me l'a pas caché.

— Tu es folle!

— Non, maman, pas moi. C'est lui qui est subitement devenu fou de cette petite Dina, la sœur de Raymond.

— Bigre! voilà qui est sérieux.

Le secrétaire avait parlé entre ses dents. Valfon l'interrogea d'un ton bourru :

— Pourquoi sérieux?

— Mais, patron, parce que cette petite, avec son chaperon de bergère, nous a tous ensorcelés cette nuit pendant les deux menuets : le vieux Dejarine, et Marc Javel, et le gros Numa, tous allumés. Moi qui étais le cavalier de la fillette, je le sais mieux que personne et ne puis m'étonner que Claudius ait pris feu à distance et si rapidement.

Valfon, le masque inerte, debout en face du divan où Florence et sa mère étaient assises, se rongeait les ongles avec fureur, seul indice d'agitation intime chez un homme toujours maitre de lui.

— Voyons, Floflo, dit-il tout à coup, que s'est-il passé entre vous, très exactement?

— Voilà...

La jeune fille parlait, les yeux entreclos, écrasant sur l'épaule nue de sa mère le savant échafaudage de sa coiffure, tracassant à chaque mot les branches d'ivoire d'un petit éventail indien très délicatement travaillé qu'elle étendait et rapprochait nerveusement avec un bruit de castagnettes.

— Sitôt que Mlle Eudeline est arrivée dans le costume d'Hélène de l'Huis, Claudius n'a plus été le même. Distrait, grognon, toujours à guetter cette petite bergère de Lilliput; entre les deux menuets, il n'y a pas tenu, il a fallu que Raymond le présente à sa sœur. Ils ont valsé deux fois ensemble, il l'a conduite au buffet où je les ai suivis. Ah! ils ne faisaient guère attention à moi; je voyais la petite naine minauder, mordiller son sorbet du bout des dents, en parlant de l'efficacité de la prière. Quand je vous disais que la religion se mêlait de notre rupture ; ils en ont causé tout le temps. Très forte en théologie, la petite, avec ses médailles bénites battant sur son décolletage... Fatiguée de tous ces manèges, j'ai prévenu M. Jacquand que s'il dansait encore une fois avec la jeune télégraphiste, tout serait cassé entre nous. Il m'a répondu qu'il s'était malheureusement engagé pour la prochaine *Berline*. — Eh bien ! dégagez-vous... et je l'ai regardé s'en aller vers sa danseuse, tandis que l'orchestre préludait. Il avait l'air de réfléchir, d'hésiter...

— Il hésite toujours, dit Wilkie, c'est sa nature

— Ce n'est pas la mienne.

Sur ce mot prononcé avec colère, Florence s'était redressée, et, le visage enflammé par l'offensant souvenir : « Tout de même il a dansé la berline avec elle. »

Un flot de larmes nerveuses l'empêcha de continuer, et le petit éventail laissa tomber toutes ses branches d'ivoire sur le tapis. Mme Valfon, bouleversée par l'émotion de sa fille, quoique songeant à d'autres histoires, lui prit la main avec de vagues consolations.

— Laisse-la donc finir, gronda le ministre.

— Oh ! c'est tout, murmura la jeune fille... Ce Claudius n'a-t-il pas eu l'insolence de venir ensuite me chercher pour le cotillon que nous devions danser ensemble. J'ai prétexté d'un malaise, lui laissant la ressource de s'asseoir près de moi, et d'essayer de se faire pardonner. Mais il est retourné à sa télégraphiste, et ils ont cotillonné tous les deux jusqu'au matin. Croyez-vous que c'est un lâchage?

Il y eut un moment de silence et d'angoisse. Dans le frisson du petit jour blanchissant les vitres et les lumières, dans le sourd roulement de Paris qui commençait à vivre, les pas furtifs des serviteurs, le cliquetis des lustres qu'on éteignait, çà et là l'éclatement d'une bobèche, le sursaut d'une flamme agonisante au fond d'une glace, ces quatre personnages si disparates d'idées et de costumes, ce berger et cette marquise Louis XV, ce ministre de la troisième République en habit noir, le grand cordon d'un ordre russe autour du cou, tous groupés dans un coin du petit salon de jeu, se regardaient anxieusement, ne laissant voir que la moitié de leurs pensées. Tant d'événements s'étaient joués d'eux durant ce bal déjà à l'état de rêve! Les violons du menuet de Mozart sur leurs mesures correctes, presque solennelles, en emportaient des illusions, des espérances, ils en laissaient bien quelques-unes aussi. Des larmes d'orgueil, énormes et brillantes, baignaient les larges yeux de Florence, ceux de sa mère fulguraient des éclairs d'une joie inavouable, et malgré tout ce qu'il perdait au mariage manqué de sa belle-fille, Valfon songeait avec délices qu'elle ne partirait pas, qu'il pourrait encore la tenir sur ses genoux, contre son cœur. Aussi n'était-ce qu'une demi-colère qui fronçait sa moustache, en reprochant à sa femme d'être cause de tout le mal avec son engouement pour cette famille de gueux.

— Les... les... comment ça s'appelle-t-il donc?... Ah! oui, les Eudeline. Tu nous as d'abord amené le fils, une tête de garçon coiffeur qui cherche à décrocher un beau mariage avec son fer à papillotes; après le frère, la sœur, cette petite Dina, qui me paraît une fameuse roublarde, elle aussi.

Mᵐᵉ Valfon protesta vaillamment :

— Tais-toi, la sœur, je te l'abandonne... Je l'ai vue une fois, je ne la connais pas... Mais lui, Raymond, cette existence admirable, ce martyr de la famille, beau comme Jésus à vingt ans et crucifié toute sa vie, cela, c'est trop divin, trop au-dessus de ton chétif égoïsme. N'en parle pas, je te le défends.

La fièvre de sa veille, l'amour, l'indignation, l'outrage de tout à l'heure, resté sur son front dans une ride apparente, tout s'accordait pour exalter, transfigurer cette ancienne belle femme qui, avec ses épaules et ses bras superbes, retrouva pour quelques instants les lignes pures de son visage d'autrefois. Elle était montée à ce point que, sans la présence des enfants, elle eût crié à son mari, à ce méchant, à ce fourbe dont elle avait tant souffert : « Oui, celui dont tu parles est beau, et je l'aime; et cette nuit, ici tout près, je me suis promise à lui, tu m'entends, promise... Et puis, parle, essaye de parler, j'aurai des choses à répondre, moi aussi. »

Et le mari le comprit si bien, il se sentit devant une telle explosion de colère, qu'il n'insista pas.

— Après tout, si j'y perds un journal, le vieux

Jacquand y perd un ministère; car il ne peut pas supposer que je le prenne à la Marine, après l'algarade de son fils.

— Oh! Claude n'y tenait pas à voir son père ministre, il aurait été forcé d'aller lui-même à Lyon surveiller leurs fabriques.

Florence, debout devant la glace et déjà un peu consolée, parlait tranquillement de sa mésaventure, en retirant les fleurs de ses cheveux. Son beau-père lui prit la taille avec cette tendresse ambiguë que signifiaient ses moindres gestes auprès d'elle.

— Va dormir, va, ma Floflo, tout n'est pas dit sur cette affaire-là. Si jocrisse que soit ton Lyonnais, il comprendra qu'on n'a pas besoin d'épouser une petite fille de rien, dont il est si facile de faire sa maitresse.

Florence secoua la tête :

— On voit bien que tu ne le connais pas.

— Elle a raison, patron, dit Wilkie occupé à remettre en ordre l'éventail de Florence... Claudius est un bonhomme qui se croirait perdu d'honneur en ce monde et damné dans l'autre, s'il faisait la cour à une jolie fille pour un autre motif que le bon. Je suis donc persuadé que s'il est vraiment amoureux de Dina, il ira la demander à sa maman. Il y mettra le temps, par exemple, car c'est une oscillation perpétuelle, ce garçon-là. Cela tient à sa longue taille. Aussi je déclare à ma chère Florence que pour peu qu'elle y tienne — il approchait de sa sœur sa petite figure flétrie et malicieuse, que vieillissaient encore les satins éclatants de son costume — je me charge de la réconcilier avec Claudius avant qu'il ait fait la moindre démarche, et de raccommoder leur mariage aussi facilement que cet éventail.

Elle prit le bijou, dont les pièces semblaient très habilement rajustées.

— Comment feras-tu?

— Ceci est mon secret, et je ne le confierai qu'à notre mère, qui nous aidera l'instant venu. Tu entends, maman?

— Quoi donc? demanda Mme Valfon, retournée à son rêve.

Le ministre, qui déchiffrait sa femme couramment, ricana de sa voix fausse :

— Vous voyez bien qu'elle n'y est plus, la pauvre mère. Le sommeil l'écrase; allons nous coucher, mes enfants.

Pendant qu'ils regagnaient leurs chambres, ces chambres de ministère, somptueuses ou coquettes, auxquelles un tapissier intelligent, surveillé par Wilkie, l'artiste de la famille, s'était efforcé d'enlever leur aspect d'ancien hôtel garni, la petite Dina, cause bien innocente de toute leur agitation, dormait à côté de sa mère ou peut-être faisait semblant de dormir, derrière le paravent, au fond du magasin de la *Lampe merveilleuse*. Mme Eudeline aurait bien voulu faire causer sa petite, lui demander des détails sur le bal, mais l'enfant tombait de sommeil, et avec cette difficulté des gens d'âge à se rendormir passé une certaine heure, la pauvre mère avait toutes les peines du monde à rester immobile, dans la demi-obscurité d'une veilleuse, en écoutant le souffle imperceptible de sa fille à côté d'elle et le pas nerveux de Raymond dans la petite chambre au-dessus.

Quoiqu'il eût ramené sa sœur depuis près d'une heure, l'aîné ne pouvait se décider à se mettre au lit. A demi défublé, il allait de long en large sous le plafond, si bas que la poudre de sa coiffure le frôlait ; puis il s'arrêtait, regardait en pitié le lit de fer, l'armoire et la table en sapin, trois chaises dépareillées. Ah ! ces contrastes de nos existences parisiennes, toutes brillantes sous le lustre, diamants ou paillons, puis s'éteignant au retour dans le noir des inquiétudes, de la misère au logis, quelles pensées mauvaises ils peuvent faire naître dans l'esprit d'un jeune bachelier sans le sou, rien qu'un habit noir et quelques belles relations, lorsqu'au sortir d'une fête mondaine il retrouve au matin son triste garni, ou le sordide logement de la famille. Quelles songeries féroces sur les revendications sociales au pétrole, à la dynamite, si le garçon est méchant et que sa détresse tourne en envie ; si c'est seulement un médiocre, un faible, que d'heures perdues en songements, en rêveries stériles et vaniteuses !

Devant la table chargée de livres de droit, où Mme Valfon en robe de bal, dans un cadre de peluche prétentieuse, resplendit de tout l'éclat de ses yeux et de ses épaules, Raymond tenait la lampe haute et piaffait d'orgueil en songeant que cette femme, la femme d'un homme d'État, une de celles dont l'Europe s'occupe, assise à son piano il n'y a qu'un instant, lui racontait tout bas l'intime de sa vie, ses détresses morales, murmurait à son oreille :

— Aime-moi, console-moi...

Pendant qu'elle parlait, le rythme d'une valse lointaine berçait les aveux de cette voix profonde, un peu voilée. Du monde s'approchait, sénateurs, députés, ministres, diplomates, cravatés de vert ou de rouge. Des crânes illustres s'inclinaient, des accents étrangers la remerciaient de sa fête ; elle ne se détournait pas, répondait à peine, une main sur le clavier, l'autre serrant les doigts effilés qui sortaient d'une manchette brodée de marquis, ces doigts qu'elle pétrissait, qu'elle broyait de toute la force aveugle de ses nerfs, sans se soucier d'être vue. Oh! le regard narquois de ce bossu, un député ami du ministre, venant féliciter Mᵐᵉ Valfon du succès de son menuet, ce regard d'ironie lubrique et d'envie qui suivait la courbe du beau bras nu de la femme jusqu'à ce geste de caresse. Que n'aurait-il donné, celui-là, pour être à la place de Raymond, recevoir comme lui l'hommage d'une passion semblable, même au prix de la misère, au prix de ce hideux galetas.

De son lit derrière le paravent, la mère, qui surveille tous ses pas, l'entend descendre à tâtons remplir sa carafe à la cuisine et lui demande à demi voix :

— Tu ne te couches donc pas, mon chéri ?

— Tu vois bien que tu ne dors pas non plus, toi, maman... Et Dina ?

— Oh ! elle est tombée dans le lit comme une pierre. Elle a dû danser beaucoup ?

— Toute la nuit. C'était sûr, du reste. Son menuet avait été un triomphe.

Les mamans ne savent jamais rien, ou du moins jamais assez.

— Quelle petite cachottière ! chuchote la voix de M{ме} Eudeline, elle ne m'a rien dit de tout cela. Même je lui trouvais en se couchant la figure préoccupée.

Raymond s'approche du paravent, et tout bas :

— Tu es sûre qu'elle dort ? alors écoute : Ce qu'était ta fille en bergère, ce qu'elle les a toutes mises dans la poche de son petit tablier, tu ne te l'imagines pas.

J'entendais de tous côtés : « Mais d'où ce sort ce bijou ? » Jusqu'à Marc Javel...

— Le nôtre ?

— Oui, notre Marc Javel, qui ne quitte plus les Valfon parce qu'il y a un ministère vacant dans le cabinet, la Marine, qu'il espère obtenir. Celui-là aussi, ta fille lui a fait une fière impression.

Il faut qu'elle vienne danser chez lui à un bal qu'il doit donner pour l'anniversaire de sa nièce Jeannine. J'ai promis en ton nom et au mien, tu penses ! Marc Javel peut nous être très utile ; et c'est un homme si cordial, tellement serviable. On se fait des idées fausses sur les gens... Ainsi M. Mauglas l'écrivain, tu te le rappelles ? à les entendre, c'était un policier chargé de suivre les réfugiés russes à

Paris. On avait des preuves. Antonin nous est revenu de Londres très affirmatif là-dessus. Eh bien! rien du tout. J'ai rencontré Mauglas au bal de cette nuit, très entouré, très choyé, tout le monde parlant de sa dernière étude sur les danses corinthiennes dans la *Revue.* Si cet homme a l'air d'un mouchard, par exemple!... Il nous a dit des merveilles sur les origines du menuet, et moi j'étais très fier de le retrouver là.

Derrière son paravent, Mme Eudeline est bien fière et bien contente aussi de songer que Raymond et Dina connaissent tout ce beau monde. Que de joie pour le pauvre père, s'il pouvait voir ses enfants lancés ainsi dans la société parisienne. Et agitée par ses espérances maternelles, par la perspective du splendide avenir qui s'ouvre à ses enfants, la bonne dame se tourne, se retourne, fait craquer le lit de fer à deux places, au chevet duquel veille la madone en plâtre avec le tableau de première communion de sa fille et de grands chapelets bénits, pendus contre la muraille. Tout à coup, la voix baissée, la bouche près du paravent :

— Et toi, mon Raymond, tes succès, tu ne m'en parles pas? Mais tu en as eu, je suis sûre, tu es heureux?

— Au delà de tout, mère, dit Raymond tout bas avec emphase.

— Tu le mérites bien, tu es si bon, si beau.

Elle ne peut pas le voir, mais se le représente, son joli blondin, en culotte courte, souliers à boucles et catogan. Sa carafe qu'il tient à la main embourgeoise un peu le geste, mais la mère n'y pense pas.

— C'est elle surtout qui est bonne et belle, vois-tu, maman. Ah ! si tu la connaissais.

— Tu as raison, il y a un air de bonté sur sa figure. Tous les jours, je la regarde en faisant ta chambre. Il n'y a que son âge que je ne m'explique pas bien, car enfin Wilkie a vingt-deux ans, comme toi. C'est vrai que je me suis marié vieille fille, et elle toute jeunette, m'as-tu dit.

— Une enfant, ma mère, une petite enfant dont le premier mari s'est amusé comme d'une poupée, et que l'autre a fait souffrir. Ah ! le misérable, qu'il n'essaye pas de recommencer, elle aurait quelqu'un pour la défendre, maintenant.

Mme Eudeline a un moment d'effroi :

— Prends garde, mon chéri, ce Valfon est un homme redoutable.

— Je ne le crains pas. Voilà deux ans que je fais des armes une heure par jour à l'Association. D'ailleurs, rassure-toi, ajoute-t-il en entendant le soupir épouvanté de la pauvre mère, Valfon est aussi lâche que méchant. Il passe pour très fort, on le prend comme arbitre dans les affaires d'honneur; mais il ne se bat jamais. Là-dessus, bonne nuit, ma chère maman, ou bonjour plutôt, je monte me coucher.

Heureusement Raymond n'a pas descendu sa lampe, et la vague clarté de la veilleuse cachée encore par le paravent ne permet pas à Mme Eudeline de voir un léger sourire flotter autour des lèvres entrecloses de la petite Dina qui, les yeux fermés, le souffle rythmé par le sommeil, ne perd pas une de leurs paroles.

III

UNE BONNE FORTUNE

A vingt-deux ans, Raymond Eudeline, joli garçon, soigneux de sa tenue comme tous nos jeunes d'aujourd'hui, en était à attendre sa première bonne fortune. On ne pouvait guère, en effet, donner ce nom à ses relations avec Geneviève, si piteusement terminées, pas plus qu'à ses passades éphémères chez quelques demoiselles du Quartier. Mais le rendez-vous avec Mme Valfon, c'était le commencement de sa vie mondaine, l'aurore d'une carrière de séduction. Reçu depuis des mois chez cette ancienne jolie femme, que ses vingt ans et ses boucles dorées avaient tout de suite éblouie, Raymond eût été depuis longtemps maître de la place sans l'absurde timidité de son âge.

A quoi tient-elle, cette timidité d'un être jeune, intelligent et beau, en présence de la femme; cette gêne invincible du geste et de la parole qui peut aller jusqu'à la grossièreté, et à laquelle la femme ne veut amais assez croire? Névrose avant tout, névrose aux causes multiples et complexes, dont la plus ordinaire est encore le manque d'argent, plutôt l'inhabitude de l'argent. Que de fois, s'il s'était senti mieux en fonds, s'il avait eu dans un coin de Paris l'appartement luxueux où recevoir une maîtresse, Raymond aurait montré plus d'audace; que de fois il eût saisi l'occasion passagère, au lieu de se dérober, de fermer les yeux pour ne pas la voir.

Cette fois il avait dû céder devant le formel rendez-vous fixé par Mme Valfon : « A trois heures précises, à la porte de Saints-Gervais et Protais. Je serai libre jusqu'au dîner. »

Et tout de suite cette inquiétude, ce désolant souci : « Où la conduire ? » Il songeait d'abord à la chambre d'Antonin, place Royale. Mais les corridors carrelés en étaient si vieux, le mobilier si modeste; et puis la brodeuse de chasubles, quel voisinage pour une femme de ministre! Il se souvenait alors d'un hôtel meublé du même quartier, tenu par une ancienne chanteuse de théâtre lyrique, qui vivait dans ce temps-là avec un de ses locataires, élève de l'Ecole centrale et ami d'Antonin. Plusieurs fois il était arrivé à ce jeune homme d'inviter les frères Eudeline à dîner avec sa maîtresse, et Raymond avait gardé de l'hôtel et du service une impression d'autant plus favorable que la maison possédait deux entrées, boulevard Beaumarchais et rue Amelot.

« Et de l'argent? » Ce fut le second cri de son angoisse. Pour la soirée des Affaires étrangères, le costume, chaussures, gants, voitures, il avait retourné les tiroirs de la maman et le porte-monnaie du frère. De ce côté plus de ressources. Il cherchait, agitant son insomnie dans le petit lit de fer de sa soupente, le lendemain de la fête au quai d'Orsay, quand le nom d'Alexis, l'ancien comptable de son père, qu'il avait fait entrer comme caissier à l'Association des étudiants, lui traversa subitement l'esprit. L'horloge du palais Mazarin, qui réglait toutes les habitudes du quartier, y compris le magasin de la *Lampe merveilleuse*, sonna dix heures. Il s'habilla vite, sûr maintenant de trouver les quelques louis nécessaires.

Au numéro 41 de la rue des Écoles, dans un de ces vastes immeubles à deux corps, tous bâtis sur un même modèle où le simili-marbre joue le rôle luxueux, l'Association des étudiants de Paris occupe les cinq étages du fond de la cour. Elle a eu soin d'abattre les cloisons de tous ces nids bourgeois, uniformément composés d'un salon crème à plafond rose, de quelques chambres à coucher, toilette et salle de bains aux peintures criardes, aux ornements de carton pâte, installant à leur place des bibliothèques de droit, de pharmacie, de médecine, un bureau pour le comptable, même une hydrothérapie et une salle d'armes. Depuis, l'Association s'est agrandie ; mais en 1887, par l'aigre matinée où Raymond remontait le trottoir de la rue des Écoles, glissant et miroitant des blancs frimas de la nuit, l'aspect de l'A était bien tel que nous le donnons.

Dans la pièce de l'entresol qui sert de caisse, le garçon de salle, en train d'allumer le feu, dit au jeune Eudeline, très surpris que M. Alexis ne fût pas encore arrivé :

— Oh! il ne viendra pas de tout le jour, ni demain non plus, probablement... Il marie une nièce en Bourgogne.

La vie donne quelquefois à ces menus contre-temps l'importance de catastrophes, et les mots qui les résument, ces catastrophes, ce qu'au théâtre on appelle les mots de situation, tombent lourds et meurtrissants comme des pierres. Raymond en fut une minute anéanti, écoutant ronfler le feu et bourdonner la voix du garçon qui répétait sa phrase bête et sinistre. A qui le demander, cet argent? Peut-être à un « cher camarade », à l'un des trente-trois du comité? Oui, mais c'est dans ce comité que se brassait sa présidence qu'il risquait de compromettre avec cette attitude de famélique et d'emprunteur. A tout hasard il monta dans les bibliothèques, à cette heure frileuses et désertes, leurs vitres étoilées de givre en l'absence de tout chauffage. A la pharmacie seulement flambait un feu de coke près duquel, un codex sur les genoux, dans les mains un énorme quignon de pain chaud, un pauvre diable d'étudiant étranger, Roumain ou Valaque, les joues creuses, les yeux goulus, lisait, mangeait, se chauffait voracement dans un état de béatitude. Lui demander trois louis, à celui-là! Eudeline referma la porte sans bruit et, distrait un instant de ses préoccupations égoïstes, songeait en redescendant que cette Association, par tant de points ridicule et ostentatoire, cette couveuse artificielle de petits députés et d'hommes d'État embryonnaires, avait des côtés de pitié, de confraternité généreuse dont elle ne se vantait pas.

Avec le garçon de salle et la concierge, un petit groom ou chasseur qui n'a pas d'autre nom que « le gosse » et disparait généralement après sa première *paye*, compose tout le service intérieur de la maison.

— Vite, le gosse, cette lettre à M. Marquès, aux Affaires étrangères, dit Raymond remettant au petit domestique quelques lignes qu'il venait d'écrire sur le bureau du comptable et dont il attendit la réponse anxieusement.

Depuis que les jeunes gens se connaissaient, c'est le pauvre des deux qui avait toujours prêté de l'argent à l'autre, à cet égoïste de Marquès qui, dès le lycée, déclarait cyniquement : « J'emprunte quand je peux, je ne prête jamais. »

Aussi, grande fut la stupeur de Raymond et plus grande encore son allégresse, quand le gosse rapporta la réponse du quai d'Orsay :

« Trois louis, mon bon ! En voilà cinq. Et ne me
« remerciez pas, car ce que j'ai à solliciter de vous
« est autrement précieux et rare qu'un service d'ar-
« gent. Ce soir, neuf heures, je vous attends au
« fumoir de l'A. Je dois y rencontrer quelques-uns
« des trente-trois qui s'occupent comme moi de votre
« présidence; ensuite je vous présenterai la très
« chère requête de mon cœur. »

Quelle pouvait être cette requête? Raymond n'y songea pas un instant, tout à l'ivresse inquiète de son premier rendez-vous, à l'installation de la chambre, aux instructions à donner au cocher... Un peu avant trois heures, sa voiture stationnait devant Saints-Gervais et Protais, une ancienne église du quartier de l'Hôtel-de-Ville, où la mode en ce temps était d'aller entendre de la très belle musique religieuse d'Allegri et de Palestrina, exécutée par la meilleure maîtrise de Paris. Une femme du grand monde officiel comme Mme Valfon, descendant en plein jour le perron surélevé de cette lointaine paroisse, venait évidemment de s'abonner à une des auditions musicales de la prochaine Semaine sainte, et sa présence n'y pouvait être suspecte.

Il ouvrit la portière vivement. Elle monta près de lui, dit tout bas: « Bonjour... » et, lui prenant une main entre ses petites mains gantées de clair, la mit contre ses lèvres, sous la voilette, puis ne bougea plus. Ils restèrent ainsi longtemps, serrés l'un contre l'autre sans se parler, tandis que la voiture les emportait à l'élastique vitesse de ses roues. Bien que la plus âgée des deux, elle semblait plus émue que lui. C'était une de ces mondaines à qui le perpétuel souci de leur beauté tient lieu de vertu, comme à telle chanteuse illustre la crainte de perdre sa voix. En réalité, dans une existence de tentations et de plaisirs, où l'amour semblait prendre toute la place, la belle Marquès n'avait donné son cœur qu'une fois, à ce fourbe Valfon, et il y avait si longtemps, qu'à cette heure, tout de la passion lui paraissait neuf, ingénu, qu'elle ne croyait pas mentir en jurant à son jeune amant qu'elle n'en avait jamais eu d'autre avant lui. Quant à Raymond, il la regardait du coin de l'œil avec une admiration curieuse, inquiète, étonné de la voir si jeune, troublé depuis le matin par la parole de sa mère : « Mais quel âge a-t-elle donc, cette femme-là? »

Jamais encore il ne se l'était demandé, par cette première raison qu'un tout jeune homme, dans le monde, si amoureux soit-il, est trop préoccupé de son propre effet, du mirage dans les glaces — jamais assez grandes — de sa personnalité qu'il cherche et poursuit avant qu'elle s'affirme, et trop ébloui de sa première conquête pour bien l'observer. D'ailleurs comment fixer l'âge d'une mondaine avec toutes les ressources de toilette et d'arrangement, tous les travestissements de coiffure et de chevelure mis en œuvre. Combien peu d'hommes distinguent le vrai du factice, combien peu s'étonnent de voir des reflets vénitiens sur un tein mat de brune remplaçant cette chair nacrée, piquetée de son, cette odeur spéciale qui sont la chair et l'odeur de la femme rousse si généralement laide en France. Et lorsque les hommes d'expérience et de maturité s'y trompent, comment les vingt ans de Raymond y auraient-ils vu clair?

La voiture s'arrêta devant l'entrée de la rue Amelot, où l'attendait un garçon d'hôtel, qui par un couloir obscur conduisit le couple jusqu'au bureau qu'un vitrage orné de plantes vertes séparait du palier de l'entresol; une femme chantait au piano une mélodie allemande.

— Le *Nain*, de Schubert, je le reconnais, murmura Mme Valfon; on ne le chante guère en France.

Elle parlait d'une voix assurée, mais Raymond la devinait tremblante à son bras; et cette émotion lui causait le plaisir de se sentir plus mâle, mieux protecteur. Comme ils allaient vers leur chambre indiquée, une porte s'ouvrit, se referma brusquement avec un appel au garçon, leur laissant voir des coupes de champagne pleines à ras-bord, et un large dos à bretelles d'homme, en chemise jaune, attablé.

— Nous avons des voisins, dit l'amoureux gaiement, pour apaiser l'agitation d'un cœur haletant près du sien.

Elle ne répondit pas, et respira seulement lorsqu'ils furent chez eux avec deux bons tours de clef. Une grande chambre à alcôve, confortablement meublée, rideaux et tentures bouton d'or, s'éclairant d'une fenêtre sur une cour qui servait d'office, couverte d'un vitrage à bordure étroite de zinc. « Commode, ce vitrage, en cas de surprise, » songea Raymond, gardant muette sa réflexion peu héroïque. Dans la cheminée brûlait un feu de bois. Sur le guéridon, couvert d'un napperon à broderies, attendait un petit goûter de sandwiches et d'amontillado.

— Maintenant, dis-moi tout ce que tu as souffert.

Elle s'est assise contre la cheminée dans un fauteuil très bas, le cou nu, la blouse mauve de son corsage largement dégrafée, ses cheveux en lourdes ondes à demi tombantes. Lui, à ses pieds, sur le tapis, lève vers la bien-aimée les boucles de son front, sa jolie figure toute rose d'un reflet de la flamme et d'un doigt de vin de Portugal. La veille, elle lui a conté sa vie, ce long martyre entre son mari et sa fille; aujourd'hui, elle veut qu'il lui dise la sienne. Mais elle est bien mélancolique et piteuse, son existence d'écolier pauvre, et pour la rendre intéressante, il faut la compliquer, la romancer.

Et il romance !

Ces bonnes créatures dévouées et tendres, maman Eudeline, Antonin, Dina, s'agglomèrent en un Moloch aveugle et sourd qui s'appelle la Famille et auquel Raymond donne sa chair, son sang, jusqu'aux ors les plus fins de sa cervelle. Le petit magasin de la *Lampe merveilleuse*, ce nid radieux, ouaté de chaleur et de douceur, est l'antre obscur au fond duquel opère le Moloch, où fume nuit et jour le sang de la victime.

Pourtant, il est le premier à en convenir, de ces êtres qui le déchirent, se nourrissent de sa moelle, aucun n'est méchant. Ainsi son frère Antonin, que Wilkie a rencontré avec lui quelquefois et dont la déchéance morale les désole, ce frère qui n'a pu rien être qu'un ouvrier, et l'ouvrier de Paris, avec toutes ses laideurs, toutes ses tares, c'est quand même un bon enfant, un cœur d'or, comme on dit...

Lui non plus, Raymond, malgré ses mensonges, n'était pas un méchant, mais un de ces êtres puérils qui vieillissent sans mûrir et ne sont que vanité, surtout devant la femme...

Penchée sur lui, respirant son souffle, la flamme de ses yeux, Mme Valfon à tout instant murmure :

— Pauvre être! cher être!...

Ou bien encore lui jette haletante :

— Dieu! le beau livre qu'on ferait...

Mais lorsqu'arrive la partie sentimentale du roman, quand Raymond raconte comment il a sacrifié aux siens l'amour de cette adorable jeune fille entrevue par Mme Valfon au parloir de Louis-le-Grand — dans le récit Geneviève est devenue une jeune personne de très grande famille, le brave père Izoard un vieux marquis provençal, quelque chose comme le maréchal de la noblesse du Midi... c'est le père Izoard qui ne serait pas content de cette métamorphose ! — oh! alors, devant tant de généreuse abnégation, Mme Valfon éperdue prend dans ses mains la douce tête blonde et dit tout bas sur ses lèvres :

— Viens, viens... au moins que mon amour te console.

Il fait presque nuit dans la chambre, l'obscurité jaunâtre d'un jour de brouillard à Londres. Les lourds rideaux de la fenêtre, qu'un geste pudique et passionné a détachés de l'embrasse, tombent jusqu'à terre. Le bois flambe et pétille, un éclair court sur le tapis. Guidée par ces lueurs, une forme blanche, vaporeuse, s'approche du lit où l'amoureux frémissant espère, implore, les bras ouverts.

Mais dehors, dans le couloir, des pas se hâtent, se précipitent. Une voix étranglée par la terreur souffle dans leur porte en passant :

— Madame, madame, voilà votre mari!

Une seconde, les amants se sont regardés avec des prunelles phosphorescentes. L'ombre de l'alcôve en est tout éclairée.

— Mon mari! sauve-toi... murmure une voix agonisante qui ne sait même pas qu'elle parle. Presque aussitôt la femme est à bas du lit, ramasse à tâtons ses jupes éparses et les jette dans un cabinet de toilette où elle s'enferme, pendant que Raymond, se souvenant de la toiture en zinc, s'élance vers la fenêtre. Il est prêt à ouvrir, quand un cri de femme répondant au fracas d'une porte qu'on enfonce à côté, arrête son geste et son élan. Evidemment ce n'est pas eux qu'on a voulu prévenir, ce n'est pas chez eux que le drame se passe. Mais les chambres si voisines, cette conformité de situation, c'est terrible!... Le cœur serré, il suit derrière la muraille une bousculade de meubles, puis une lutte atroce; pas un mot, rien que des souffles, et le dernier, le plus long, le plus profond, s'accompagnant de la chute mate et lourde d'un corps qui s'abandonne et, selon la parole du Dante, « tombe comme un corps mort tombe ».

En même temps, une fenêtre s'ouvre toute proche, un homme l'enjambe, passe sur le vitrage dont il suit l'étroite bordure, face à la maison, ses deux mains cramponnées aux gouttières, aux corniches. L'amant qui se sauve, sans doute, et tâche d'atteindre l'autre escalier. Mais pourquoi, quand cet homme passe devant lui, la tête presque au niveau de ses yeux, Raymond a-t-il la sensation d'un visage connu? où l'a-t-il déjà rencontré, ce regard d'un bleu dur, d'un bleu fanatique, séparé de lui seulement par l'épaisseur d'une vitre, et dont l'ironie semble l'interroger, le reconnaître au passage, lui aussi? Il n'a pas eu le temps d'un souvenir, que le vitrage est désert, la vision disparue, mais laissant derrière elle un drame sinistre qui dure.

Derrière les cloisons, on traîne quelque chose de lourd. Une voix commande :

— Sur le lit... portez-le sur le lit.

Le bois, le sommier craquent sous un poids énorme. Du fond du couloir, parmi de nombreux piétinements, s'avancent des pas solennels, d'autres rapides, annoncés par des chuchotements :

— Commissaire... médecin des morts...

Et pendant que Raymond guette tous ces bruits, l'oreille à la muraille, les reins inondés d'une sueur froide, cette chambre entrevue en passant, tout à l'heure, il se la figure à présent agrandie de silence et d'horreur, un crucifix et deux flambeaux allumés occupant au chevet du lit le guéridon où luisaient les coupes de champagne, et, dans toute la largeur des draps, l'homme aux bretelles, à la chemise safran, étendu, les bras jetés, la gorge ouverte et saignante.

— Quelle épouvante!...

Sur ce mot murmuré tout près de lui, Raymond se retourne. Mme Valfon est là, écoutant aussi.

— Il y a un mort à côté?... Vous avez entendu?

dit-elle la face altérée ; et tant que dure le moindre bruit dans la chambre voisine, meubles heurtés, pas assourdis, ils n'échangent plus ni un mot, ni un sourire.

Mais tout s'est tu peu à peu ; derrière la cloison le silence de la mort s'élargit en vagues froides et mystérieuses. Le corridor même semble désert. Dans leur propre chambre que l'ombre envahit, la glace seule garde encore un peu de jour. Machinalement, Mme Valfon s'en approche pour arranger ses cheveux. Ce geste de femme, d'une courbe si familièrement élégante, rappelle l'amoureux à son rôle ; il tend les bras, veut l'étreindre, mais elle se dérobe et, suppliante :

— Non, non... pas aujourd'hui, pas ici... j'ai eu trop peur.

Et lui-même, toute force à bas, transi jusqu'au fond de l'âme, n'est pas fâché de fuir le malencontreux hôtel.

Ce soir-là, au fumoir de l'Association, où Raymond devait le rejoindre, Wilkie Marquès avait donné rendez-vous aux membres du comité, et bien avant neuf heures s'était mis à chauffer la candidature de son ami. Le fumoir, à cette époque, occupait au second étage de la rue des Ecoles une petite pièce tendue de toile écrue à bordure d'andrinople rouge, sur laquelle s'espaçaient en des cadres de bois noir quelques lithographies à sujets romantiques offertes par la direction des Beaux-Arts. Des sièges boiteux, défoncés, se dépareillaient le long des murs. Sur la cheminée, un bocal d'esprit de vin, où marinait un morceau de peau du Levantin Pranzini, servait de pendant au buste de Chevreul, déshonoré par le frottement des allumettes sur le nez du premier étudiant de France. Heureusement pour lui, la jeunesse des Ecoles perd depuis quelque temps le goût du tabac, et le fumoir était surtout un endroit de libre discussion, très animé au moment de l'élection présidentielle, ordinairement au mois de janvier. Mais cette année, à la suite de querelles intestines entre la présidence et la terrible C. O. I. (commission d'ordre intérieur), la brusque démission du présent titulaire avait avancé les élections de plusieurs mois.

Marquès, ancien président de l'Association, par sa position de secrétaire particulier aux Affaires étrangères, sa parenté avec le ministre, était le personnage important de la maison, celui que toute cette jeunesse enviait, dont elle courtisait et imitait la blague froide, le rire de pendu et la démarche solennelle, sans s'apercevoir que lui-même n'était qu'un pâle décalque de son patron. Les mains derrière le dos, marchant de ce pas tranquille des tout petits hommes qui veulent se donner de la gravité, à le voir arpenter l'étroite pièce, jeter ses phrases brèves et perfides — on aurait dit Valfon petonnant à la tribune un de ces discours-ministre pince-sans-rire qui semblent un long monologue d'Arnal. Ce qu'il avait pris à tâche, ce soir-là, c'était moins l'éloge de son candidat que la dépréciation de ses deux concurrents, surtout du président démissionnaire, qu'une

partie du comité voulait renommer. De sa petite voix
sèche, Marquès démontrait aux « chers camarades »
combien ils avaient tort de regretter ce monsieur
qu'on pouvait juger par ses trois mois de présidence,
et qui malgré ses discours prétentieux, son jargon
philosophique sur « l'âme moderne, la régénération
intellectuelle, » n'était là que pour se faire des relations, dîner à l'Elysée, gagner les palmes et une
bonne place. Et sa manière d'administrer les fonds,
le désordre, le coulage !

Ici, des approbations surgirent de tous les coins
du fumoir. On précisait, on criait des chiffres : « Cent
cinquante francs de balais et plumeaux dans le trimestre ! » Quelqu'un fit observer aussi que c'était le
troisième président sorti de la section des lettres, et
que la section de droit, dont Raymond Eudeline faisait partie, réclamait son tour. Quant à l'autre adversaire, Marquès en eut vite raison. Bibliothécaire du
comité, connu de tous, la façon dont il gérait ses
bibliothèques donnait un avant-goût de ce que
serait sa présidence. Du Midi, du Sous-Midi, familier,
tutoyeur et noceur, cherchant les popularités faciles,
on se le figurait volontiers prenant l'apéritif avec le
garçon de bureau. Sans pareil pour donner l'acco-
lade dans une gare aux « chers camarades » belges
ou suédois, entonner *la Marseillaise*, brandir la ban-
nière, il manquait de tenue malheureusement, et
serait d'un effet désastreux aux dîners de l'Elysée,
même en bout de table. Amusant si vous voulez,
mais rien de sérieux.

Et qu'il les connaissait bien, Marquès, tous ces petits hommes dont les larges bérets de soie moirée, récemment adoptés par les étudiants de Paris, affectaient une forme correcte et majestueuse comme leurs redingotes noires et leurs énormes cravates à la Royer-Collard. Qu'il savait comment leur parler pour tuer la confiance, l'admiration dans leur esprit. Un président qui ne serait pas sérieux ! Pour se figurer le mépris où ils le tiendraient, il n'y avait qu'à regarder, sous le gaz, l'expression de leurs têtes gamines et doctorales, rayées, craquelées de rides précoces, des coups d'ongle de l'expérience et de l'intrigue ; il fallait les voir plisser leur front en se communiquant les rapports dont les avait chargés la commission, la sous-commission, la contre-commission. Et plus ils étaient jeunes, plus ils s'enveloppaient de majesté, voûtaient leurs tailles débiles sous le poids des responsabilités écrasantes dont la terrible C. O. I. pouvait à tout moment leur demander compte. Ah ! Chamontin n'était pas sérieux...

Sur ce cri d'indignation de toute l'assemblée, Raymond fit son entrée et comprit à la chaleur de l'accueil les chances de son élection. Les mains s'empressaient vers lui. Pas un « cher camarade » qui se tint à l'écart. Jusqu'au buste de Chevreul dont le sourire s'enjolivait, dont le nez semblait blanchir en son honneur.

— Eh bien, le bel Oswald, on est content?... Etait-ce une vraie bonne fortune?

Wilkie ne continua pas sur ce ton léger. Sans s'expliquer la gène, le trouble du bel Oswald :

— Excusez-moi, lui dit-il, j'ai l'air bête, mais c'est un air que j'aime à prendre dans les sociétés; au fond, mon esprit est occupé de choses autrement sérieuses....

Et l'étreignant par les épaules avec une tendresse qui ne lui était pas habituelle :

— Sortons, voulez-vous? Je me sens mal à l'aise dans ce parlement de Lilliput.

Il continua, pendant qu'ils descendaient côte à côte la rue des Ecoles :

— Rien ne vaut la *présence réelle*, à la condition de n'en pas abuser. Après tout ce qu'ils viennent d'entendre, ils vous ont vu, laissons-les sur cette bonne impression. Pour moi, votre cause est gagnée, vous serez président de l'A dans quinze jours, surtout si vous avez soin de déposer votre carte chez tous les membres du comité. Cela ne s'est jamais fait, mais c'est très Institut, et ces quelques visites couperont court aux dernières hésitations. Bien entendu, vous ne monterez pas : vous pourriez les gêner. La plupart de ces jeunes gens habitent en famille dans des conditions assez précaires. Tel que nous voyons à l'Association faire la roue, parler de son tailleur de Londres et de ses *tuyaux* chez les grands entraîneurs, rougirait d'être surpris mangeant les légumes du pot, à la table de papa et maman, à un cinquième étage, ou piochant son *Codex* dans une chambre de domestique.

— Une chambre comme la mienne, dit Raymond, honteux tout à coup que Marquès fût entré chez lui une fois.

— Oh! la vôtre, mon cher, c'est le paradis ou du moins son tout voisinage...

— Wilkie s'arrêta, et s'appuyant au bras de son ami, comme oppressé par l'aveu qu'il préparait :

— Ma foi, tant pis! il fait noir. Si je rougis, on ne me verra pas, et je préfère m'expliquer tout de suite que de continuer mes propos incohérents... J'aime votre sœur, mon cher Raymond, et je l'aime du premier jour où nous l'avons rencontrée, vous rappelez-vous, revenant de son bureau, en petite toque de loutre, sa serviette sous le bras; c'est ainsi qu'elle m'est entrée dans les yeux, dans le cœur, et pour n'en plus sortir. J'ai pourtant bien essayé de m'arracher à cette obsession qui pouvait devenir une gêne, un empêchement dans ma vie. Mais, l'autre nuit, la nuit du menuet, devant l'enthousiasme soulevé par la grâce de cette enfant, j'ai eu peur qu'on me la prît et je me suis juré de vous parler.

Le temps que Raymond, très ému, prit avant de répondre, parut interminable à Wilkie; il craignait un engagement entre Dina et Claudius, mais il fut rassuré tout de suite :

— Vous savez, mon cher Wilkie, que ma sœur n'a pas de fortune.

— Ni moi non plus, avoua l'autre en riant. Aussi mon projet ne sera-t-il réalisable que dans huit, dix mois peut-être. Valfon m'aura casé à la Cour des comptes ou au Conseil d'État, à moins que je n'aie pris la direction du grand journal dont Claudius Jacquand, mon futur beau-frère, doit me faire les fonds. Vous savez, son père est très riche ; lui-même a une fortune personnelle considérable où je pourrai puiser pour n'importe quelle de mes entreprises. Je puis donc vous affirmer, mon cher, que votre sœur, si elle veut de moi pour mari, ne sera pas dans la misère, et que je suis bien décidé à prendre ma part de la lourde charge que vous portez avec tant de courage et depuis si longtemps. Maintenant, croyez-vous qu'en demandant la main de M{11e} Dina si longtemps d'avance, j'aie quelque chance de l'obtenir, car je compte me présenter chez vous avec ma mère, et cela le plus tôt possible, pour être sûr qu'on ne me volera pas mon bonheur.

Les deux amis tournaient le coin de la rue de Seine, et en regardant flamboyer au loin dans la nuit la devanture de la *Lampe merveilleuse*, Raymond se rappelait le mot de Dina, qu'avec cette enseigne des *Mille et une nuits*, on devait s'attendre à tous les miracles. N'était-ce pas miraculeux, effectivement, ce qui arrivait à cette petite fille, et à eux tous par contre-coup ? Ah ! s'il ne s'était pas retenu, comme il aurait mis Wilkie contre sa poitrine ; de quels transports de gratitude et de joie il eût accueilli sa demande. Mais il hésitait par une précaution vaniteuse, sachant que dans quelques jours il aurait un joli appartement où il pourrait recevoir Wilkie et sa mère, plus confortablement que dans cette boutique ouverte à tous; et, au grand étonnement de Marquès, qui espérait mieux sans en laisser rien voir, il promit avec calme de transmettre la demande à sa mère et de répondre aussitôt.

La bise sifflait, mordait les rares passants du quai désert et noir, ce quai au nord que nos jeunes gens descendaient dans la direction des Invalides. Leur pas de causerie, tranquille et coupé de haltes, avait fini par les transir. L'un d'eux proposa d'entrer se réchauffer quelques minutes au café d'Orsay encore ouvert, et, à peine assis, la conversation de la table voisine, où quelques officiers de dragons faisaient cercle autour d'un vieux colonel, attira leur attention.

— Je l'ai connu en Crimée, ce général Dejarine, alors lieutenant de cavalerie comme moi, comme moi officier d'ordonnance d'un chef de corps, et à deux différents armistices nous avons bu à nos maîtresses le mauvais champagne des cantines. Il me fit l'effet d'un garçon très ardent, très passionné, de ces hommes qui, mourant à n'importe quel âge, sont sûrs de finir dans la peau d'un jeune premier.

Un des officiers que Wilkie connaissait pour avoir déjeuné quelquefois à son côté dans ce même café, se trouvant plus rapproché, poussa devant lui en explication une feuille du soir qui traînait sur le marbre de la table, et dans laquelle était relatée la mort du général Dejarine, ancien préfet de police de Pétersbourg, assassiné le jour même en flagrant délit d'adultère par un mari de l'école de Dumas.

— Où cela s'est-il passé, sait-on ? demandait Raymond, tout à coup très inquiet.

Wilkie à son tour lui passait le journal.

— Voyez, dans un hôtel meublé, tout près de la Bastille.

Lui-même continuait le colloque avec les officiers :

— Une des dernières fois qu'il est venu aux Affaires étrangères, ce pauvre général, il a passé plus d'une heure dans mon cabinet à me raconter son aventure, celle dont il est mort, probablement. Une grande belle fille, essayeuse dans un magasin de la rue de la Paix, et qui prenait Bastille-Madeleine tous les matins. Le mari, dessinateur au Marais, chez un marchand de bronzes, mettant sa femme à l'omnibus ; et à mi-route, le général montant, venant s'asseoir à côté de la belle qu'il accompagnait jusqu'à son magasin. Trois semaines de ce manège... à stationner tous les matins devant un bureau d'omnibus, avec la température que nous avons... jusqu'au jour où il est venu nous annoncer au ministère qu'il tenait enfin le rendez-vous tant désiré. Il était dans un tel état d'exaltation ! Je n'ai pu m'empêcher de lui dire : « Prenez garde, mon général. » Mais je redoutais moins pour lui, je l'avoue, une vendetta maritale qu'un coup de sang, une hémiplégie, avec cette encolure engorgée, cette face de congestion...

Les officiers, leur colonel, s'étaient levés, rapprochés de Wilkie qu'ils écoutaient debout, pendant que Raymond songeait, la tête dans son journal. Que ce drame dont ils parlaient tous fût son drame; et Dejarine, le gros homme qu'on avait tué tout près de lui, il n'en doutait pas. Mais l'autre, le fuyard du toit de zinc, qui était-ce? Sans doute le mari. Alors, pourquoi se cacher, quand on a pour soi la loi et les gendarmes? Et puis, ce visage déjà vu, ce regard ironique et complice, dans quel recoin de sa mémoire les retrouvait-il au passé?

Comme en réponse à sa question muette, une voix s'éleva du groupe à côté :

— Ce qui me frappe, messieurs, et dont ne se préoccupe guère le journal, c'est qu'on n'ait plus entendu parler du mari, de l'assassin. En face d'une personnalité comme celle du général, ancien ministre de la police dans son pays, tout est supposable; et cette disparition me semble mystérieuse. Comment ce commissaire, appelé pour les constatations, n'a-t-il pas fait fermer l'hôtel à l'instant même et interrogé toutes les personnes qui s'y trouvaient?

Raymond se sentit pâle d'une terreur rétrospective et s'enfonça plus profondément dans son journal. Il se voyait là-bas, dans ce quartier lointain, obligé de donner son nom et celui de la femme qui l'accompagnait. Une femme de ministre exposée à cette détresse, livrée à la discrétion d'un bas policier! Toute l'épouvante de ce qu'il avait vu disparaissait devant ce qui aurait pu être. Non, jamais plus se risquer dans une telle aventure, et tant qu'il n'aurait pas une chambre à lui, un appartement pour lui seul, ne jamais recommencer d'aussi périlleuses bonnes fortunes !

IV

LETTRES ANONYMES

« Si Claudius Jacquand s'inquiète de savoir où va
« presque tous les jours, de cinq à six, en quittant
« son bureau, la petite télégraphiste à laquelle il
« veut donner son nom, qu'il s'embusque sous un
« porche et guette la sortie du Central. On lui pro-
« met de l'agrément. »

Dans l'élégant rez-de-chaussée de la rue Cambon,
que son père, le sénateur lyonnais, venait partager
avec lui le temps de la session, le fils Jacquand songeait, le front à la vitre de son cabinet de toilette,
froissant dans sa main la lettre anonyme. Depuis le
bal du ministère et sa rencontre avec Dina, on l'ac-
cablait de ces billets à l'écriture louche, aux en-têtes
de magasins de nouveautés; mais sans qu'il sût
pourquoi, aucun ne l'avait impressionné comme
celui-ci. Il le relisait tout en protestant :

— Non, je ne guetterai pas, je ne m'embusquerai

pas. Je vais aller tout simplement demander Mlle Eudeline au bureau central et je lui dirai... mon Dieu! je lui dirai ce qui est, qu'après une heure d'égarement, de vertige, la réflexion est venue, anéantissant un rêve de bonheur, trop difficile à réaliser. Il faudrait me brouiller avec mon père, subir des assauts dont je ne me sens pas le courage. Pour son bonheur, pour le mien, je la supplierai de me rendre ma parole... Et voilà.

Cette détermination prise, Claudius se sentit plus léger, plus ferme aussi sur ses longues jambes, et se hâta d'achever sa toilette pour sortir. Il oubliait, le malheureux, les décisions innombrables prises depuis quarante-huit heures, et toutes abandonnées avec le même transport. Car ce n'était pas un de ces irrésolus à forme tranquille dont la perpétuelle oscillation semble venir de jugements trop bien équilibrés, ou d'une *dyplopie* intellectuelle donnant toujours à son esprit au moins deux manières de voir à la fois. L'indécision de ce Lyonnais au front exalté, aux yeux saillants et fanatiques, aux départs de fougue suivis de torpeurs écrasantes, résultait de la mobilité excessive qui faisait l'agitation et le malheur de sa vie. Quand il s'était retrouvé seul après son équipée du quai d'Orsay, — la rupture avec Florence, l'engagement avec Dina, — hors de l'envoûtement enchanteur des yeux bleus et des tresses d'or, une peur l'avait pris, un étonnement de son audace. Non certes que Mlle Marquès lui tînt au cœur par un lien quelconque. Cette belle fille d'un sensualisme instinctif, dont l'existence se passait rue de la Paix, ne sortant de chez un fournisseur que pour entrer chez l'autre ou goûter dans quelque bar mondain ; qui n'aimait ni les tableaux ni la musique, ne lisait rien, ne croyait à rien qu'à elle-même, à sa toilette et sa beauté, cette débordante personne pouvait être une femme pour la montre et la galerie, mais nullement selon son goût. Le malheur, c'est que la rupture le brouillait avec Mme. Valfon, si bonne femme, si précieuse amie, et Valfon qui se vantait d'avoir la rancune implacable, Valfon dont son père Tony Jacquand attendait sa nomination de ministre de la Marine, à la suite du contrat. Comment aurait-il le courage de se retrouver en face de ce père terrible, surtout en face de son rire, de sa blague féroce? car Tony, comme on l'appelait dans le monde de la fête, ne se fâchait jamais. C'était un vieux beau qui avait fait mourir sa femme de chagrin, noceur et bûcheur enragé, très droit, très vert, la barbe peinte, arrivé à soixante-dix ans sans jamais d'autre maladie que le gros rhume attrapé à une inauguration de statue, qui le retenait à Lyon depuis quinze jours. Claudius, d'une minute à l'autre, l'attendait rue Cambon et, songeant au désappointement de l'arrivée, préférait encore affronter la colère et le mépris de Dina.

Très minutieusement renseigné par elle, il se présenta au bureau central vers onze heures, comme Mlle Eudeline, ayant pris au vestiaire son costume de travail, venait de s'asseoir devant son appareil.

Tout ce qu'il avait à lui dire était préparé d'avance, car il se méfiait de son émotion. Mais une chose le rassurait, la tenue de bureau de la petite télégraphiste, si différente de son apparition en bergère Watteau, et qui ne pouvait manquer de lui causer un désenchantement d'où sa tâche deviendrait plus facile. Ce fut précisément le contraire qui arriva.

Quand Dina surgit au palier, dans sa longue blouse noire qui la grandissait, faisait la tête plus petite, le teint plus rose et les lourdes tresses vermeilles d'un or plus éclatant, Claudius ébloui chercha ses idées et ses mots. Jamais rien de pareil à cette grâce de jeunesse, auprès de qui la bergère de l'autre soir semblait une poupée de vitrine. Et pendant qu'il était obligé d'appuyer à la rampe le tremblement qui le secouait, elle, de son air le plus tranquille :

— J'étais sûre de vous voir aujourd'hui, je l'avais demandé à Notre-Dame de Fourvières avec tant de ferveur... Quand on m'a appelée, ça ne m'a pas surprise.

Penchée sur la rampe, tout près de lui, sans s'occuper des gens qui montaient, descendaient le large escalier de l'administration, elle lui racontait l'étrange fantaisie de Wilkie Marquès et la demande en mariage dont elle était menacée. Sans que Raymond lui en eût encore parlé, Mme Eudeline s'était chargée de la prévenir.

— Bien entendu, mon cher Claudius, je n'ai dit mot de vos projets, puisque vous désiriez avertir d'abord votre père. J'ai fait selon vos désirs, bien qu'il m'en coûtât beaucoup; mais M. Wilkie est pressé d'avoir ma réponse, il faut que je la donne le plus tôt possible.

— Enfin, l'aimez-vous, ce Wilkie? le connaissez-vous seulement? demanda Claudius, dont la blêmeur lyonnaise s'embuait tout à coup d'une teinte jalouse.

Un sourire embellit la réponse de Dina. Éprise de ce monsieur? Oh! certes non. Mais c'était le meilleur, le plus ancien ami de son frère, un ami dont la démarche, en somme, ne pouvait que la flatter, d'autant que lui ne se cachait pas, qu'il voulait venir la demander avec sa mère.

— Cet homme-là se cache toujours... Claudius en parlant agitait la rampe avec la fureur contenue de sa longue main gantée de clair. C'est un monstre de perversité, une pourriture d'être, et il s'en vante... Pourquoi vous recherche-t-il? Qu'y a-t-il sous cette demande en mariage? Je le saurai, mais d'avance, je suis sûr de quelque infamie.

Toujours souriante et tranquille, elle demanda:

— Que faut-il que je réponde, dites?

Eh! le savait-il lui-même, ce qu'il fallait répondre? La prendre, oui, l'emporter comme elle était là, rouler ce petit bijou de femme-fée dans ses tresses d'or et sa blouse noire, se sauver avec comme un voleur, telle était son unique pensée, la très exacte sensation qu'il avait eue la première fois en la voyant et qu'il éprouvait en se retrouvant en face d'elle. Une impulsion irrésistible, un vertige d'âme et de chair. Comment expliquer cela en phrases convenables, et dans un escalier, et devant du monde, des regards curieux qui vous épiaient en passant? Aussi s'exprima-t-il très mal. Mais les paroles comptent si peu dans la vraie passion. Rien ne fut dit de ce qu'il avait préparé, même il oublia la lettre anonyme; et, venu pour reprendre sa parole, il l'engagea plus sérieusement que jamais. Quant à son père, il allait lui télégraphier longuement, et le lendemain, sitôt arrivée la réponse, qui ne changerait rien du reste à ses sentiments, il l'apporterait à Dina, à la même heure.

— Pas ici, impossible, dit la jeune fille vivement: si je vous recevais deux jours de suite, je me ferais remarquer. On est si potinier dans la maison. Tout à l'heure le chef de brigade est passé près de nous; au regard jeté sur vos gants clairs j'ai compris que tout le bureau serait en émoi.

— Je pourrais vous attendre à la sortie?

— Ce serait plus dangereux encore. Non, la réponse, remettez-la au concierge ici, en la recommandant. Il la montera aussitôt au vestiaire et la mettra à mon nom dans ma besace.

Une violente sonnerie annonça la fin des dix minutes de repos réglementaire accordées d'heure en heure aux dames télégraphistes. Claudius murmura timidement, tandis qu'une petite main se tendait vers lui, sortie d'une manchette blanche:

— Quand nous reverrons-nous?

Dina eut l'air de chercher, le temps de lever ses beaux yeux clairs, puis :

— Vous savez que les Marc Javel m'ont invitée pour lundi. Est-ce que vous ne viendrez pas à leur bal ?

Le front du Lyonnais s'assombrit. Les Marc Javel, quelle idée ! D'abord, les hommes n'y seraient pas admis. C'était un bal blanc, un bal de demoiselles, pour l'anniversaire de leur nièce. Mais il la suppliait de n'y pas aller, de ne pas se lier avec ces gens-là. Elle ne se doutait pas de ce qu'étaient ces jeunes personnes de la société, de leurs propos entre elles. Ainsi cette Nadia Dejarine, dont le père venait de mourir si misérablement, elle s'exprimait comme les palefreniers de leur écurie. Entre elle et la nièce de Marc Javel, c'était une joute de mots épouvantables :

— Dina, je vous en prie, n'allez pas là, j'en serais trop malheureux.

Sa voix haletait, pressée par l'heure, par l'émotion. Son geste, toujours respectueux, se faisait tendre et câlin, la suppliait, l'enveloppait à distance.

— Si vous me le demandez ainsi, c'est que vous croyez en avoir le droit, dit la jeune fille avec une grâce sérieuse.

Et frôlant la main de Claudius du bout de ses petits doigts :

— Non, je n'irai pas chez Marc Javel ; mais en voilà encore du mystère et des histoires avec maman !

Jusqu'alors, entre cette mère et cette fille, il n'y avait jamais eu rien de secret. Si longtemps séparée de ses garçons, n'ayant près d'elle, chez les parents de province qui les gardaient par charité, que sa petite Dina déjà très fine et compréhensive, Mme Eudeline s'était fait une habitude délicieuse de leurs confidences chuchotées chaque soir sur l'oreiller, dans le grand lit qui les avait suivies du faubourg du Temple à Cherbourg, de Cherbourg jusqu'à l'arrière-magasin de la *Lampe merveilleuse*. Mais, depuis quelques jours, les causeries se faisaient moins intimes ; la maman sentait que sa fille lui cachait quelque chose. Si froide devant des offres de mariage aussi flatteuses, pour demander à réfléchir quand toute autre eût accepté immédiatement, il fallait que Dina fût engagée de cœur. Allez donc confesser une enfant qui se méfie même de sa mère ; ses frères n'en obtiendraient rien, l'un trop autoritaire, l'autre trop faible. Restait la tantine, la bonne tantine qui semblait revenue de Londres tout exprès pour tirer d'embarras sa vieille amie.

C'est à quoi Mme Eudeline songeait sous ses longues anglaises sentimentales en se rendant au Corps législatif, vers la fin de ce même jour où sous le coup d'une dernière lettre anonyme Claudius s'était porté aux grandes déterminations. Elle comptait trouver Geneviève seule dans le petit appartement dont les fenêtres au bord du toit donnent sur une des cours intérieures du Palais-Bourbon. Malheureusement, quand elle arriva, le père Isoard était avec sa fille.

Assise près de la croisée large ouverte, la tantine regardait mélancoliquement cet horizon de toits et de gouttières se profilant sur un ciel de frimas où criaient des corneilles, tandis que le vieux sténographe allumait la lampe dans la suspension en fredonnant avec une gaîté un peu forcée. Comme si ce faux jour à deux lumières les enfermait dans des pièces différentes, le père et la fille semblaient loin l'un de l'autre et ne se parlaient pas. Aussi, lorsque Mᵐᵉ Eudeline apparut, le Marseillais expansif eut un cri de joie familière et méridionale :

— Eh ! adieu, maman Deline !

— Quel guignon de n'être pas seule avec elle ! se disait la mère en venant s'asseoir à côté de Geneviève. Et tout haut, involontairement, elle traduisit sa pensée :

— Est-ce que vous aviez séance, aujourd'hui, monsieur Izoard ? comme elle a fini de bonne heure !

— Mais elle n'est pas finie, figurez-vous... Cette terrible affaire Dejarine a valu au Gouvernement une interpellation qui a tout bousculé. Je suis monté prévenir ma *filiette* de se mettre à table sans moi, car nos orateurs sont si lambins pour leurs corrections...

Il fit quelques pas, tordant sa longue barbe, signe chez lui de grande perplexité. Puis brusquement, en montrant Geneviève :

— Maman Eudeline, je vous la confie ; je compte sur vous pour me la dérider un peu. Voyons !

est-ce que c'est raisonnable ? depuis son retour de Londres, voilà la figure de mon enfant. Tantôt pour un motif, tantôt pour un autre, selon du moins ce qu'on raconte au vieux père. Aujourd'hui, c'est l'affaire Dejarine, paraît-il, elle a peur que notre pauvre Casta soit compromise ; pourquoi, puisqu'elle n'est pas à Paris ?

— Nous n'en savons rien, dit Geneviève vivement, et à coup sûr Lupniak doit s'y cacher. On le soupçonne d'être un des principaux acteurs du drame. Aussi, quoique ma chère Sophia ne s'occupe plus de politique et que son esprit se soit élargi jusqu'à un rêve de charité, de pitié universelles, — on connaît ses fondations d'hôpitaux, de cliniques pour enfants malades, — je la sais tellement ardente, tellement passionnée pour la bravoure de ses camarades révolutionnaires que je tremble à tout moment de la voir arriver.

Mme Eudeline s'apitoyait :

— En effet, je comprends que cela te tourmente

Mais le père Izoard cligna ses petits yeux de charbon de terre et soupira vers sa vieille amie : « Il n'y a encore qu'une maman pour savoir ce qui se passe dans le cabochon de ces petites filles.

Et sa phrase semblait sous-entendre : « Chargez-vous d'interroger la mienne, voulez-vous ? » C'est ainsi qu'elle le comprit ; la vieille amie, car à peine le sténographe descendu, seule en train de confidences avec Geneviève, elle murmura :

— Les mamans n'en savent pas plus long que les

autres ; la preuve, c'est que je venais te demander...

Elle hésitait, et voici que le teint mat de Geneviève s'empourprait d'une intime appréhension : Raymond, peut-être. Mais toute à sa pensée, Mme Eudeline n'y prit pas garde :

— Ma petite Dina m'inquiète, je voudrais que tu m'aides à la deviner.

Geneviève tressaillit ; que lui importait Dina, ce n'est pas ce nom qu'elle attendait sur les lèvres de la mère.

— Ce n'est qu'une enfant, votre fille, et elle vous inquiète, dites-vous?

— Oh ! cruellement.

Alors Mme Eudeline se mit à raconter l'aventure de sa petite Cendrillon, du moins de ce qu'elle en connaissait, et les craintes qui étaient venues à la pauvre mère en la voyant si dédaigneuse d'un beau parti.

— Elle a peut-être raison de dédaigner, fit la tantine gravement. J'ai entendu mon père affirmer bien des fois que ces Valfon, ces Marquès étaient du bien vilain monde. Qui sait si votre petite Dina n'est pas guidée par un instinct de dignité et d'honnêteté?

La voix de Geneviève, profonde et tranquille d'ordinaire, vibrait d'une sourde indignation qui allumait ses yeux et ses pommettes. Subitement elle se reprit, un peu confuse :

— Après tout, n'est-ce pas un mauvais sentiment qui me pousse à calomnier ces gens-là? Mais comment voulez-vous que j'hésite entre eux et votre enfant, de si droite et franche nature?

— Ainsi, tu ne crois pas que si elle refuse, c'est que son cœur a parlé peut-être pour un autre?

Mme Eudeline roucoulait cette simple phrase comme un refrain de vieille romance.

— Elle vous l'aurait avoué, madame.
— Tu penses?
— Mais bien sûr.

La mère, transportée de joie, eut un sourire qui voyait le ciel..

— Ah! tantine... tantine... si tu savais le bien que tu me fais! c'est si triste de soupçonner ce qu'on aime... Dire que ma petite Dina qui, depuis sa naissance, dort à côté de moi, dont l'existence a toujours fait partie de la mienne, je la sens loin, maintenant, j'ai peur qu'elle me cache des choses.

— Qui vous a donné le droit d'avoir peur? demanda la tantine en se levant pour fermer la persienne, car le soir était venu. En bas, sous les galeries de la cour, on entendait un bruit d'armes et le pas cadencé des factionnaires qu'on relevait.

— Qui m'en a donné le droit?

Mme Eudeline tirait d'une de ces introuvables poches de robe, si mal commodes que les femmes semblent toujours assises dessus, deux ou trois lettres non signées, du genre de celle que Claudius avait reçue le matin : « Etes-vous bien sûre, demandait une de ces lettres, que Dina se rende tous les jours à son administration? Avec la faveur d'un chef de brigade ou d'une surveillante, rien n'est plus facile qu'un faux pointage au départ comme à l'arrivée du personnel. Ainsi donc... » Un autre billet faisait remarquer à Mme Eudeline que sa fille, plusieurs fois par semaine, revenait du bureau avec une heure ou trois quarts d'heure de retard. Ce serait curieux de savoir où la petite passait ce temps-là.

— C'est honteux à dire, murmurait la pauvre femme pendant que Geneviève, rapprochée de la lampe, déchiffrait ces infamies... ces lettres que tu es la première, la seule à connaître, me gâtent la vie. À présent, quand mon enfant rentre, quand elle sort, mes yeux vont tout de suite à la pendule. Pas un pli de robe, pas une boucle de cheveux que je n'observe; si elle dort, je guette son sommeil et ses rêves, je me lève pour fouiller ses vêtements... et comme jamais je ne trouve rien, au lieu de me rassurer, cela me désole ; je me dis : c'est qu'elle est plus adroite que moi. Tu sais, dans notre bateau à nous, comme disait M. Mauglas, on est pour le sentiment et l'eau sédative.

Elle prit à pleins bras la grande belle fille et, dans une expansion de tendresse égoïste :

— Ma chérie, toi qui as tant de raison, toi que mes enfants ont toujours écoutée encore mieux que leur mère, aide-moi à retrouver ma petite Dina ; je ne sais plus.

Oh ! le sourire doucement navré de la tantine, l'accent d'ironie douloureuse jeté sur sa réponse !

— C'est vrai que j'ai beaucoup de raison, j'en ai eu toujours beaucoup, trop même; un peu de folie aurait sans doute mieux valu pour moi. Enfin, cette fois encore, je serai la raisonnable, et si votre enfant a besoin d'un conseil, je le donnerai. Seulement, avant tout... (un geste de dégoût tendait les lettres anonymes à la mère), il faut brûler ces vilenies, ne plus en salir vos yeux, votre pensée. Je me figure mon pauvre père recevant des accusations pareilles sur l'honneur de sa fille, mais il en mourrait, il tuerait quelqu'un.

Un joyeux « drelindin », un tourbillon de rire jeune et de boucles blondes. C'était Dina qui venait chercher sa mère et qui leur sautait au cou en s'excusant d'arriver si tard. La faute à qui? à M. Raymond qu'elle avait trouvé au magasin, se préparant à dîner dehors et en train de faire une toilette qui encombrait toute la maison. Non, on n'imagine pas la place qu'il faut maintenant à un jeune homme pour s'habiller, et les complications d'une parure masculine : et les embauchoirs pour ne pas déformer les bottines, et les tendeurs empêchant les pantalons d'avoir des genoux. Jamais on n'avait entendu parler d'élégances pareilles. Mais c'est la tête d'Antonin qu'il fallait voir devant ces raffinements ; les embauchoirs surtout, et les jarretelles pour chaussettes de soie lui faisaient ouvrir une paire d'yeux! Bien sûr qu'à son atelier on ne connaissait pas toutes ces inventions

— Ton frère dîne donc dehors tous les soirs?

demanda Geneviève, qui se forçait à sourire de tout ce papotage.

Un clignement d'yeux de Mme Eudeline avertit sa fille :

— Ne soit pas trop méchante...

Mais la petite une fois lancée ne s'arrêtait plus :

— Raymond? Il n'aime que cela, manger chez des rastaquouères qui lui envoient des estafettes à cheval. Oh! je lui ai bien dit...

— J'en étais sûre, interrompit la mère; en te voyant arriver toute rouge, j'ai compris que tu sortais d'une dispute avec ton frère. Tiens, tantine devrait te gronder, tu n'es pas juste pour Raymond. Quand Tonin ne dîne pas, lui fais-tu les mêmes reproches?

La petite fut indignée à suffoquer une minute; mais elle se reprit vite :

— Des reproches à Tonin, mon Dieu! et pourquoi? C'est le travail qui le retient à l'atelier, quand il ne dîne pas avec nous, une commande pressée qui ne l'empêchera pas de venir fermer le magasin ni d'aller surveiller comme ce soir les derniers préparatifs de l'installation du Dauphin.

Ce nom de Dauphin, dont la petite affublait quelquefois le grand frère, fit sourire la tantine.

— Et pour quand l'installation? demanda-t-elle.

— Dimanche prochain, sans doute; il nous reste encore à finir une paire de rideaux, répondit Mme Eudeline en regardant sa fille.

Dina secoua la tête, l'air revêche.

— Je ne sais pas si j'aurai le temps.

— Mais oui, tu auras le temps, petit démon, dit tantine la prenant gentiment par le cou, je t'aiderai même, s'il le faut. Voyons, demain, si j'allais te prendre à ton bureau, nous rentrerions chez vous ensemble?

Dina semblait gênée.

— C'est que... je ne suis jamais sûre de l'heure pour la sortie... avec les travaux supplémentaires!...

— Nous aurions travaillé toute la soirée en faisant une de nos bonnes causettes d'autrefois, avant mon départ pour Londres.

— N'aie pas peur, tantine, l'occasion s'en retrouvera. Et Dina prenant la main courte et pleine de son amie, la mit en caresse contre sa joue penchée.

Au-dessus d'elle, les deux femmes échangèrent un regard significatif :

— Quand je te le disais !

— En effet, il doit y avoir quelque chose ; mais n'ayez pas peur, je le saurai, elle me le dira.

La nuit qui suivit cette visite au Palais-Bourbon parut terriblement longue à Dina. Couchée à côté de sa mère, derrière le paravent, le visage à la muraille, obligée de se tenir immobile avec tout ce feu qui lui gonflait les veines, toute la fièvre qui luisait sous ses paupières rabattues, elle se demandait quelle serait la réponse du père Jacquand, et si Claudius, dans le cas d'un refus, aurait le courage de tenir sa parole. Ce qui la navrait surtout, c'était le timide appel qu'essayait Mme Eudeline avant de glisser dans le sommeil :

— Tu dors, ma Didine ? tu ne veux pas causer un peu avec maman ?

Puis un long soupir et le silence. Ah ! si elle avait pu se jeter dans les bras de sa mère et tout lui dire ! Mais non, Claudius demandait le secret et d'attendre, d'attendre encore.

Au matin, sa première pensée, en se levant, fut une prière fervente à Notre-Dame de Fourvières, dont l'image ne la quittait pas. Pour leur bonheur à tous, car elle associait sa destinée à celle des siens, la journée devait être décisive. Aussi, lorsque arrivée au bureau central elle entra dans le vestiaire où les employées quittent manteaux, chapeaux, revêtent la longue blouse noire du travail, les mains lui tremblaient en accrochant sa besace à la patère. C'est dans ce sac de percale noire qu'elle trouverait la réponse de Claudius, bonne ou mauvaise. Ce fut l'inquiétude de toutes ses heures, heureusement chargées de besogne. Enfiévrée par le manque de sommeil, les joues et le regard en feu, à tout moment elle tirait la corde du vasistas d'aérage ; mais dehors la bise soufflait âpre, les giboulées, pluie et grésil, giclaient jusqu'au milieu de la salle, et des cris d'indignation partis de tous les coins obligeaient la surveillante à venir fermer la vitre jusqu'à ce que Dina l'ouvrît encore dans un accès d'énervement presque involontaire.

— Faut-il qu'elle en ait, de la chaleur, cette petite

Eudeline, murmuraient ses voisines d'appareil; et le chef de brigade faisant sa ronde à petits pas, les mains derrière le dos, jetait en passant :

— C'est le grand jeune homme aux gants clairs qui lui aura mis le sang à la peau.

Il la trouvait bien gentille, Mlle Dina, le chef de brigade, et depuis la veille, cette paire de gants clairs le taquinait singulièrement. Tout le monde en parlait du reste à l'administration, de l'élégant et mystérieux visiteur; et pendant les dix minutes que ces dames passent chaque heure au lavabo, les unes à faire du crochet, d'autres à réparer devant la glace un détail de coiffure ou d'habillement, il n'était question que du grand jeune homme.

— Qui pouvait-il être?
— Un cousin, un fiancé?
— Vous brûlez, mesdames, disait la petite s'efforçant de paraître gaie, malgré la tristesse qui lui poignait le cœur, car sa réponse n'arrivait pas. A trois heures, rien encore. Pourtant elle ne pouvait désespérer, tellement grande était sa confiance en Notre-Dame de Fourvières. Enfin, au dernier repos avant la sortie, sa main perçut sous l'étoffe le froissement d'une enveloppe. Mais on la guettait tout autour, jusqu'au jaloux brigadier; elle ne put que glisser la lettre dans sa poche, — avec quelle impatience et quel tremblement! — et l'y garder jusqu'à la fin de la séance.

C'est par une violente sonnerie que s'annonce le changement de service. Des trois salles de femmes du premier étage, Paris, Banlieue, Province, toute une volée bruissante s'échappe aussitôt de petites toques, de manteaux, de besaces encombrant le large escalier, où les croisent d'autres toques, sacs et manteaux de remplaçantes, saluées au passage par des regards inquisiteurs et des sourires ironiques. Comme toujours Dina, plus fine et plus vive, s'était glissée dans la foule et, se trouvant la première dehors, se hâtait de gagner la cité Vaneau, une ruelle alors toute neuve et déserte, alignement de hautes maisons vides et d'écriteaux que la bourrasque agitait. Après quelques regards rapides autour d'elle, elle put enfin tirer la lettre de sa poche, et la lire les mains fiévreuses.

« ... Mon père ne m'a pas répondu, mon père n'est
« pas venu et ne viendra certainement pas. On m'ap-
« prend qu'il est très malade : une congestion pul-
« monaire, à son âge, presque sans espoir. Je pars à
« l'instant même, le cœur plein de lui et de vous, et
« je serai à Lyon avant le jour, à temps, je l'espère,
« pour l'embrasser. Pourrai-je lui dire que je vous
« aime et que vous êtes ma blanche fiancée devant
« Dieu? Hier soir, on ne lui a pas lu la longue dépêche
« où je lui disais mon amour pour vous et l'engage-
« ment juré sur la Sainte Image de Fourvières... Cette
« dépêche lui aurait fait mal, je n'ai donc pas à re-
« gretter qu'il l'ignore. Croiriez-vous que dans cette
« pensée anéantie, sombrée, l'ambition seule survit
« encore? En délirant, il ne parle que des Valfon et du
« ministère de la marine. Son dernier souffle sera cet

« espoir; vous comprendrez que je ne le lui enlève
« pas et que je vous supplie de prier pour lui comme
« pour celui qui signe :

« Votre fidèle et passionné,

« CLAUDIUS JACQUAND. »

La lettre lue, relue, serrée sous le gant, au creux de la petite main tiède, Dina songea avec ferveur : « Oh! oui, je prierai pour ton père, pauvre ami... » Et d'un talon vif et sonore, la voilette sur les yeux, le sac noir au bras, elle prenait la direction de Saint-Sulpice, l'église où elle entrait le plus volontiers. Cette habitude qui lui venait de province et des longues journées oisives à côté de Mme Eudeline, d'entrer à l'église pour une courte prière, un vœu mental, Dina la gardait à Paris; et c'était une douceur ineffable, après l'agitation et le brouhaha du bureau, le train des rues, de se bercer d'une prière enfantine finissant en rêverie dans le silence et le repos des hautes nefs, dans la demi-ombre des chapelles; délicieuse retraite pour une imagination de jeune fille, et telle qu'il n'en pouvait être de meilleure pour s'abriter, prendre tout son essor, sans risquer de froisser ni de casser ses ailes.

De ces longues stations à Saint-Sulpice deux ou trois fois par semaine, Dina ne parlait jamais à la maison, par une pudeur, une gêne délicate; à l'administration non plus. Elle aurait trop craint les rires, les plaisanteries de ses collègues. On avait remarqué cependant qu'après le bureau, elle partait toujours la première sans attendre personne pour l'accompagner, et si prompte qu'à peine dehors, on ne la voyait plus. De là, à supposer toutes les escapades, il s'en fallait de l'épaisseur d'une lettre anonyme; et depuis quelques jours, chez Claudius Jacquand comme chez Mᵐᵉ Eudeline, à tous les courriers du soir et du matin, abondait ce genre de correspondances menteuses et lâches.

« Qu'il s'embusque sous un porche et guette la sortie du bureau, on lui promet de l'agrément. »

Combien de fois le pauvre amoureux s'était-il promis de fuir l'embuscade et le guet, les trouvant trop indignes de leur miraculeux amour; et maintenant le voilà trottant sur les talons de Dina, la suivant à distance le long des maisons de la rue de Grenelle. Il lui avait donc menti? Le voyage à Lyon, la maladie de son père? Non, tout était absolument vrai; mais plus fort que l'angoisse filiale, le soupçon jaloux l'avait repris tantôt, en venant porter sa réponse. L'idée que Dina sortirait dans une heure, que quelqu'un peut-être l'attendrait, enfin l'affreux poison absorbé depuis deux jours lui mettait les veines en feu. Il avait encore deux heures avant le train de Lyon; au moins partirait-il avec un renseignement, un indice, et ne s'en irait pas rongé, torturé par l'horrible doute.

La Croix-Rouge, la rue du Vieux-Colombier...

Le pied vif, la tête droite sous son en-cas de soie bleue, ruisselant tour à tour de soleil ou de giboulées, la petite allait devant elle, marchait vers un but défini qui n'était pas la rentrée à la maison. Deux ou trois fois, les grandes enjambées du Lyonnais l'amenaient involontairement presque sur ses talons. Alors il traversait la rue ou s'arrêtait devant un des magasins d'objets de piété, chapelets, images saintes, dont ce quartier est rempli. Tout à coup en se retournant, vers le milieu de la rue Saint-Sulpice, il a beau regarder à droite, à gauche, devant, derrière lui, il ne retrouve plus la vive et mince silhouette qui tout à l'heure se hâtait de l'autre côté de la rue, sur les trottoirs longeant les vieilles murailles noires de l'église. L'idée lui vient, voyant du monde entrer, sortir par les petites portes, qu'elle a pu disparaître par là, cette étrange petite catholique qui, en pleine fête mondaine, lui parlait de sa dévotion à Notre-Dame de Fourvières dont elle portait au cou les médailles. Pour s'en assurer, il franchit quatre ou cinq marches, poussa la porte volante et son émotion fut si grande alors, si extraordinaire que, pendant quelques minutes, il oublia le motif qui l'avait porté là.

Depuis le fond du chœur, criblé d'ors et de feux comme une tiare asiatique, la grande nef du milieu était baignée d'une blancheur astrale, liliale, montant des mousselines et des tulles alignés, voiles blancs, robes blanches, brassards et canetilles de premiers communiants, et des aubes et des surplis du grand séminaire assis par files de deux cents jeunes prêtres, à la suite des enfants groupés. Et tout cela faisait une houle, une coulée mouvante de blancheur irisée par la lumière qui tombait des hauts vitraux, bercée par la musique des orgues et le cristal des voix enfantines, dans l'odeur de l'encens et des lilas blancs en grappes sur le maître-autel... Pendant cette journée, il y avait eu, dès l'aurore, première communion; dans l'après-midi, confirmation et renouvellement des vœux, ainsi que l'apprit Claudius d'une vieille mère-grand à la parole exaltée, aux petits yeux sans cils, brillants et ruisselants de joie. Les bas côtés de l'église étaient pleins d'apparitions de ce genre, tendres créatures féminines plus ou moins jeunes, mais aux mêmes attitudes infléchies et priantes, aux mêmes corps vibrants, tendus, prêts à ouvrir leurs ailes pour un nouvel essor, ou bien alanguis et las,. jetés sur les prie-Dieu comme à la fin d'une journée brisante d'effusion, d'exaltation.

En arrivant de cette place Saint-Sulpice, un des carrefours de la rive gauche retentissant des sifflets et des coups de timbre des omnibus, bruyant des parties de bouchon dans le ruisseau, où circulent des chansons, des rires obscènes, en sortant de cette nuit tombante qu'attristait la bourrasque qui déversait la moitié du grand bassin sur le terre-plein de bitume comme une image de toute la lie, de toute la boue de la ville en écume autour du temple, le contraste était grand avec cette nef, immense vaisseau aux voiles blanches, n'ayant pour se défendre que des fleurs et des cantiques. Pendant une minute, le Lyonnais éprouva ce choc d'idées, ce tourbillon d'impressions contraires, dont la remise en place lui fut calmante et délicieuse; les vers du poète chantèrent dans sa mémoire :

Voilà donc quels vengeurs s'arment pour ta querelle,
Des femmes, des enfants, O justice éternelle!...

L'orgue et les voies enfantines continuent leur doux bercement, la houle blanche son roulis mystérieux. Soudain Claudius aperçoit, parmi d'autres silhouettes prosternées, une petite femme qu'il reconnaît à la lourde natte vermeille tordue sur les blancheurs de la nuque penchée. Dina, c'est Dina. Et de la voir abîmée dans la prière et dans les larmes, alors seulement il se souvient qu'en partant, il lui a demandé de prier pour son père, tout près de mourir. C'est là qu'elle venait si droit, si vite, pendant qu'il la suivait de loin, que ses hideux soupçons haletaient honteusement derrière elle. Ah! il peut partir maintenant. L'image de la jeune fille, lavée de toute crainte, étincelante et pure, il l'emporte sur son cœur, contre sa chair, comme une précieuse amulette et rien ne pourra l'en séparer.

V

INSTALLATION

Antonin achevait l'installation du grand frère, un dimanche matin, dans son appartement du boulevard Saint-Germain. Raymond devait arriver un peu avant midi avec Mme Eudeline, qui lui ferait visiter le logis, en détaillerait les splendeurs : un balcon, la Seine en miroir entre les quais, un horizon de ciel et d'eau, puis :

— Devine chez qui nous sommes ? Pour qui ces tentures, ces meubles, ce piano ?

Et du cri de bonheur échappant à Raymond, depuis quinze jours ils avaient tous la fièvre

Grimpé sur une échelle double, dans l'étroit cabinet de toilette qu'il drapait du haut en bas d'une égayante toile de Gênes à ramages, Tonin — ses pointes de tapissier entre les dents — ponctuait de coups de marteau et de « le... le chosé du chose... » sa conversation avec Dina, occupée à ourler des rideaux, si mignonne qu'elle disparaissait sous les flots de toile rose répandue autour de l'échelle. Avec les reflets de la rivière lumineuse et dansante, dont les vitres étaient pleines, on se serait cru dans une cabine de navire, et tout à l'avant, car la maison faisant l'angle du quai, à la pointe du boulevard, toutes les pièces allaient en se rétrécissant.

— Dis donc, frérot, demandait après un silence la voix de Dina sortant de dessous les tentures, quand tu as habité Londres, il y a trois ou quatre ans, est-ce que tu les voyais, ces révolutionnaires russes?

Comme tout Paris, ce matin-là, nos jeunes gens parlaient de la sinistre affaire Dejarine.

— Oh! bien rarement, sœurette, répondit l'autre en tapant ses coups de marteau. Je vivais tout à fait hors de Londres : une ancienne usine de draps au bord de la Tamise, dont une partie passait sous ma maison et sortait en cascade; tout dansait chez nous. J'avais très peu de monde, juste le nombre d'employés pour surveiller mes dynamo, voir la clientèle, et c'est à peine si, les beaux jours venus, je trouvais le temps, une fois par mois, de me faire conduire par la voiture de l'usine, à travers les grandes prairies de la banlieue de Londres, où les annonces, les affiches s'étalent si drôlement à plat sur la verdure.

Mais son travail couvrait sa voix. Il se tut et se remit à parler au bout d'un instant. Oh! ces maisons anglaises, hospitalières et confortables lorsqu'on est à l'intérieur, combien du dehors l'ouvrier parisien les trouvait farouches et inabordables avec leurs fermetures trop bien jointes, leurs fenêtres à guillotine. Jamais il n'avait pu s'y faire à ce visage fermé, impassible du home anglais. Chez Sophie Castagnozoff, l'aspect était tout différent. Il arrivait à l'heure de sa clinique, la porte large ouverte laissait passer un défilé lamentable de lèpres et de misères. « Va m'attendre à Hyde-Park, lui criait la bonne Casta, je te rejoindrai après ma consultation. » Sur un des bancs de l'immense square — notre bois de Boulogne, mais au cœur de la ville — Antonin rencontrait cinq ou six réfugiés russes, quelquefois couchés dans les pelouses à côté de vagabonds râpés et vermineux, à dos de bisons, d'hippopotames, émergeant de l'herbe haute, séparés seulement par une barrière en bois ou un grillage au ras du sol de la file somptueuse de landaus, calèches, écuyers, amazones, sans que jamais un regard descendît d'un de ces équipages vers les fauves couchés dans le gazon, sans qu'un fauve interrompît son sommeil pour regarder avec envie tout ce luxe d'attelages et de livrées.

— Mais de quoi pouvais-tu bien leur parler, mon pauvre Tonin, à tous ces enragés?

— Ma foi, sœurette, je leur disais que s'il y a des méchants sur terre, ce n'est pas une raison pour être aussi méchant qu'eux. A quoi M. Lupniak ne manquait jamais de répondre...

— Qui, Lupniak? l'assassin, celui qu'on accuse de la mort du général ?

— Justement.. Oh! pas un sauvage... Au contraire, un homme bien élevé, un ancien officier d'artillerie, mais un de ces théoriciens implacables pour qui, enfin, n'est-ce pas... la vie d'un homme n'est pas même le... le chose du chose. Moi, il me reprochait d'être un affreux égoïste.

Furieuse, la sœurette bondit de ses flots de toile rose :

— Égoïste, toi !

L'autre, tout en haut de son échelle :

— Eh bien, si, tout de même, il y a du vrai dans cette accusation. Mon rêve de bonheur sur la terre est un peu étroit... Ainsi, quand je sens que vous avez tout ce qu'il vous faut, toi, maman, le grand frère, même tantine, quand je vous crois heureux, je ne vois guère plus loin. Je suis comme notre mère quand nous étions petits... Une fois qu'elle nous avait bordés tous trois dans nos lits, sa journée était faite; alors seulement elle dormait tranquille.

— C'est égal, ce Lupniak ne te connaissait pas; ce n'est pas Sophie qui t'aurait traité d'égoïste.

— Oh! elle, une sainte. Tout ce qui souffre dans ce monde lui fait mal... Elle ne voudrait se reposer que lorsque, enfin, n'est-ce pas?... le... le...

— Oui, lorsqu'elle aurait bordé l'humanité tout entière, dit la petite vivement; et poussant son aiguille de toutes ses forces : cela, c'est trop beau pour moi. Si je pouvais, je me contenterais d'être égoïste dans ton genre, un égoïste qui s'est sacrifié toute sa vie, qui a consenti à n'être qu'un ouvrier.

à ne rien apprendre de tout ce qu'on enseignait au grand frère...

— Pauvre Raymond, à quoi cela lui a-t-il servi jusqu'à présent ? Lui qui nous aime tant, qui se donne tant de mal pour nous venir en aide... Si, si, je te jure, Dina, beaucoup de mal. Oh ! je sais bien, tu ne le vois pas comme il est ; vous ne vous comprenez pas.

Dina eut un sourire moqueur :

— C'est vrai que je suis moins bonne que toi et que maman. Ce que je rage depuis ce matin d'ourler des rideaux, au lieu du beau dimanche que je devais passer à Morangis avec Geneviève... Chère tantine ! elle a cousu hier près de moi toute la soirée. L'idée qu'elle travaillait pour Raymond l'animait d'une ardeur... Tiens, veux-tu que je te dise, ma rancune contre lui vient surtout de son indifférence pour Geneviève, et je l'ai vue là-bas, à ce bal, celle qu'il lui préfère.

— Tu te trompes, Didine, il n'en préfère aucune. Seulement...

Et comme il avait fini de clouer son plafond, Tonin descendit de l'échelle, s'assit sur les traverses du bas pour expliquer à sa sœur que si Raymond renonçait à Geneviève, c'est parce qu'il ne se croyait pas le droit de l'aimer, de l'épouser, avec toutes les responsabilités familiales.

— Tu parles de sacrifice, mon enfant ; et il nous a sacrifiés son amour, il faut que tu le saches bien. Car elle me tourmente, cette méfiance entre vous deux, qui pourrait devenir du gros chagrin pour maman, quand je ne serai plus là, que je ferai mon service militaire... J'aurai déjà tant d'inquiétudes, avec l'argent.

— Sois tranquille, mon Tonin, tu n'es pas encore parti, et d'ici là il y aura certainement du nouveau.

A ces paroles imprudentes qui viennent d'échapper à la petite. Antonin la regarde curieusement, frappé par la véhémence de son intonation.

— Qu'y a-t-il donc, un héritage ?

Ah ! si Dina pouvait parler, si elle n'avait pas promis...

Elle rougit, balbutie :

— Non, il n'y a rien, sinon que Raymond va pouvoir, maintenant qu'il sera installé...

Mais le voilà, Raymond ; il arrive lui et maman Eudeline. Quelques minutes exquises, conformes au programme, avec cette variante que, l'appartement visité pièce par pièce, lorsque Mme Eudeline demande à son fils :

— Devine chez qui nous sommes ?

— Avec ça que tu ne l'as pas prévenu depuis le premier jour, s'exclame malgré elle la petite Dina.

Alors, les yeux mouillés, tout le monde se mit à rire, ce qui n'avait pas été réglé par le protocole.

Prévenu, sans doute il l'était, longtemps à l'avance, mais ce qu'on lui montrait dépassait tellement ses prévisions !... Comment supposer qu'Antonin aurait ce goût délicat et sûr, de tentures et d'ameublements? car enfin ce cartel était ancien, ce bahut d'un modèle rare. Jusqu'au piano qui venait de la bonne fabrique; et cette disposition d'appartement si amusante. Raymond ouvrit une fenêtre, fit quelques pas sur le balcon en agitant les bras comme s'il parlait. Le vent frais du matin relevait ses mèches blondes, lui grandissait le front superbement. En bas roulaient les tramways, les sirènes des remorqueurs clamaient sur la rivière, avec la mélopée des cloches du dimanche.

— Un vrai tremplin que tu m'as mis sous les pieds, frérot, dit-il en attrapant Antonin par les épaules. Tu verras, je ferai des choses...

Il ne précisait pas ; mais à quoi bon, n'avaient-ils pas tous confiance en leur grand ? Bientôt il allait passer président de l'A, on lui en donnait partout l'assurance, et les occasions ne lui manqueraient pas de parler, de se mettre en lumière. Une première étape vers la politique, la députation. Tout devenait possible, maintenant qu'on lui mettait des outils dans les mains.

— Pour commencer, ma chère mère...

Il était rentré dans le cabinet de travail et parlait debout, un coude à la cheminée, déjà chez lui, recevant sa clientèle.

—... Pour commencer donc, je t'annonce une belle visite que je retarde depuis quelques jours ; car cette visite, qui s'adresse à nous deux, nous n'aurions pu décemment la recevoir au magasin.

Tous le regardaient, surpris.

— Qui donc, questionna Mme Eudeline?

— Comment, tu ne devines pas?

Et dans la stupeur générale il lança :

— Mme Valfon, femme du ministre des Affaires étrangères, qui viendra te demander la main de Mlle Dina pour son fils Wilkie... Tu t'en doutais bien, voyons.

La mère toute troublée, baissant les yeux, semblait chercher à terre une réponse qui ne la compromît pas.

— Certainement, je savais... tu m'avais dit.. mais je ne croyais pas que cette dame... enfin, que ce serait si prompt.

Raymond reprit vivement :

— Oh! ce n'est pas pour tout de suite; tu as bien expliqué à Dina? Elle est trop jeune, Wilkie ne se trouve pas dans une position stable... Seulement il est si... si épris, il n'y a pas d'autre mot... il tient à s'inscrire le premier de peur qu'on la lui enlève.

La mine d'Antonin, entendant pour la première fois parler de ce mariage, s'effarait d'un étonnement comique. Dina, les lèvres un peu pâlies mais l'air calme, semblait avoir préparé sa réponse, tant elle s'exprima doucement et fermement :

— Remercie bien Mme Valfon de l'honneur qu'elle veut me faire, mon cher Raymond ; mais toute visite ici serait inutile, car ma décision est prise, irrévocable. J'avais prié maman de te le dire.

— Elle me l'a dit, en effet... La voix du grand frère tremblait, ses mains aussi... Mais je croyais à un caprice de petite fille que changerait la moindre réflexion. Pense donc à ce que ce mariage serait pour toi, le monde où il te ferait entrer.

Dina leva fièrement sa petite tête :

— C'est précisément de ce monde que je ne veux pas être ; je l'ai traversé une fois, cela m'a suffi. Pour entendre causer entre elles des femmes, des jeunes filles de façon à me soulever le cœur... Jamais au bureau central où nous avons bien des effrontées, jamais, tu m'entends bien, je n'ai connu rien de pareil à cette Nadia, la fille du général, ni à sa belle amie, la nièce de Marc Javel.

Raymond fit deux pas qui le mirent devant elle.

— Tu n'iras pas chez celui-là non plus, alors ?

— Certes non.

— C'est complet, fit Raymond tout bas, comme anéanti.

La petite continua de son air décidé :

— Que veux-tu ? je suis née Faubourg-du-Temple, mais j'ai été élevée en province ; cette société parisienne me fait peur. Au fond, je suis sûre qu'Antonin et maman sont de mon avis... Et si tantine était là...

M%%me%% Eudeline hochait ses longues anglaises en songeant : « Sans doute, si j'étais sûre qu'elle dit tout ce qu'elle pense... » Et Tonin murmura, s'adressant à Raymond :

— C'est vrai, mon grand, qu'ayant une femme à choisir, je n'irais pas la prendre dans le... le... chose...

Raymond haussa les épaules et, penché vers sa sœur :

— Enfin, c'est ton dernier mot ? Ni dans six mois ni dans un an tu n'accepteras mon ami Wilkie ?

— Jamais !

— Prends garde, mon enfant... On sentait qu'il bridait sa colère par cette feinte douceur... Avant de t'arrêter à un non définitif, te rends-tu compte de ce que tu vas faire ?

— Mais il me semble.

— Moi, je ne le crois pas ?

Il prit un temps, un temps énorme, comme on n'en prend qu'au théâtre, et prononça, très grave :

— Tu vas tuer ma présidence, tout simplement.

Elle eut un geste d'indifférence absolue.

— Ça, par exemple...

— Tu veux dire que tu t'en moques comme de mon ami ? Seulement ce n'est pas tout à fait la même chose... Moi, je n'ai pas de présidence de rechange, tandis que toi, tu es sans doute pourvue ailleurs... Mademoiselle a fait son choix probablement ?

Il s'agitait dans la pièce trop petite pour sa fureur, et tout à coup, menaçant le plafond du poing :

— Oh ! la famille... la famille...

Dina, dans l'irritation de ses allusions injurieuses, lui demanda en ricanant ce que la famille lui avait fait.

— Elle m'a dévoré... rongé jusqu'à l'os.

— Pauvre famille ! si elle n'avait que toi pour la nourrir, elle serait maigre...

— Dina ! cria la mère éperdue.

Mais lui :

— Laisse... laisse... je suis curieux de voir..

Et retourné vers sa sœur :

— Tu trouves alors que je n'ai pas assez fait pour vous, que je ne vous ai pas assez donné de ma chair, de mon sang ?

— Ta chair et ton sang, moi, je n'y ai jamais goûté. Eux autres, je ne sais pas... Tout ce que je peux dire, c'est que tu as essayé de tous les métiers sans t'arrêter à aucun. Tu as voulu entrer à Normale, faire ton droit, t'en aller dans l'Indo-Chine...

Antonin ahuri, désolé, tendait les bras de loin :

— Dina, je t'en prie...

Mais quand la petite s'emportait, quel frein aurait pu la retenir? L'intervention du frère ne fit que l'exciter, servir de prétexte à de nouvelles blessures. Que seraient-ils devenus sans Antonin? Le voilà, celui qui souffrait pour tous, qui les avait nourris, logés, vêtus. Le voilà, le vrai soutien de famille. Lui, Raymond, c'était le soutien de famille honoraire...

Sitôt le mot lâché, elle tressaillit de son énormité, eut comme un élan pour le reprendre. L'aîné lui aurait ouvert les bras à ce moment, qu'elle s'y serait jetée en lui demandant pardon. Mais le coup était porté. Lui, le Dieu, le Bouddah, exposé à de tels outrages! et par cette morveuse...

— Trop fort pour toi, ça, ma petite, dit-il, lui

relevant le menton de son index recourbé, on t'a soufflé cette parole venimeuse, tu ne l'aurais pas trouvée seule.

La mère sanglotait. Antonin suppliait, les mains jointes :

— Mes amis... mes amis... Dina, tu n'es pas juste... Pardonne-lui, mon grand. Tu la connais, c'est une violente, elle a du mal de papa.

Raymond se retourna comme un chien sur une guêpe :

— Laisse-nous tranquilles, toi... j'en ai assez de tes grimaces de faux Christ à l'église de Sainte-n'y-touche, et de tes bienfaits qui me dégoûtent ; reprends tes meubles, garde ton logement, je retourne à ma soupente de la rue de Seine.

— Mais c'est lui qui la paye, ta soupente, lui lança Dina dans la figure.

— Tu es méchante, Didine, cria Tonin.

Et prenant son frère à pleins bras, il l'étreignait, le câlinait :

— Ne t'en vas pas, mon grand, je n'ai rien fait, moi, pour que tu me causes cette peine... C'est si bon d'être tous ensemble, on est si bien... D'abord, je n'avais pas grand mérite à t'installer, je savais que nous en profiterions tous... Mon Dieu ! mon Dieu ! quand je pense à la joie de maman ce matin ; maintenant la voilà qui se désole... Allons, Didine, ta main, ta petite menotte dans la sienne... Tu vois, maman, il reste, il reste... si, si, ne dis pas non, mon grand... Ça y est... ils ont fait l'accord...

Un lourd silence. Puis le grand frère apaisé mais résolu :

— Eh bien, oui, je reste... mais à une condition...

— Tout ce que tu voudras.

Raymond réfléchit une seconde, après quoi :

— Malgré qu'on ait pu dire ici, je suis le chef de la famille, et comme tel j'entends qu'on me respecte... Je veux avoir un état de toutes les dépenses que tu viens de faire pour moi.

— Tous les reçus sont dans ce tiroir, dit le cadet joyeusement, acquittés et bien en règle.

Raymond feuilleta la liasse de factures et affirma du ton le plus sérieux :

— Avant demain, tu auras mon billet, à trois ou à six mois.

Il ajouta pour prévenir toute discussion :

— J'y tiens, je l'exige.

Mme Eudeline, qui s'épongeait les joues, appuya cette idée de l'aîné.

— Il a raison ; un billet, ce sera plus digne.

Déjà rassérénée, elle voyait ses enfants tous bien unis, Raymond quitte envers son frère puisqu'il lui ferait un billet ; quel malheur seulement de ne pouvoir passer la journée tous ensemble. Mais l'aîné avait à s'occuper de son élection.

— Moi, mon grand — Tonin regardait son frère avec des yeux inquiets de chien fidèle — j'ai la fin de la bibliothèque à déménager, à classer tout un casier de musique. Oh ! ce n'est pas grand'chose, d'autant que je me fais aider par Mme Alcide, la gérante qui se charge de ton ménage; mais puisque tu t en vas, laisse-moi ta clef. En rentrant, tu la trouveras sous le paillasson.

— Surtout ne te trompe pas, fit la sœur en riant, ne viens pas coucher à la *Lampe merveilleuse*.

Raymond lui demanda si elle prenait tout de suite possession de la petite chambre.

— Ma foi, non, pas encore... Je suis trop bien dans le grand lit de mère, derrière notre paravent.

Et ce fut dit par la fillette avec une grâce si ingénue, si touchante, que Mme Eudeline en resta tout attendrie, rassurée sur certains doutes que lui laissait la résolution de son enfant.

Avant tout, Raymond avait besoin d'être seul pour se recueillir, se remettre.

Touché au vif de son orgueil, il se sentait déchu, diminué, aurait voulu s'envelopper tout à coup de cette bonne chaleur de tendresse et d'admiration dont sa famille venait de le sevrer brusquement. Il pensa d'abord à ses amis Izoard, partis à la campagne depuis deux jours. Là, il était sûr de l'accueil enthousiaste, d'une complaisance à ses chagrins, à ses plaintes, et puisque Dina refusait d'aller chez Marc Javel, il pourrait combiner avec le vieux sténographe une solennelle démarche auprès du créancier de son père.

Bien étrange tout de même, l'entêtement de cette petite fille. Que se cachait-il là-dessous? dans quelle situation abominable allait-elle le mettre envers Wilkie, Mme Valfon, le ministre?

Toutes ces inquiétudes lui martelaient le front pendant que le train d'Orléans l'emportait vers Morangis et l'arbre de la Liberté, au carrefour des quatre chemins.

Au coup de heurtoir ébranlant la porte de l'ancien pavillon de chasse, un vol de pigeons monta de la toiture bleue, et la voix du vieux père arriva du fond du jardin :

— Tiens, Raymond ! pas de chance ; je parie que tu comptais finir ta journée avec nous... Et Geneviève qui vient de partir jusqu'à ce soir avec des amis de province... Et moi qui dîne à Paris. Un grand repas de corps à l'occasion de ma nomination comme chef de la sténographie... Enfin, entre ; nous pourrons toujours causer un moment avant que je m'habille. Tantine m'a tout préparé.

L'ombre du jardin encore humide gardait le gel de l'hiver, mais partout où tombait le soleil, le printemps bourgeonnait sur les branches grêles, embaumait les taillis et les gazons. « Bonjour, lilas, salut, muguets ! » aurait crié volontiers Raymond à toutes ces jolies odeurs printanières, relent des dimanches de sa jeunesse. Mais comment les lilas au bord de la haie et les cerisiers en file de l'allée auraient-ils reconnu dans ce grand garçon, dont les boucles fauves rejoignaient leurs branches, le gentil petit blondin, l'ancien élève de la tantine ?

Aussi, lui qui cherchait le réconfort d'un coin ami, éprouva en s'asseyant sous la tonnelle une impression de solitude et d'abandon, un serrement de cœur, comme s'il se couchait découragé au revers d'un fossé, sur la grande route.

— Ça ne va pas, gamin? Qu'as-tu? lui demanda brusquement le père Izoard dont le petit œil noir le guettait depuis son entrée.

Raymond essaya de ne pas s'attendrir, et très simplement :

— On vient de m opérer de la cataracte, et ça m'a fait mal... voilà ce que j'ai.

Le vieux écarquillait ses énormes sourcils :

— La cataracte, toi?

— Oui, monsieur Izoard ; maintenant je sais que j'ai manqué ma vie, que la tâche dont mon père m'avait chargé en mourant, mon orgueil, mon courage, j'étais incapable de... de...

Les larmes l'étouffant, il fut obligé de s'interrompre.

— Mais qui t'a dit tout cela, mon pauvre enfant?

Et le vieux père, ému comme lui, essayait de le consoler, de le convaincre avant tout qu'il était aimé, respecté des siens comme un chef de famille. Dans les maisons les mieux unies il y avait de ces orages, mais qui n'atteignaient l'autorité ni l'affection. *Bé*, oui! Victor Eudeline s'était fourvoyé dans son respect aveugle du latin et du grec; il eût bien mieux valu que Raymond entrât chez Esprit Cornat avec son frère. Il y aurait gagné vaillamment le pain de la maison et son titre de soutien de famille. Mais à qui la faute si cela n'était pas, et qui pouvait le lui reprocher?

— Tout le monde, monsieur Izoard, dit le jeune homme séchant ses larmes d'un geste enragé... et parce que j'ai le sentiment d'être inférieur à mon devoir, parce que j'ai entendu des choses horribles que je ne veux plus entendre, pour cela je suis venu à vous comme à mon plus ancien ami. Je vous demande de m'accompagner chez Marc Javel... Vous rappelez-vous, quand vous veniez me prendre au lycée, pour aller le relancer toujours dans quelque nouveau ministère? nous recommencerons la même chasse. Il faut qu'il me trouve un emploi, n'importe où, n'importe lequel, que je puisse donner aux miens de quoi manger, et relever mon frère d'une faction qu'il monte depuis trop longtemps et avant son tour.

Pierre Izoard, assis près de lui sur le banc circulaire de la tonnelle, le serra d'un bras robuste :

— Embrasse-moi, tu es un bon garçon.

Et Raymond s'attendrissant de cette étreinte, murmurait :

— Ah! mon ami, si vous saviez qu'on m'a fait de chagrin... voir ma mère, ma mère douter de moi.

Un gros mensonge, mais presque involontaire, et qui lui venait dans l'émotion.

— Oui, la vie n'est pas gaie, répondit le vieux, mais il y a de la misère pour tous, si ça peut te consoler. Il avait rabattu sur ses yeux l'immense chapeau de paille arboré en l'honneur du premier dimanche de printemps et, s'agitant autour de la tonnelle :

— Si tu crois que je n'en ai pas, moi, du chagrin...

Sais-tu avec qui est Geneviève en ce moment? J'ai promis de ne pas le dire, mais à toi, surtout après ce que je viens d'entendre, après le nouveau Raymond que tu viens de me montrer... Eh bien! la tantine court les bois en compagnie de Sophie Castagnozoff, arrivée de Londres, ce matin. J'avais cru d'abord qu'elle venait au secours de Lupniak, qu'on disait compromis dans cette vilaine affaire Dejarine; mais non, Lupniak est à l'abri, parait-il, il ne risque rien, et Sophie vient pour chercher ma fille, comprends-tu ça, lui rappeler un engagement pris ensemble d'aller fonder aux Indes anglaises une succursale à l'œuvre des enfants malades, que la doctoresse a installée de l'autre côté de la Manche. Tu sais qu'à Londres Geneviève s'était remise à sa médecine, dans le but de se vouer à l'œuvre de son amie. Elle ne s'en cachait pas, et même avait demandé les trente mille francs qui lui restaient de sa dot, pour les premiers frais de la succursale. Que s'est-il passé alors, quel changement d'idées et de projets pour qu'elle me soit revenue un jour, laissant là le voyage aux Indes et les enfants abandonnés? Tu penses si j'étais content! car enfin on a beau être vieille barbe de 48 avec des idées humanitaires, philanthropiques, larges comme le Rhône entre Beaucaire et Tarascon, quand on n'a qu'une fille, qu'elle est tout ce qu'il vous reste à aimer dans ce monde, l'œuvre des pères abandonnés vous parait bien plus intéressante que celle des petits gosses dans le même cas! Mais on ne peut compter sur rien. Voilà Sophie qui nous arrive ce matin, et pendant le déjeuner Geneviève m'annonce qu'avant la fin du mois elles seront toutes deux sur la route de Calcutta. Rien à objecter, tu comprends. Tantine va sur ses vingt-cinq ans; maîtresse de ses actes, elle l'a toujours été, du reste. Je l'ai élevée sans religion, mais dans les principes d'une morale stricte; elle savait que je ne lui pardonnerais pas une faute. Elle n'en a jamais commis, elle n'en commettra jamais. Qu'elles aillent donc à leur tâche, son amie et elle. Je suis fier de voir mon enfant, fidèle à mes idées, à celles de mes maîtres, consacrer sa beauté, sa jeunesse au soulagement de la misère humaine. Tout de même, j'ai le cœur bien gros, et l'aze me fiche si je sais comment, ce soir, je lèverai mon verre pour répondre aux toasts de tous mes collègues.

— Au fait, vous venez d'avoir un bel avancement, dit Raymond marchant à côté de lui dans l'allée.

Pierre Izoard passa son bras sous celui du jeune homme et l'entraîna violemment.

— Ne m'en parle pas, tiens! Je suis furieux contre moi, j'aurais dû refuser. Ah! je sais pourquoi ils me nomment. Je suis un vieux grognard de la République, un de ces vieux bonnets à poils qui disaient leurs vérités aux maréchaux de l'empereur, chamarrés, douillards et ventrus. J'en sais trop, j'en ai trop vu, on me bâillonne... Elle est gâtée leur République... tous ces gens-là veulent être riches, ça pue l'argent dans les bureaux, les couloirs, on ne peut pas faire un pas sans marcher dedans, et si tu crois que je me gêne pour le leur dire. Tu verras, quand nous irons trouver Marc Javel, jeudi prochain, veux-tu ? Il y aura séance, et j'aime mieux lui parler à la Chambre que chez lui ; tu verras si je lui en fait avaler de raides sur Gambetta et les autres... Voilà pourquoi je suis chef de la sténographie.

Par-dessus le mur crêté de tuiles rouges, une cloche sonna dans le jardin à côté.

Raymond tressaillit. Est-ce que leurs anciens voisins seraient de retour ?

— Les vieux Mauglas ? Mais tu badines, ils n'auraient pas cet aplomb.

Et devant l'étonnement de son jeune ami, le Marseillais, croisant les bras sur sa longue barbe, se planta dans l'allée en face de lui.

— Non, c'est vrai ! tu y crois encore à l'innocence de Mauglas ?

Entre eux, c'était une ancienne querelle, rajeunie, ravivée par les récents événements.

— Mais ne vous ai-je pas dit, monsieur Izoard, reprit le jeune Eudeline ne pouvant retenir un sourire indulgent, qu'au bal des Affaires étrangères j'avais causé avec Paul Mauglas une partie de la nuit, qu'il était de l'intimité du ministre, du souper, du cotillon, de tout ?

La figure du vieux s'enflamma.

— Qu'est-ce que ça prouve ? palme de Dieu ! sinon que Valfon, Mauglas, tous ces gens-là, c'est la même crapule, la même politique aux mains sales. Ils ne se dégoûtent pas entre eux, excepté quand leurs affaires s'embrouillent... Tu n'as donc pas lu les journaux ? Tu ne sais donc pas que Valfon, en pleine tribune de la Chambre, vient de dénoncer Mauglas comme policier au service de l'Intérieur. Je te jure qu'il ne sera pas au prochain bal des Affaires étrangères, pas plus au souper qu'au cotillon.

Le vieux père, grand liseur de feuilles politiques surtout à la campagne, tira un journal de sa vareuse de jardin et, d'une voix profonde, lut à Raymond l'article où l'on donnait en toutes lettres le nom du très subtil indicateur de la police française — c'étaient les propres expressions du ministre à la tribune — qui, pendant le séjour à Paris du général Dejarine, était resté tout le temps attaché à sa personne, et l'avait prévenu des criminelles entreprises tramées contre lui.

— Horrible! murmura Raymond anéanti. Jusqu'à présent il s'était refusé à croire; mais après de telles affirmations, dans quel état devait-il être, le malheureux, en ce moment!

— Oh! ne te monte pas la tête, fit le vieux reprenant sa voix naturelle, il est surtout très ennuyé de perdre sa place. Quand un homme descend aussi bas, quelle humiliation pourrait l'atteindre? Son orgueil mort, rien ne saurait lui rendre la vie.

Ils firent quelques pas en silence. Des rires et des galopades d'enfants derrière le mur leur rappelaient les anciennes frairies du voisin :

> A table, à table, à table,
> Mangeons ce jambonneau.

— Mais enfin, monsieur Izoard, demanda Raymond

angoissé, comment un esprit de cette envergure, une intelligence aussi fine peut-elle se ravaler à ce point d'abjection?

— Est-ce qu'on sait, mon pauvre enfant! Par veulerie, par lâcheté... Quelquefois aussi un mauvais aiguillage, ou même la déviation d'un beau sentiment, oui, mon petit, d'un beau sentiment. Tiens, je ne crois pas t'avoir jamais raconté mon aventure au club Barbès, en 48...

Il s'arrêta pour écouter au loin, dans le ciel d'un bleu d'acier froidi, le clocher de Morangis sonner quatre heures et le salut des vêpres. Le vieux sténographe songea soudain à son frac, à son gilet de piqué blanc, au nœud de mousseline majestueux qui l'attendaient là-haut, étalés sur le lit; et Raymond fut privé ce jour-là de l'aventure du club Barbès. Mais il l'avait entendue déjà tant de fois, il devait l'entendre si souvent encore...

Sa journée manquée, puisqu'il comptait la passer à la campagne entre Geneviève et son père, il revint à Paris pourtant moins désolé. C'est si bon de se plaindre quand on souffre, si bon de se faire plaindre, surtout de ces blessures d'orgueil, traîtresses et cuisantes, qu'on ne voudrait confier qu'à son oreiller en le mordant pour s'empêcher de geindre. Ces déchirures-là, une fois vaincue la première honte, en parler, les étaler, c'est un soulagement aussi doux que la vengeance. Rien que pour avoir dit à ce pauvre vieux : « Voilà ce qu'ils m'ont fait », pour s'être attendri sur sa propre détresse en l'exagérant, Raymond reprenait goût à l'existence ; et lorsqu'il descendit du train, sa première pensée fut pour Mme Valfon, qui recevait le dimanche.

Ils ne s'étaient pas revus depuis le rendez-vous de l'hôtel Beaumarchais, rendez-vous macabre, éclaboussé de sang ; presque chaque jour, depuis, elle lui écrivait des lettres ferventes, passionnées, mais encore effarées du drame auquel de si près ils auraient pu se trouver mêlés, et toujours en finissant elle parlait avec désir et impatience de l'installation que le cher bel enfant lui faisait espérer :

« Oh ! mon Raymond, hâte-toi de l'installer notre petit chez nous. »

Quelle joie de pouvoir enfin lui répondre :

« Le nid est prêt, il vous attend. »

D'avance il se figurait le joli frisson d'une nuque blanche et ronde, lorsque se glissant entre deux visites derrière le fauteuil de son amie, il lui jetterait tout bas l'adresse et le numéro de l'abri.

— Monsieur, monsieur, où allez-vous ?

Il avait déjà traversé une partie de l'antichambre ministérielle et dut revenir s'inscrire à la table du suisse. Madame était souffrante, madame ne recevait pas.

— Oh ! souffrante, façon de parler…

C'était le jeune Marquès qui sortait en se gantant, blême comme un clown, la narine frémissante, et descendit l'immense perron au bras de son ami stupéfait de le rencontrer au ministère un dimanche.

— Pas plus souffrante que moi, la patronne... Seulement une scène de famille épouvantable... ma sœur m'a envoyé chercher... Ah! la jolie pièce à faire, un ménage de ministre. A propos, ami Raymond, quel jour Mme Eudeline voudra-t-elle recevoir ma mère pour la démarche que vous savez?

Ils se tenaient debout au bord du trottoir, à l'angle du pont de la Concorde et du quai. L'heure était exquise, avec les pentes du Trocadéro s'étoilant de gaz dans une brume violette, les bateaux croisant sur la rivière leurs feux variés et rapides.

— Excusez-moi, dit Raymond, très embarrassé de la rencontre, je crois qu'actuellement nous ferions faire à Mme Valfon une démarche inutile. Je vous ai prévenu que ma sœur hésitait un peu. Cette incertitude, qui n'a rien de personnel à vous ni à d'autres, s'est changée en vraie résistance, et la patience seule pourra en venir à bout.

Wilkie, dont la petite tête contracturée de rage se réduisait à ses plus étroites proportions vipérines, répliqua d'une voix saccadée :

— Je viens à bout de tout, moi, mon petit; prenez garde.

Puis brusquement :

— M'accompagnez-vous jusqu'à l'avenue d'Antin?

— Non, merci, je dîne de ce côté de l'eau.

— Tant pis! nous serions entrés chez Gastine. Je vous aurais montré mon dernier carton et chargé de prévenir Claudius Jacquand qu'avant huit jours il aura une balle dans l'aine, un de ces coups dont on ne revient pas.

Raymond répétait sans comprendre :

— Claudius Jacquand? une balle dans l'aine?

Wilkie ricanait :

— Vous ne le connaissez pas, peut-être, ce Claudius? Enfin, vous ferez connaissance. Quant à vous, mon cher président, vous êtes sûr de votre élection? eh bien, moi, j'en doute. Adieu!...

Il disparut dans la foule bigarrée du pont, et Raymond resta longtemps à la même place, poursuivi par les airs de menace de son ami et son petit rire en grelot. Que venait faire là ce Claudius Jacquand qu'il ne connaissait que par quelques figures de menuet répétées ensemble? Il n'était pas même le cavalier de Dina, puisqu'elle dansait avec Wilkie. Alors, pourquoi cette colère? Il songea : « Un mot, poste restante, à Mme Valfon, lui demandant un prochain rendez-vous. Elle me renseignerait tout de suite. »

Le soir tombait; la pensée lui vint de dîner dans un restaurant et d'y écrire sa lettre. Des ombres lasses, des enfants qu'on traînait par la main passaient en le frôlant tout le long du quai, dans le crépuscule mélancolique d'une fin de dimanche. Il marcha longtemps, reconnut au flamboiement de tous ses étages un restaurant fameux, cher aux gourmets de la rive gauche. Dans le salon du bas, quelques tables seulement étaient occupées. Sur celle où il se fit servir traînait un journal illustré, donnant la photographie de l'ancien ministre de la police russe et celle de l'assassin présumé, ce mystérieux Lupniak qui, depuis une semaine, tenait le service de sûreté sur les dents. A la vue de ce dernier portrait, Raymond se sentit pâlir. Ces yeux aigus et retroussés, ce nez kalmouk, cette mâchoire de fauve aux crocs écartés, c'était bien l'homme qui se glissait au bord de la toiture de l'hôtel Beaumarchais, et dont le regard croisant le sien semblait signifier : « Nous ne nous rencontrons qu'en des circonstances tragiques, jeune homme; rappelez-vous le parloir de Louis-le-Grand. » L'identité du personnage lui semblait prouvée maintenant; et pendant qu'il le regardait, tout ému, sur cette page du journal, il se croyait là-bas, à la fenêtre de leur chambre d'hôtel. Il en tremblait encore en écrivant à Mme Valfon l'heure et l'adresse de leur nouveau rendez-vous.

Au fumoir de l'Association, où il vint après son dîner pour voir si Wilkie commençait vraiment une contre-campagne, les étudiants étaient tous occupés de l'aventure de Mauglas. Il se vanta de le connaître, prônant le salon littéraire de l'écrivain, cherchant des motifs à sa bassesse. Il en trouva, *tolstoïsa* toute la soirée devant le buste de Chevreul et la lithographie de Victor Cousin, mais aurait mieux fait de garder ses réflexions pour lui, car plusieurs membres du comité, ses électeurs par conséquent, fils d'avoués et de notaires, destinés aux fonctions paternelles, furent scandalisés par ses théories.

Vers dix heures, il sentit brusquement la fatigue de la journée, si longue et si lourde pour lui. D'instinct, il s'en allait rue de Seine, comme au gîte, et ce ne fut qu'au tournant du boulevard, voyant au loin le magasin de sa maman fermé, qu'il pensa à son nouveau domicile. Il fit la route à pied, et, ses quatre étages très exactement comptés, trouva la clef à l'endroit convenu. Sa clef, sa chambre! que cela lui sembla bon. A quelles sources profondes et secrètes de liberté, d'individualité humaine doivent tenir ces délicieux enfantillages? Il entra tout droit, se guida sans lumière, comme s'il habitait là depuis vingt ans. Arrivé dans sa chambre, pendant qu'il frottait une allumette, un léger bruissement se fit entendre, comme d'une ombre dans le coin de la fenêtre où se dressait une longue silhouette découpée sur les reflets blancs de la lune.

— Qui est là? fit-il tout haut, s'approchant de la forme immobile qui tout à coup s'animait, murmurait d'une voix vague et rêveuse comme la nuit :

— C'est moi... Geneviève.

VI

FEMME DE JOUR ET FEMME DE NUIT

Il se croyait dans une cabine de steamer en route pour les Indes. On arrivait par un gros temps, du vent, des lames hautes; et tout le monde se hâtant de débarquer, il ne restait plus à bord d'autres passagers que lui, voluptueusement roulé dans les draps de sa couchette dont il ne pouvait s'arracher, et Geneviève tout habillée, s'agitant autour de lui, le suppliant de se lever, lui montrant les salons abandonnés, l'écoutille déserte, et si furieuse de sa paresse, la chère tantine, qu'elle s'en allait en jetant la porte de la cabine avec fracas.

C'est par ce bruit, en réalité le claquement d'une persienne mal attachée, que Raymond fut tiré du sommeil, le lendemain matin; et pendant quelques minutes, du fond de ce grand lit où il s'éveillait pour la première fois, ses yeux dépaysés cherchaient à retrouver la vraie localisation des endroits, à reconnaître cette chambre rose, tout en longueur, et devant lui, au fond du cabinet de toilette resté ouvert, la petite fenêtre ronde de l'avant, éclaboussée de lumière matinale et de pluie, laissant voir avec le décor de la Seine les verdures naissantes des allées de la Halle aux vins.

Tout le jour venait de là, vers la chambre encore hermétiquement fermée. Dans cette pénombre, Geneviève en petit mantelet, coiffée d'un chapeau de violettes, trottait à pas rapides et menus, allant du cabinet de toilette à un élégant chiffonnier qu'elle fermait soigneusement et dont elle venait poser la clef sur une tablette à la tête du lit. Là seulement ses yeux rencontrèrent ceux du jeune homme qui s'aiguisaient à tous ses mouvements d'une expression d'allégresse et de gratitude passionnées. Il l'attira dans ses bras, la fit asseoir contre lui, et tout bas, tendrement, pendant que la rafale secouait les vitres.

— Tu t'en vas déjà ? Avec ce temps !...

Il fallait bien, voyons, maintenant que sa nouvelle place obligeait le vieux père à passer toutes ses nuits au Corps législatif et qu'il ne venait plus à Morangis que pour le déjeuner, il fallait bien que Geneviève s'y trouvât.

— Alors, quand ?

Elle relevait sa voilette et, dans le demi-jour, penchait vers lui sa belle figure au teint mat, ses lèvres pourprées et bonnes :

— Ce soir, à la même heure qu'hier. J'étais là bien longtemps avant ton arrivée ; si tu travailles, je travaillerai près de toi, avec toi... tu te rappelles le bon répétiteur que j'étais... Que prépares-tu en ce moment, ton doctorat, ou bien ce livre dont tu nous parlais ? C'est si beau d'écrire, on peut faire tant de bien avec un livre!

— Et même gagner beaucoup d'argent... Mais en attendant, il faut vivre, et les faire vivre.

Elle lui mit un baiser sur les yeux :

— Je t'ai dit, n'est-ce pas, mon Raymond? Tu as là, dans le tiroir du chiffonnier, trente mille francs, le reste de ma dot, et dont je ne dois compte à personne. Voilà la clef, c'est plus qu'il n'en faut pour t'acquitter envers ton frère et nourrir les tiens le temps d'achever ton roman.

Il se révolta. Comment! elle lui parlait encore de cet argent, on le croyait donc tombé bien bas!

— Des mots, des mots qui ne signifient rien. Si j'étais ta femme, mon Raymond, est-ce que tu ne les accepterais pas, ces trente mille francs?

— Oui, mais comme cela seulement.

— Tu sais bien pourtant que tu n'as pas le droit de te marier?... avec une famille à ta charge... tu me l'as dit un jour, et je ne l'ai pas oublié.

— Alors?

Elle mit ses deux bras autour de la jolie tête bouclée, et toujours tendre, mais donnant à sa voix, à son regard, une expression profonde et grave :

— Je ne regrette rien de ce que j'ai fait, dit-elle, je ne t'attristerai pas d'une larme. Ce qui est arrivé devait être, et je ne m'en repentirai jamais; mais à une condition, c'est que tu me traiteras comme ta femme, que j'aurai tous les droits, tous les devoirs existant entre deux êtres qui s'aiment, qui se sont donnés l'un à l'autre, pour qui tout doit être en commun, l'argent comme le reste.

Ce fut attaqué si droit, si franc, qu'il ne sut répondre qu'à côté.

— Mais je croyais... ne m'avais-tu pas dit que tu destinais ces trente mille francs aux petits orphelins de Sophie ?

Elle ne s'en défendit pas. Oui, si elle était partie pour les Indes anglaises, fonder une succursale à l'œuvre de son amie.

Et Raymond, frisant ses yeux câlins :

— Qui t'a empêchée de partir ?

— C'est toi, méchant, tu t'en doutes bien. Quand nous sommes rentrées hier avec Casta de courir les bois de Sénart en parlant de notre grand voyage, et que nous avons trouvé le père tout bouleversé de ta visite et de ton désespoir... ah ! mon pauvre petit, l'idée de te savoir malheureux a bouleversé toutes mes résolutions, et Sophie m'a devinée tout de suite, je n'ai pas eu besoin de la prévenir. Sitôt le père parti, elle m'a dit en souriant : « Parions que je sais où tu vas, ce soir. » J'aurais pu lui retourner sa phrase, dans la certitude qu'elle aussi passerait la soirée à Paris, et près de son ami Lupniak, qui est ici, je le sais. Où se cache-t-il ? la chère fille n'a pas osé me le dire à cause... de...

Elle hésitait. Sous sa moustache dorée et fine, il eut un tournement de bouche douloureux :

— A cause de moi, n'est-ce pas? Je lui ai toujours inspiré je ne sais quelle horreur, quelle méfiance; ce n'est pas comme Antonin.

— Que veux-tu ? Elle te trouve trop beau, trop admiré. Tonin la prend par la pitié, lui plaît par tout ce dont il manque ; mais ça ne l'empêche pas d'être la meilleure créature du monde. Écoute son dernier mot à la gare, hier au soir : « Tu sais, tantine, j'ai fait ma paix avec Odessa ; les blés donnent, je suis très riche ; donc mon œuvre aura toujours besoin de toi, mais dispose de ton argent. »

— Remarque bien que je ne te dis pas autre chose, fit Raymond avec un rire tendre... c'est toi, rien que toi que je désire.

Resté seul, il s'habilla lentement, la tête lourde et les mains tâtonnantes, dans l'ivresse de ce bonheur en coup de foudre, et cherchant à se retrouver parmi tant de sensations diverses. Avant tout, il gardait une reconnaissance infinie à l'admirable fille, parfaitement honnête et belle, qui, après s'être défendue si longtemps contre lui, contre elle-même, lui faisait en un soir l'abandon de toutes ses fiertés parce qu'elle l'avait vu malheureux. Et en même temps que beaucoup de gratitude, il y avait en lui la gêne, le remords d'avoir trompé cette pauvre tantine en jouant devant elle au paria de famille, renié, maudit par tous les siens, en lui jurant un amour éternel, alors qu'il était tout à une autre, à cette Valfon dont il venait de recevoir deux lettres coup sur coup, le matin même. Oh! celle-là, par exemple, c'était bien fini d'elle, maintenant. La revoir eût été criminel; et dès que Mme Alcide parut, elle recevait une fois pour toutes l'ordre absolu de ne laisser monter chez lui aucune autre femme que celle qui venait de sortir.

Cette Mme Alcide, concierge et gérante de l'immeuble, était une active, longue, mince et bavarde personne, avec une petite tête féroce de chien ratier et une terrible avancée de mâchoire qui semblait toujours tenir entre ses crocs le fond de culotte d'un joueur d'orgue en contravention ou d'un cambrioleur de chambre de bonne. Sitôt la jeune dame partie, ce matin-là, elle était montée faire l'appartement de son nouveau locataire, tout en lui racontant les innombrables vicissitudes qu'elle et M. Alcide avaient subies depuis l'année 1871. Victime des agitations politiques, Alcide Scelos, ouvrier ciseleur et choriste dans les théâtres de chant, après avoir été directeur du Théâtre National de l'Opéra-Comique pendant toute la durée de la Commune, et commandant d'artillerie les huit derniers jours, avait échappé par miracle aux mitraillades de la caserne Lobau, comme tous ceux de ses camarades pris au Père-Lachaise la nuit de la dernière bataille; mais avant de partir pour la *Nouvelle*, où il était condamné à finir ses jours, il obtenait de légitimer à la prison de Versailles sa liaison avec une brunisseuse de vingt ans, mère d'une ravissante petite fille que M. le directeur adorait.

— Ah! monsieur Raymond, ce n'est pas pour dire, mais je puis me vanter d'avoir fait, tout le temps de la Commune, une chouette directrice, avec des gants jusqu'à l'épaule, des gants à dix-huit boutons, comme y a que l'impératrice qu'en portait...

Il fallait voir le geste majestueux de Mme Alcide écartant son balai qui lui cachait l'avant-bras.

— Le malheur, c'est qu'une fois mon pauvre homme embarqué, je suis tombée malade de tout le mauvais sang, de toutes les saletés de peurs que je m'étais données. Puis ça été le tour de notre petite; mais elle y est restée, elle, sans que j'aie jamais eu le courage d'écrire à mon pauvre homme que son enfant était morte. Aussi vous vous figurez notre émotion, le soir de l'amnistie, quand on s'est revu au bout de dix ans, dans cette gare Montparnasse pleine de monde, et qu'il m'a demandé, en cherchant autour de nous : « Mais, où est donc la petite ? » Ah ! que nous étions tristes en remontant tout seuls la pente de Belleville, au milieu des camarades qui chantaient, criaient de joie, tout fiers de leurs familles retrouvées et grandies. On avait beau se dire : « Ne pleurons plus, il nous en viendra d'autres », nous ne finissions pas de sangloter, comme devinant par avance le petit infirme qui allait nous arriver, qui n'a pas encore fait un pas à ses quatre ans, et que, du matin au soir, son père promène dans une petite voiture. Tenez, venez voir, monsieur Raymond.

Comme il ne pleuvait plus, Mme Alcide, ouvrant la fenêtre du cabinet de travail, passa sur le balcon où son locataire vint la rejoindre. De là-haut, ils voyaient s'avancer sur le trottoir tout luisant de l'ondée, une voiture de bébé, que poussait un grand et robuste garçon à tournure de fort de la halle, profitant comme eux de l'embellie du temps. La capote rabattue ne laissait qu'entrevoir le petit paquet blanc; mais l'homme ayant machinalement levé la tête vers le balcon, montra le visage énergique d'un guerrier tartare orné de longues moustaches rousses et d'une balafre en banderole qui lui coupait la face en deux.

— C'est M. Alcide, dit sa femme avec respect et fierté.

— Il ne travaille donc pas? demanda Raymond, frappé de la disproportion entre cet emploi de bonne d'enfant et ces muscles de Pavillon noir.

Mme Alcide lui fit comprendre en souriant qu'à l'ancien directeur d'un grand théâtre de l'Etat il n'était pas commode de trouver une place digne de lui.

— Et puis, voyez-vous, monsieur Raymond — sa figure s'attrista sur cette confidence — quand on a été en prison dix ans, dix ans au bagne, même si on est innocent comme mon mari, quand on a pris l'habitude d'obéir à la chiourme et de marcher au bâton, on en garde comme un tremblement, une courbature. Mon pauvre Alcide, qui a commandé des centaines de choristes et de machiniste, lui que j'ai vu avec le képi à cinq galons et la ceinture rouge à franges d'or des membres de la Commune, eh ben, maintenant, le plus petit chef d'atelier lui cause une peur abominable. Entrer dans un magasin pour demander une place, si modeste qu'elle soit, parler à un sergot, à un gabelou, même à un employé de la poste ou du chemin de fer, c'est au-dessus de ses forces, et je crois bien qu'il ne se replacerait jamais si ce bon monsieur Antonin...

— Tiens, c'est vrai, vous connaissez mon frère, dit Raymond s'irritant d'avance à l'idée qu'on allait encore l'écraser avec la générosité, la supériorité de son frère.

Il se contint cependant et sut écouter sans trop d'impatience l'éloge de ce brave jeune homme qui, non content d'avoir proposé M. Alcide comme surveillant, chez Esprit Cornat, parlait de faire voir leur petit infirme à un fameux médecin de ses amis.

— De ses amis! murmura l'aîné sur un ton d'ironie méprisante.

Et pendant qu'il cherchait quel pouvait être ce fameux médecin, Mme Alcide ne se lassait pas d'admirer le bon cœur qui trouvait le temps de penser à tout.

— Aussi, madame l'aime bien, votre frère Antonin.

Raymond leva la tête :

— Madame? qui donc ça?

— Mais votre dame, monsieur Raymond, cette grande belle personne qui sort d'ici. Je l'avais vue venir deux ou trois fois avec monsieur votre frère, s'occupant comme lui de vos affaires; voilà pourquoi, hier soir, je l'ai laissée entrer. Ai-je mal fait?

— Non, non, c'est très bien, au contraire. Et quand je n'y suis pas, c'est cette dame seulement qui a le droit de prendre ma clé et d'entrer chez moi.

Malgré lui, sa voix tremblait à l'idée que son frère et la tantine avaient passé des heures ensemble, en intimité familière. Décidément, il devenait jaloux de son frère, de toutes les façons.

Etait-ce la sensation d'un home tout à lui, avec un mobilier neuf et trente mille francs au fond d'un tiroir, ou plutôt la responsabilité de cette grande et sérieuse affection nouvellement entrée dans sa vie? mais Raymond éprouvait, ce matin-là, un singulier besoin de s'affirmer par des actes virils, d'échapper au réseau d'enfantillages dont il sentait son existence empêchée. Subitement, la présidence de l'A lui parut une chose inutile et bête; il s'aperçut pour la première fois que, depuis les débuts de l'Association ceux qui avaient fait le plus de train aux assemblées du fumoir, tenu le plus de place dans les bureaux, dans les comités, s'étaient évaporés au premier contact de la vie, fondus, anéantis en des provinces muettes et lointaines. Non, cette présidence enfantine ne valait pas tout le mal qu'il aurait à se garder des attaques perfides de Wilkie, tout le temps qu'elle lui ferait perdre. Ce qu'il avait résolu serait bien mieux.

Arrivé de bonne heure rue des Ecoles, il entra dans le bureau d'Alexis qui, de sa belle écriture de comptable, lui copia deux ou trois exemplaires d'une déclaration dans laquelle le futur président de l'A s'excusait auprès de ses chers camarades du comité et de la C. O. I. d'être obligé de renoncer à sa candidature pour des motifs d'intérêt privé. Une copie de cette déclaration affichée à la glace du fumoir, à celle de la salle d'armes, dans chaque bibliothèque, Raymond riait d'avance de la surprise de Marquès, venant le tantôt commencer sa campagne de démolition et la trouvant aussi complètement terminée.

Cette question liquidée, il se rendit chez sa mère qu'il savait trouver seule à cette heure matinale. Sans se l'avouer, il en voulait à la chère femme d'avoir assisté à l'humiliante scène de la veille et de s'être contentée de pleurer au lieu d'imposer silence à Dina. Aussi comptait-il prendre sa revanche et, rien qu'à sa façon de tourner le bouton de la porte en entrant à la *Lampe merveilleuse*, Mme Eudeline, derrière son comptoir, se dit très inquiète : « Ah ! mon Dieu, il est encore fâché. » Elle ferma vivement les *Mémoires d'Alexandre Andriane* et, marquant la la page avec ses lunettes :

— Tu déjeunes ? demanda-t-elle.

Non, il ne déjeunait pas, il venait seulement l'embrasser et s'asseoir une minute à côté d'elle pour quelques billets à ordre qu'il voulait souscrire à son frère. Timidement, pendant qu'elle lui passait l'encre et la plume, la mère insinua :

— Pourquoi si vite ? Tu sais bien que Tonin n'est pas pressé.

— Moi, je le suis, maman, répondit l'aîné très hautain.

Et c'était beau, la gravité avec laquelle il fixait à trois, six, neuf ses échéances chimériques, sous l'œil extasié de Mme Eudeline. On entendait la plume courir sur le papier timbré, grignotant le silence du magasin luisant, bien ordonné, et par instants, au passage d'un omnibus, d'un camion dans la rue, le tintement fragile des lampyres sur les étagères.

— Maintenant, ma chère mère, dit Raymond quand il eut soigneusement serré les billets dans son portefeuille, je désire que tu me montres tes livres.

Elle le regarda, effarée.

— Oui, tes livres de commerce... Je voudrais savoir ce que vous dépensez, ta fille et toi, ce que mon frère vous donne pour vivre.

Il y en avait deux de ces livres, dans la petite case sous le comptoir. Celui du magasin, que Tonin vérifiait et sur lequel il inscrivait le nombre de petites lampes entrées et sorties, fabriquées et vendues chaque semaine; puis celui de la maison, où maman marquait ses dépenses journalières. Ce dernier, grand livre, que Raymond n'avait jamais ouvert, pas plus que l'autre, du reste, était admirablement tenu; et du haut en bas d'une de ces longues colonnes rectilignes et pompeuses comme des nefs de cathédrale, un chiffre s'apercevait, vous sautait aux yeux, avec le motif de la dépense. Aussi les premiers feuillets parcourus, Raymond rougissant et gêné referma vite le livre où, parmi les menus frais racontant au jour le jour la modeste existence des deux femmes: *Tramway, 0 fr. 30... Laine à repriser, 0 fr. 20... Charbon de Paris, 0 fr. 15...* revenaient à tout moment ses dépenses d'argent de poche à lui, formulées comme ceci : *Raym.* 20 *francs...* *Raym.* 40 *francs...*

Mme Endeline se méprit au mouvement de son fils.

— Tu trouves que nous dépensons beaucoup? dit-elle doucement; c'est vrai qu'on pourrait peut-être s'en tirer à moins.

L'aîné protesta. Pourquoi réduire leurs dépenses?... parce que c'est lui qui paierait?

Elle le regardait avec angoisse.

— Mais enfin, ce n'est pas tout de suite que tu vas nous prendre à ta charge? Avec sa part de bénéfice au magasin, Antonin arrive très bien à nous faire vivre.

Sans rien préciser, car il ne savait encore à quoi se résoudre, il prit un air digne :

— Ceci reste entre mon frère et moi et je te prie de ne pas t'en mêler. Ce que je puis t'affirmer, c'est que le jour où je me chargerai de vous, ni toi, ni Dina n'aurez à vous en plaindre.

— Alors, tu ne lui en veux pas, à notre Didine?

La mère reprenait sa place derrière le comptoir et retenait Raymond assis auprès d'elle :

— Elle n'est pas méchante, vois-tu; seulement violente, passionnée. Depuis quelque temps, il se passe en elle des choses que j'ignore mais qui me tourmentent; je la sens triste, préoccupée, surtout mystérieuse, car personne ne peut savoir ce qu'elle a, pas même tantine. Ah! si tu voulais, toi, je suis sûre que tu la confesserais.

Raymond eut un sourire amer :

— Que je me frotte à ce paquet d'épines, merci ! j'en suis encore tout écorché. Elle m'a brouillé avec Marquès, elle m'oblige à une démarche près de Marc Javel, dont elle-même pouvait se charger si aisément ; de tout cela, je ne lui en veux pas, caprice de jolie fille ! Mais ne me demande plus de m'occuper d'elle, je tiens uniquement à lui prouver que je ne suis pas un soutien de famille honoraire. Là-dessus, un bécot, et je me sauve. Dis à Tonin de venir chercher ses billets demain, je ne sortirai pas de la journée.

Anxieuse, elle s'accrochait à lui :

— Alors, je ne te verrai pas ?

— Oh ! non, je reste chez moi, je travaille.

Il frôla d'une caresse les coques grises, et la laissa les yeux mouillés, la bouche souriante.

Effectivement, le lendemain il ne sortit pas, mais ne travailla guère. Le matin, de bonne heure, au moment du départ de Geneviève pour Morangis, ils avaient eu une petite scène de jalousie. Oh ! presque rien, la scène qu'on peut avoir après deux jours de ménage. Ils parlaient de travail, d'avenir. Raymond, encore couché, tenant entre ses mains celles déjà gantées de son amie assise au bord du lit comme la veille, l'étourdissait de projets merveilleux avec cette fécondité d'imagination que donne la position horizontale.

Ah ! si ce n'était pas aussi long, la médecine me tenterait bien.

— Je pourrais t'y aider plus qu'à autre chose, ré-

pondait Geneviève ; j'en ai fait avec Sophie toute
l'année que j'ai passée à Londres, je travaillais à côté
d'elle, je n'ai pas quitté sa clinique.

Raymond pensa tout haut :

— Au fait, c'est vrai, tu es allée à Londres... pourquoi ?

Elle, loyale comme toujours :

— Pour tâcher de t'oublier, méchant, tu le sais
bien... à Paris, j'étais trop près de toi.

— Et tu n'as pas pu ? Il riait, la câlinait : Avoue que
tu n'as pas pu.

— C'était bien un aveu que mon retour... et pour
apprendre que tu en aimais une autre.

Il essaya de nier. Les hommes n'ont que cette discrétion.

— Qui t'a dit cela ?

— Mais toi-même, rappelle-toi, ta chanteuse du
monde... pour qui tu voulais un appartement en ville,
un piano.

Il se sentait rougir :

— Oh ! c'est bien fini, maintenant.

Elle sourit sans joie et, le regardant au fond des
yeux :

— Pourquoi fini ? Ce serait si commode... moi,
je ne peux venir que la nuit... cela te ferait deux
femmes, une de nuit, l'autre de jour, qui ne risqueraient pas de se rencontrer.

— Oh ! tantine, pourquoi me fais-tu de la peine ?
lui dit-il d'un élan de sincérité.

Elle se pencha contre lui :

— Veux-tu me rassurer? Tu as un moyen bien simple.

Et, se levant pour partir, elle lui montra le chiffonnier contenant les trente mille francs qu'il s'entêtait à ne pas toucher.

Ce qui accentuait ce dialogue d'une signification singulière, c'était un petit bleu de Mme Valfon, qui venait d'arriver et annonçait à Raymond sa visite pour le jour même entre dix heures et midi. Malgré les ordres formels donnés la veille, — le ton pressant du télégramme, l'heure étrange du rendez-vous ne laissaient pas d'inquiéter Raymond; et sitôt Geneviève disparue, il se hâta d'appeler Mme Alcide pour lui renouveler, lui préciser ses instructions :

— Entre dix heures et midi, une dame se présentera, un peu forte, richement mise et très voilée... ne laissez monter à aucun prix.

— Vous pouvez être tranquille, monsieur Raymond, répondit l'ancienne directrice de l'Opéra-Comique, il m'est arrivé souvent, quand nous avions la salle Favart, de défendre le cabinet de M. Alcide contre ces dames. Il n'en est pas entré une, jamais.

Oh! le geste en arrêt devant la porte, de ce bras impérial qui avait ganté dix-huit boutons. Malgré tout, le locataire de Mme Alcide se sentait angoissé.

Il faisait un temps ouaté, floconneux sous un ciel bas, un joli temps de concentration et de recueillement propre à étrenner ce cabinet de travail tout moderne, aux tentures blondes, où il n'y avait ni reps, ni bronze, ni acajou, et cette table en bois blanc qui invitait à écrire. Raymond eût volontiers répondu à l'invite, mais l'idée que dix heures approchaient et que la voiture de Mme Valfon était peut-être en bas, l'empêchait de tenir en place. En complet de laine blanche et béret bleu, il vint sur le balcon un moment, guettant le boulevard à droite et à gauche. Un fiacre à galerie, qui arrivait en brinqueballant du côté de Cluny, lui fit battre le cœur cinq minutes. C'était elle, bien sûr. La voiture, en effet, s'arrêta devant la porte, mais ce fut Antonin qui en descendit rapidement, se précipita vers la maison et revint presque tout de suite, suivi de M. Alcide portant sur son épaule le petit paquet blanc tout encapuchonné. Un buste de grosse dame enserré d'un jersey et surmonté d'une toque à fleurs criardes se pencha alors pour prendre le petit infirme ; et Raymond reconnut Sophie Castagnozoff, sans doute le fameux médecin dont parlait Mme Alcide. Aussitôt il songea que l'amie de Geneviève s'était toujours méfiée de lui, que maintenant encore elle lui cachait sa présence à Paris comme si elle craignait une dénonciation. Au contraire, Antonin, confident de tous ses secrets, savait où la prendre à toute heure ; pourquoi cette injustice ? Et quelle supériorité une fille intelligente, instruite comme Sophie, pouvait-elle trouver dans cet ouvrier ignorant et bègue ? Encore une fois le mordit ce froid au cœur, cette piqûre de guêpe où reste l'aiguillon dont il avait senti déjà le tressaillement en pensant à son jeune frère.

Une vraie consultation en plein air que la Russe

donnait à ces pauvres gens sur l'état de leur petit infirme. Mme Alcide venue rejoindre son mari et Antonin au bord du trottoir tendaient le regard et l'oreille, essayant de recueillir les arrêts de l'oracle avec l'ingénue crédulité des âmes simples. Au bout d'un moment, les deux hommes entrèrent dans le fiacre qui remonta le boulevard du côté de la Halle-aux-Vins, pendant que l'ancienne directrice de l'Opéra-Comique regagnait sa loge en envoyant de loin des baisers et des révérences au médecin fameux et au petit paquet blanc que la voiture emportait. Evidemment, pour examiner son malade, Sophie avait trouvé plus commode de l'emmener chez elle. Mais par quelle bizarre anomalie se livrer avec tant de confiance à ce ménage Alcide, qu'elle ne connaissait pas, indiscret et bavard ainsi qu'on l'est dans le peuple, avec les conciliabules au pas des portes, devant les marchands ambulants; pourquoi introduire ces gens dans son intérieur, et tenir Raymond à une telle distance? Il restait à se ronger ainsi, machinalement appuyé au balcon, quand un accord de piano, profond et sourd comme l'écho d'une avalanche, retentit derrière lui avec l'attaque par un contralto superbe de la fameuse cantilène :

Ah! si la mort que rien ne saurait apaiser...

Il poussa la fenêtre et s'arrêta, terrifié. Mme Valfon était assise au piano, tête nue, les ondes rousses de sa chevelure éclatant sur la veste en drap beige qui lui faisait la taille d'une femme de trente ans. Ses gants, son tout petit chapeau, comme la mode les voulait cette année-là, une voilette double et une ombrelle délicieuse à manche précieux encombraient d'un joli désordre la table de travail chargée de papiers et de livres. Sans lâcher la note ni cesser de chanter, la femme du ministre se renversa, caressante et souple, offrant à Raymond ses lèvres entr'ouvertes. Certes, après ce qu'il venait de jurer à Geneviève, après cet abandon si complet et si généreux qu'elle avait fait d'elle-même, la trahison était odieuse; mais le moyen d'y échapper? Il l'aurait voulu très sérieusement.

— Comment êtes-vous... es-tu venue? demanda-t-il dans le premier embarras de sa surprise.

— J'ai laissé la voiture à l'angle du boulevard et du quai, personne en bas, vous m'aviez dit au quatrième... je suis montée, j'ai trouvé la clef sur la porte, je l'ai mise en dedans avec un double tour et voilà.

Elle ajouta avec une curiosité bien féminine :

— C'est gentil, votre petit chez nous.

Il fallut le lui montrer en détail; la chambre et surtout le cabinet de toilette en bec de pirogue l'amusèrent beaucoup. Et déjà elle faisait des projets d'arrangement, d'embellissement, une véranda sur le balcon, la cuisine en salle de bain et d'hydrothérapie, comme s'il s'agissait d'une garçonnière louée à son intention. Très visible pour elle, l'embarras de son cher bel enfant l'attendrissait; elle se l'expliquait par un excès de délicatesse. Trop pauvre pour ce surcroît de dépenses, il était trop fier pour l'accepter d'une... Et elle le rassurait; non, on ne changerait rien, elle trouvait tout exquis dans ce réduit de fée. Que ne pouvait-elle y venir tous les jours! Ce mot le fit rougir, lui rappela celui de la tantine, les deux femmes si commodes, l'une de jour, l'autre de nuit. S'était-il assez révolté contre une telle infamie; et pourtant, une heure après tous ses beaux serments, serrée éperdument contre lui dans l'obscurité des rideaux rabattus jusqu'à terre, sa femme de jour lui demandait tout bas :

— Sais-tu ce qu'elle me rappelle, cette ombre rose qui nous enveloppe?

Raymond songeait comme elle à leur premier rendez-vous, là-bas, au boulevard Beaumarchais; mais avant qu'il eût pu lui répondre, un violent coup de sonnette retentit dans tout l'appartement. Et la voix d'Antonin clama sur le palier :

— Ouvre, c'est moi.

— Mon frère... N'ayez pas peur, dit l'aîné des Eudeline à Mme Valfon blanche d'épouvante... j'avais oublié qu'il devait venir.

—Ah! oui, ce malheureux dont vous m'avez parlé...

Elle se rappelait l'histoire navrante du frère déchu, tombé dans l'ivrognerie. Et, pleine de pitié et d'admiration pour le grand :

— Pauvre ami! murmura-t-elle, peut-être faut-il que vous lui parliez; allez, je vous en prie.

Il hésitait à la laisser dans cette erreur; mais l'orgueil l'emporta. A la fin, son cadet prenait trop l'habitude de lui marcher dessus; aujourd'hui, il n'était pas fâché de lui donner une leçon, lui montrer que toutes les femmes ne ressemblaient pas à Sophie Castagnozoff, qu'elle ne préféraient pas à un homme instruit, élégant, un ouvrier poseur de sonnettes. C'était bon du temps de George Sand et des *Compagnons du Tour de France.*

— ... Il faudra revenir, mon petit Tonin, je ne peux pas te recevoir en ce moment, j'ai quelqu'un là.

Mais le grand frère, accouru dans l'antichambre, avait beau souligner son « j'ai quelqu'un » de clignement d'yeux, d'une petite toux significative, le cadet répondait sans comprendre, le dos rond, les bras ballants dans sa vareuse d'atelier :

— C'est bon, mon grand, je reviendrai.

Raymond le retint :

— Attends, viens par ici, j'ai quelque chose à te remettre.

Ils entrèrent dans le cabinet de travail ; et rien de plus touchant que la timidité du jeune frère trainant ses lourdes bottes sur le tapis, entre ces meubles choisis et payés par lui, mais que transfiguraient la présence du frère aîné, l'idée qu'il vivait, qu'il travaillait là.

— Regarde, petit, fit Raymond à voix basse, plus que ça de chic!

Ne pouvant lui montrer sa femme du monde, il voulait que son frère admirât le petit chapeau de dentelles et de roses, la précieuse ombrelle à pomme d'or ciselée et piquée d'émeraudes. C'était bien en effet ce qu'il aimait de Mme Valfon, son luxe et ses parures ; et croyant au petit les mêmes goûts de vanité, son geste signifiait : « Regarde, crève d'envie ! »

Quand il eut bien regardé, de sa pauvre voix balbutiante Antonin plein d'admiration s'écria :

— Mâtin !...

Puis ajouta du ton le plus naturel :

— Si la dame est jeune avec ça, et si elle a du... enfin, n'est-ce pas... le... le... ça doit faire un joli morceau ?

L'aîné, méprisant, haussa les épaules, prit sur le devant du chiffonnier entr'ouvert les trois billets à ordre tout préparés :

— Voilà mon règlement pour les meubles, dit-il passant les billets à Antonin, plus tard nous réglerons le reste... Maintenant, file vite, tu me gênes.

Immobile, le petit regardait alternativement son frère et les billets de commerce, qui tremblaient dans sa main. Il n'osait parler, sentant les larmes toutes proches.

— Je t'en prie, mon grand, garde ces papiers... le... le chose... je croirais que tu es fâché.

L'autre se redressa, la bouche mauvaise et satisfaite ; il la tenait sa revanche, ses joues s'empourpraient de contentement :

— Assez ! tu m'as donné l'autre jour une leçon dont je me souviens.

— Une leçon à toi, mon ami ?... Oh !

L'intonation si tendre demandait grâce et les yeux aussi, perlés de larmes. Raymond se radoucit :

— Voyons, frérot, je te le dois, cet argent ; il faut que je paye... Je te règle en billets, mais si je voulais...

Il prit à poignée dans le tiroir aux trente mille francs une liasse bleue qu'il lui montra, et devant sa mine effarée :

— Une avance d'éditeur pour le livre que je dois faire. Tu vois que tu ne me gênes pas.

— Ah ! mince... dit le cadet, tout ébaubi de ce que rapportait la littérature. Il tourna sur ses gros talons et s'en alla rayonnant, avec un respect ingénu sur sa bonne figure.

De la chambre voisine, joignant le peu qu'elle venait d'entendre à ce qu'elle connaissait des deux frères, écoutant ce pas aviné et lourd, cette humble voix d'ouvrier qui lui semblait quémandeuse, Mme Valfon, sentimentale comme toutes celles de son âge, reconstituait la scène à son idée, et lorsque Raymond vint la rejoindre, il la trouva toute émue, les bras ouverts, et murmurant avec tendresse :

— Ah ! pauvre cher enfant, tu la portes ta croix, ta lourde croix de famille. Pleure, oh ! pleure sur mon épaule.

Assise au clavier maintenant, sa veste claire en dolman sur la blancheur de ses bras, de ses épaules nues, la femme du ministre songeait et regrettait ainsi tout haut, en laissant papillonner ses doigts sur les touches :

— Ah ! si j'avais ton talent, comme je l'écrirais

mon roman, moi aussi... Comme je me soulagerais à le raconter, le drame de mon existence avec ce misérable... Prendre Valfon, ce fils de clown, cent fois plus clown que son père, le montrer dans sa vie publique, arpentant la tribune de la Chambre la main sur le cœur, la voix menteuse prodiguant ses mots de Patrie, Honneur, Conscience, République, déshonorés par sa bouche et qu'il mâchonne sans cesse comme de vieux cigares; puis chez lui, dans sa famille, ricaneur et cynique, méprisant tout, bavant sur tout, ne songeant qu'à salir, qu'à dépraver, et toujours cette idée fixe de sa belle-fille qui le hante, fait trembler plus fort ses mains séniles, loucher sa figure mince, donne à ses yeux de vice un perpétuel égarement... Ma pauvre Florence! depuis cinq ans, dire que ce martyre continue pour elle; cinq ans que je couche dans la chambre de ma fille pour empêcher le beau-père d'y entrer... et je sais que rien ne l'arrêtera; le devoir, la morale, de grands mots pour la tribune... les lois? c'est lui qui les fabrique. Un moment, j'avais espéré que le mariage de Florence...

Elle s'arrêta brusquement, le piano seul continuant de chuchoter.

— Mais, au fait, comment ce mariage a-t-il été rompu? demanda Raymond, serré contre elle.

Mme Valfon le regardait, stupéfaite. Vraiment, il ne savait pas l'aventure de Claudius? Claudius Jacquand amoureux fou de sa sœur Dina depuis la nuit du menuet.

— Jamais la petite ne m'en a dit un mot, ni à moi ni à notre mère, à personne... C'est trop fort, par exemple !

Et le jeune homme murmura tendrement, frôlant sa joue aux chairs duvetées de sa maîtresse.

— Comme tu as dû me maudire pour tout le mal involontaire que je vous ai fait !

Elle l'étreignit avec transport.

— Te maudire ! Ah ! cher enfant, mais je n'ai que toi, tu es mon souffle, ma vie ; est-ce qu'on peut maudire celui qui vous a créée... *Ah! my alma...*

Le français n'y suffisant plus, c'est dans le portugais de sa jeunesse, qu'elle cherchait des mots à la température de sa passion...

— C'est égal, il y a trop de surnaturel dans l'existence, reprit le jeune homme à peine dégagé de l'étreinte. Il suffit que cette petite Dina soit entrée un soir chez vous, par surprise, pour que tout ce qui devait être ne soit plus ! Et ce Dejarine qui se fait égorger juste dans la chambre à côté de la nôtre ! Mais ce n'est pas tout... Lupniak, l'homme qu'on accuse, je le connais, figurez-vous, et je pourrais attester qu'il est coupable, ce serait même mon devoir... Je l'ai vu, une minute après le coup, marchant au rebord d'un toit comme un somnambule. Nos yeux se sont croisés, reconnus, dans quel infernal sourire ! Seulement, si je témoignais en justice, il faudrait raconter ce que je faisais là, avec qui je m'y trouvais.

— Sainte Madone ! soupira Mme Valfon, les lèvres exsangues.

Mais Raymond la rassura :

— Pour m'empêcher de parler, il y a vous, d'abord ; puis Lupniak, qui n'est pas un assassin vulgaire, a comme amie cette créature d'exception, Sophie Castagnozoff, dont je vous ai raconté souvent l'admirable charité. A la veille de partir aux Indes anglaises où elle va fonder des hospices d'enfants comme elle en a dans Londres, je suis sûr qu'elle ne retarde son voyage que pour faire évader ce Lupniak, tapi dans quelque bouge derrière le Panthéon. Encore une qui me bâillonne, celle-là, qui me rend impossible toute révélation.

Dans l'intervalle de silence qui suivit, midi sonna partout dans l'éclatante lumière dont les vitres étincelaient. La ministresse se leva, passa vivement les manches de sa jaquette, puis avant de s'arracher à son plaisir, tarda une minute, les yeux mi-clos, les cils allongés, tandis que ses petites mains pétrissaient d'un geste involontaire et passionné le poignet blanc, mollement arrondi, de son jeune amant.

— Sais-tu à quoi je pense, lui dit-elle tout bas, avec un grand soupir ? quand tu ne m'aimeras plus, que j'aurai marié ma fille, que ce sera bien fini pour moi de toute joie et de toute espérance ... cette Sophie Castagnozoff consentira peut-être à me prendre comme surveillante, infirmière dans un de ses hôpitaux. Je me suis procuré les *Annales* de son œuvre. C'est poignant comme l'*Imitation*.

VII

MÉMOIRES D'UN AGENT

Dans son grand cabinet du quai d'Orsay où, malgré le printemps venu, un feu de bois flambait derrière le pare-étincelles en éventail, le ministre des Affaires étrangères, au jour tombant, devant le ciel d'or rose, mâchonnait un cigare éteint en tordant sa moustache blanche d'un doigt méditatif et crispé.

— Bonne Chambre, patron ? Pas encore fauché, le ministère ?

L'entrée en coup de vent du jeune Wilkie Marquès resta sans réponse ; pour se donner une contenance, le chef de cabinet prit sur le bureau du ministre les lettres à la signature; les relut avec la plus grande attention, puis, comme interrompu par une idée subite :

— Sapristi ! c'est le dîner de l'ambassade d'Angleterre, ce soir... moi, je ne pourrai pas.

Valfon, sans se retourner, demanda d'une voix sèche :

— Pourquoi ça?

— Parce que je me bats demain. J'ai à chercher des témoins, à me faire le poignet chez Ayat, chez Gastine.

Le ministre, qui marchait de long en large, s'arrêta tout à coup :

— N'oublie pas que tu es à mon cabinet... Je suis bien avec la presse, ne me fais pas d'histoires.

Wilkie s'expliqua rapidement. Il avait promis à Florence de rafistoler son mariage ; n'ayant pas réussi par la douceur, il passait aux moyens violents.

— Avec qui te bats-tu?

— Mais Claudius... Avec qui veux-tu ? c'est lui qui a dérangé toute ma combinaison. Heureusement, il revient de Lyon, son père va mieux.

— Et tu crois que tu feras marcher ce grand Lyonnais? mâchonna Valfon dans son cigare.

— Ne t'y trompe pas, la race est combative. Le Rhône de Lyon n'est pas loin de ses glaciers. Froid et brumeux, mais emporté tout de même ; Lyon, c'est quasi Genève, cagot, mais brave... enfin, on verra.

L'huissier de service entr'ouvrit la porte :

— La personne est là.

— Qu'elle entre, mais n'allumez pas.

Le ministre fit signe à son beau-fils qui disparut par une porte, pendant que la personne annoncée entrait par l'autre.

Dans la pénombre, s'esquissa la silhouette d'un gros homme en veston de velours, en chapeau mou, la face vultuée, une barbe noire et bourrue.

— Eh bien, Mauglas? demanda Valfon, immobile dans son angle de nuit.

Le policier avança d'un pas :

— Conformément à vos ordres, monsieur le ministre, j'ai suivi madame jusqu'à la station de la rue de Bourgogne, où elle a pris une voiture qui l'a conduite par les quais à la pointe du boulevard Saint-Germain. Là, madame est descendue, entrée dans la maison du café qu'habite depuis quelques jours le jeune Raymond Eudeline. C'est chez lui, au quatrième, que madame a passé les deux heures de son absence. Monsieur le ministre ne m'en a pas demandé plus long. Il y a pourtant là un concierge très amusant, un ancien fonctionnaire de la Commune, qui a le renseignement facile.

— Merci, je sais ce que je voulais savoir, murmura Valfon.

Après quelques mesures de silence, Mauglas reprit, moins doucereux et sur un ton d'humeur :

— Vous m'aviez promis de parler pour moi à l'ambassadeur de Russie... après m'avoir lâché en pleine tribune avec cette brutalité, c'était justice, il me semble.

— J'ai parlé pour vous, Mauglas, mais l'ambassadeur m'a paru froid. A ses yeux, vous n'avez plus de raison d'être comme indicateur. Il le regrette, vous trouvant très subtil et tenant certains de vos rapports pour des morceaux d'anthologie.

Mauglas froissa son feutre entre ses mains velues :

— Risquez donc votre peau pour ces chameaux-là !

— C'est payé, dame ! ricana Valfon. Et d'ailleurs, à présent, que rien ne vous empêche de prendre un employé, un jeune rabatteur que vous enverriez aux nouvelles... Voyons, nous avons ce soir un grand dîner diplomatique ; voulez-vous que je parle encore une fois à M. de Karamanoff ?...

— Vous m'obligerez, monsieur le ministre, fit Mauglas s'en allant et saluant d'un coup de tête brusque et vif à se décrocher la nuque.

Resté seul, dans la cendre grise qui envahissait la pièce, Valfon prit avec son chapeau l'énorme serviette ministérielle encombrant la table et disparut comme Marquès par la porte sous tenture des appartements particuliers.

— Mademoiselle est là ? fit-il en entrant, la tête droite et autoritaire, dans la chambre de sa belle-fille, où des bougies de partout allumées et reflétées faisaient comme un embrasement de chapelle ardente. Accroupie devant un grand mannequin drapé d'une robe de satin clair, une jupière s'activait à fixer une garniture de fleurs. La femme de chambre qui l'éclairait, la lampe haute, une aiguillée de fil entre les dents, ne pouvant répondre à la question du ministre, lui montra le cabinet de toilette et, quand il lui tourna le dos se dirigeant de ce côté, elle échangea avec l'essayeuse un sourire qui en savait long. Après avoir frappé pour la forme, Valfon insinua sa souple échine de belette à pattes courtes dans une entrebâillure de porte et s'approcha de Florence sur la pointe des pieds. En long peignoir flottant, ses cheveux étalés par lourdes nappes pour sécher la teinture qui les dorait légèrement, l'opulente jeune fille, assise à sa toilette, les bras nus, nacrée et rose, un roman ouvert devant elle, polissait ses ongles en lisant à la lumière d'une applique et dans le miroitement des panneaux de laque claire dont les murs étaient revêtus.

— Bonjour, ma Flo... boujou, Floflo... bégaya Valfon, la lèvre humide et sénile, la figure noyée dans les beaux cheveux répandus.

En même temps, du bras qu'il avait de libre sa main tremblante et brûlante se hasardait contre la glace dure d'un jeune sein. Tout de suite sa belle-fille se retourna, le repoussa avec violence. La serviette, le chapeau roulèrent sur le tapis. Le ministre fut ridicule. Dans l'instant de désordre qui suivit, Florence courut fermer la porte et, revenant vers lui, ardente et courroucée :

— Tu sais, Valfon, dit-elle avec une brusque altération des traits et de la voix, la première fois que tu recommences, j'envoie chercher les gendarmes, tu me dégoûtes à la fin.

Le ministre, à genoux, ramassait — toujours très calme — les papiers échappés de sa serviette. Il se releva, souple comme un clown, et de son air de pince-sans-rire :

— Soit, fit-il, appelle les gendarmes. Lorsqu'ils

seront là, j'en profiterai pour faire conduire ta mère à Saint-Lazare. Voici quelques lettres d'elle qui m'en fournissent les moyens; regarde.

C'était bien le papier mauve de Mme Valfon, son écriture enfantine et la sentimentale devise : « De tous les instants de ma vie... » qu'elle empruntait à une amoureuse célèbre; mais dans ses expansions les plus ardentes, du moins dans ce que nous en connaissons, jamais Mlle de Lespinasse n'atteignit au lyrisme passionnel dont palpitaient ces feuilles intimes, tombées aux mains du mari, et qu'il étalait une à une sur le marbre de la toilette, signalant certains passages à la jeune fille stupéfaite, épouvantée.

Que sa mère eût un flirt dans le monde, Florence s'en était doutée; ses amies, plus libres de langage, aussi plus vives d'esprit qu'elle, en riaient en sa présence, citaient des noms d'amis de son frère, Raymond Eudeline, d'autres encore, mais tout cela très vague. Puis à cette imagination paisible, ce mot de *flirt* ne représentait guère qu'une galanterie aimable, spirituelle, à cent lieues de ce que son misérable beau-père essayait de lui suggérer par des fragments de lettres comme ceux-ci :

« Pourquoi suis-je si triste, mon ange, quand je
« sors de tes bras? pourquoi si triste après tant de
« bonheur que tu viens de me donner?

« Merci à tes vingt ans qui me versent la vie,
« ô mon bel enfant blond et délicat; mais quand
« tu ne m'aimeras plus, qu'ils me versent la mort
« aussi, je veux la boire dans ta bouche. »

Et c'était sa mère, sa mère qui avait écrit tout cela !

Valfon, lui, devant les preuves vivantes de ce déshonneur tout récent, ne semblait pas autrement ému ; mais ces preuves, comment se les était-il procurées ? La plupart des lettres n'avaient pas d'enveloppes, pas même le pli de l'insertion ; quelques-unes même n'étaient pas finies. On eût dit qu'au dernier moment un scrupule, une hésitation avait empêché l'envoi. Mais alors, comment le mari était-il en possession de ces armes dangereuses ? Une angoisse soudaine s'empara de la pauvre Florence ; elle trembla pour sa mère, qu'elle comprit aux mains de ce méchant homme. L'or de ses beaux yeux pâlit, ses grands cils noirs battaient comme des ailes agonisantes. Valfon en eut pitié, une pitié de peau pour un être trop délicat, trop inoffensif. Il remit les lettres en ordre et, tout bas, avec un hérissement de sa moustache grise :

— Je suis un vieux loup, ma petite, il faut te méfier de mes crocs.

Plus bas encore, lui soufflant dans les cheveux l'outrage de l'inceste :

— Surtout, fais-toi belle, très belle. Ce nouvel ambassadeur, un ancien vice-roi des Indes, nous amène un troupeau de jeunes miss aux grâces d'antilopes ; il faut qu'elles crèvent de jalousie.

Il prit la belle chevelure à poignée, se jeta dessus comme un fauve et se sauva avec de longs fils d'or entre les dents.

Florence aussitôt n'eut qu'une idée : se coiffer rapidement, passer sa robe tant bien que mal, malgré les cris de l'essayeuse, et entrer vite chez sa mère qu'elle trouva toute prête à monter en voiture, rayonnante et jeune dans un satin lamé d'argent, cinq rangs de perles énormes autour du cou, et des mitaines au lieu de gants, pour laisser voir les bijoux dont tous ses doigts étaient chargés. Dans la société juive de Bordeaux, les diamants de la belle Marquès étaient légendaires. Souvent engagés pour les dettes de jeu de Valfon, depuis qu'il était passé homme d'État et barboteur de fonds secrets, il avait tout retiré de « là-bas », ainsi que disait madame par euphémisme, et le mont-de-piété de Paris ne connaissait pas ces merveilles.

Dès que sa fille entra, le regard de la mère, anxieux, vint au devant d'elle : « Qu'y a-t-il? »

Cette chose horrible, dont elles ne parlaient jamais ou presque jamais entre elles, M⁽ᵐᵉ⁾ Valfon l'avait toujours présente, le cœur bouleversé au moindre froncement de sourcils de son enfant. Florence s'approcha, voulut dire ce qui s'était passé et dès le premier mot s'arrêta, gênée. Elles étaient pourtant seules dans la chambre. Par moments, l'énorme Zizi, la vieille mulâtresse de M⁽ᵐᵉ⁾ Valfon, traversait la pièce en silence, ramassait un carton, éteignait une bougie, mais la présence de Zizi n'embarrassait pas la jeune fille, tandis qu'elle mourait de honte à l'idée de dire à sa mère : « Je sais que tu as un amant. »

Il fallait pourtant l'avertir, la mettre en défense. Et brusquement elle parla, elle se força à parler.

— Vite, maman, les lettres que tu reçois, celles que tu es en train d'écrire, où les mets-tu ?

— Là, dans mon meuble anglais.

M⁽ᵐᵉ⁾ Valfon, déjà troublée sans savoir pourquoi, montrait un délicieux petit secrétaire d'encoignure avec son aménagement d'étagères, de tiroirs, un de ces meubles comme on n'en fabrique qu'à Londres et qui semblent tous destinés à des cabines de paquebot. Florence demanda encore :

— Tu as la clef ?

— Sur moi, toujours.

La mère détacha de la bélière de son éventail — on les portait, cette année-là, le long de la jupe — une clef d'or microscopique qui ne la quittait pas, accrochée tantôt à son bracelet, tantôt à sa montre. Puis elle prit dans le secrétaire un petit buvard en maroquin blanc qu'elle parcourut d'abord très vite, puis feuille à feuille, en pâlissant à mesure.

— Ne cherche pas, dit Florence à voix basse, il a tes lettres je viens de les voir.

— Le misérable ! avec une double clef, alors.

— Mais, ma pauvre maman, tu fais donc des brouillons ?

La mère balbutia, confuse :

— Je ne suis pas Française, tu sais bien, les mots ne me viennent pas comme à vous autres. Pour une lettre que j'envoie, j'en écris toujours trois ou quatre.

Le vrai, c'est que la pauvre femme s'appliquait et ne trouvait rien d'assez noble, d'assez poétique pour répondre aux belles phrases sentimentales de son Raymond. Habituée depuis les lointaines années de Louis-le-Grand à ranger l'ami de son fils parmi les fortes têtes du lycée, pour elle il rentrait maintenant dans la géniale série de ce que la Portugaise appelait les *littérataires*, et quand elle lui écrivait, elle s'y reprenait à plusieurs fois, négligeant toujours de faire disparaître les pages qu'elle n'envoyait pas. C'est ainsi que Valfon avait mis la main dessus, un jour qu'il fouillait les tiroirs de sa femme, comme cela lui arrivait fréquemment depuis que la Chambre s'occupait de la loi Naquet et de la question du divorce.

— Pauvre maman! soupira Florence.

La mère secoua la tête :

— Oh! moi, il m'a fait tout le mal qu'il pouvait me faire, je ne le crains plus... mais c'est à toi que je pense, pour toi que j'ai peur. Vois-tu que je ne sois plus là pour te défendre !

— Si tu n'étais plus là, je n'aurais plus de raison pour y être, dit la jeune fille en se jetant dans les bras de sa mère.

On frappait à la porte vivement. Valfon, sans entrer, commanda de sa voix doucereuse et volontaire :

— Allons, mesdames, nous dînons en Angleterre, ce soir... ce n'est plus comme à Paris, on arrive à l'heure.

En parlant, il scrutait la physionomie de sa femme. Savait-elle ? l'avait-on prévenue ? Dans les jeux d'ombre et de lumière de cette grande pièce, dans l'accoutrement du soir, visage poudré, encapuchonné de dentelles, il était difficile de s'en rendre compte. Mais dehors, quand la voiture ministérielle roula sur les quais, sur le pont de la Concorde où flottait encore du plein jour autour de la piqûre jaune des reverbères, il fut frappé de la belle sérénité des deux femmes, de l'éclat de leurs yeux, aussi limpides que leurs diamants. Bien sûr Florence n'avait pas eu le temps de parler. Si maîtresse qu'une mondaine soit de ses nerfs, un soir où elle dîne en apparat, une explication aussi grave eût certainement laissé plus de traces. Pourtant, comme le landau traversait la place de la Concorde dans la direction du faubourg Saint-Honoré et de l'ambassade, le ministre disant tout haut : « Tiens, Raymond Eudeline... » et se penchant pour regarder en quelle compagnie s'en allait le jeune homme, il lui sembla que la figure de sa femme avait subitement tressailli et pâli.

Raymond se promenait devant la grille de la Chambre, attendant son protecteur Marc Javel, quand il avait vu venir, en gants paille et chapeau mou, toujours le même malgré son aventure, impudent, velu, la joue épaisse, sa tournure de chanteur de banlieue, Mauglas qui sortait des Affaires étrangères et l'abordait avec effronterie :

— Mon jeune ami, j'ai bien l'honneur... comment va-t-on à Morangis? ét Mlle Geneviève?

Il aurait bien voulu ne pas répondre, honteux d'une si mauvaise compagnie, éprouvant de ce contact une gêne physique; mais comment faire? un homme qui vous interpellait avec cette aisance, dont le regard cynique et méprisant vous dégradait à son niveau. Raymond essaya de tenir le misérable a distance par un salut cérémonieux et l'explication de ce qu'il faisait là.

— Je le *cognois*, votre Marc Javel, bouffonna Mauglas en allumant sa petite pipe en bois dur... Voulez-vous que je vous recommande?

Le jeune homme le remercia; mais depuis le temps qu'il montait la garde, ses jambes n'en pouvaient plus, et il préférait remettre au lendemain.

— Alors, vous êtes ma proie, belle jeunesse, dit l'autre, qui lisait couramment sur ce front candide un désir immodéré de se débarrasser de lui.

Et glissant un bras sous le sien :

— Si fait... si fait... je vous emmène dîner; ne me refusez pas, c'est une charité.

Il proféra ces derniers mots avec une émotion de gros homme non jouée, à la fois contenue et communicative. Raymond se laissa faire; et furieux de sa faiblesse, il s'efforçait de se convaincre avec la sottise et la vanité de son jeune âge qu'il cédait à un mouvement de pitié, de générosité. « De quel droit aurais-je humilié un malheureux déjà si accablé? Je ne suis pas son juge, et puis il a tant de talent, mille francs la feuille à la *Revue*. » D'ailleurs le jour tombait, glissait à cette indécision crépusculaire favorable aux compromis de conscience, aux concessions des âmes lâches.

Le restaurant des Champs-Élysées où Mauglas emportait sa proie — comment ce mot de « proie » n'avait-il pas heurté l'oreille de Raymond ? — a pour annexe, dans la belle saison, un café-concert très en vogue, qui anime d'un bruissement de foule sous les branches, de ses sonorités et de ses girandoles, tout ce côté de l'avenue Gabriel. La saison n'étant pas encore favorable au plein air, on ne voyait du restaurant, enveloppé d'ombre et de silence, que deux ou trois cabinets particuliers hasardant leur lumière louche dans le feuillage.

L'empressement des garçons autour du nouveau venu, le sourire de la dame de comptoir, la petite table éclairée des flambeaux à abat-jour d'une partie de whist et servie au fond d'une galerie vitrée et solitaire ; jusqu'au pot-au-feu de ménage, qu'on ne trouve qu'en province, jusqu'au bon cabillaud fumant comme dans les bars de Londres ou d'Amsterdam, tout indiquait l'habitué, le fin gastronome, orgueil et conscience des vieux cabarets parisiens où l'on sait encore manger.

— Ah ! la gueule m'a perdu, disait Mauglas remplissant les verres d'une lampée de champagne, du vin frais jailli de la grappe et non champanisé... Trop tôt j'ai su ce qui était bon et je n'ai pas pu m'en passer. Ecoute cette histoire, petit, elle en vaut la peine, c'est la confession d'un agent secret.

Raymond le regarda avec épouvante. Le malheureux convenait donc de son infamie! Et c'est pour cela qu'il l'avait emmené dîner, pour lui faire cette confession? Dans quel but? Etait-ce le remords, le besoin si humain de se soulager en disant tout? Sans doute la vaniteuse jeunesse du confesseur trouvait son compte à cette supposition. Mais le singulier pénitent, la serviette au menton, qui faisait sa coulpe d'une lèvre si luisante et d'un si magnifique appétit! comment penser que le remords entrât pour quelque chose dans ses épanchements?

Avant de se retirer à Morangis, où Raymond les avait connus, les parents de Mauglas tenaient près de Saint-Lô, en Normandie, une auberge de rouliers au bord du grand chemin. Certains fricots fabriqués par la maman, la soupe aux écrevisses et la tanche à la casserole, faisaient à la maison un renom de grande hôtellerie; et le père Mauglas, maître pâtissier, n'avait pas son pareil pour la galette normande piquée de lardons frits. Dans la belle saison, les bourgeois des environs organisaient des parties de gueulardise chez les Mauglas; et tous les dimanches, à l'heure du déjeuner, le vieux Denizan, le plus ancien huissier de la ville, arrivait avec son violon et ses deux demoiselles. Jours bénis pour le petit Mauglas, ces dimanches qu'il passait à se rouler dans la paille du grenier avec Mlles Rose et Pulchérie, puis à écouter les belles musiques de M. Denizan, valses de Brahms, mazurkas de Chopin, que le petit retenait, ressassait toute la semaine, qu'il fredonnait du matin au soir jusqu'à en pleurer, en marchant tout seul dans la campagne.

C'était pourtant un gas épais et lourd, d'une intelligence précoce, mais d'une indolence que rien ne pouvait secouer. Frileux et gourmand, il restait des heures dans la cuisine, écumant le pot, goûtant le premier bouillon, s'absorbant à regarder le tourne-broche qui dévidait sa chaîne parmi la bonne odeur des jus et des grillades. M. Denizan obtint cependant de la mère, qui jusque-là trouvait tout simple de garder son gros mitronet dans ses jupes, qu'on l'enverrait au collège de Saint-Lô et, devant les succès de classe du gamin, qu'il finirait ses études à Paris, pensionnaire dans un grand lycée. Aux vacances, on se retrouvait avec Mlle Rose, poussée en fraîcheur et en santé, mais qui, privée toute jeune de sa mère, sans éducation, sans surveillance, savait à peine lire à dix-sept ans et se laissait bouler dans la paille, comme quand elle en avait douze. La sœur aînée, Mlle Pulchérie, trahie par un goût très vif pour les hussards, en donnait tous les ans une preuve nouvelle à quelque officier du 12e, caserné à Saint-Lô. Quand la guerre de 1870 eut essaimé ces jolis hussards à corset de guêpe, un des clercs de M. Denizan prit auprès de sa fille la place vacante de l'officier du 12e, mais moins scrupuleux, se sauva avec elle en emportant la caisse de l'étude. Le fils Mauglas, alors dans Paris, s'engageait aux francs-tireurs de Chabaud-Molard, et menait tout le temps du siège une vie de bohème et de Robinson dans les villas désertes, les grands parcs abandonnés de la banlieue parisienne, pillant les basses-cours, buvant du bon vin volé, savourant cette délicieuse ivresse du danger qui agrandit le paysage et donne aux moindres épisodes du montant et de l'intérêt.

Ah! que l'existence lui pesa, plate et décolorée, lorsque, Paris rendu, les barrières ouvertes, il se retrouva dans la grande cuisine de l'auberge paternelle à écouter le récit que lui faisaient ses vieux de toute la misère subie en son absence. Le camionnage n'allait plus, laissait les chemins et les routes à des passages de troupes débandées, sauterelles d'Algérie qui dévoraient jusqu'aux rideaux des fenêtres. Deux fois, des soldats en subsistance avaient mis le feu à l'auberge. A Saint-Lô, chez les Denizan, c'était plus lamentable encore. Le père frappé à mort par l'abandon de sa fille ainée, l'étude vendue, achetée à bas prix par la Compagnie des huissiers, il restait à la petite Rose le mobilier de sa chambre de jeune fille et quelques rouleaux de pièces d'or au fond d'un tiroir où elle puisait, les yeux fermés, sans jamais rien remettre.

— Le guignon, c'est qu'elle est enceinte, dit la mère Mauglas.

— Et qu'elle prétend que c'est de toi, ajouta le père.

Le fils répondit sans s'émouvoir :

— Ça ne serait pas impossible.

Et comme Rose était jolie fille, qu'elle avait six ou

sept mille francs d'argent comptant, il crut faire en l'épousant une opération excellente et vint s'installer avec elle à Montmartre, dans un garni de la rue Lepic.

Mauglas fut interrompu, à cet endroit de son récit, par les éclats d'un orchestre dans l'ombre des massifs voisins. Il croyait d'abord à une répétition du café-concert, mais un garçon le détrompa :

— Oh! non, monsieur, nous ne répétons pas encore ; ce que vous entendez, c'est la musique de la garde qui joue en face de nous; dans les jardins de l'ambassade d'Angleterre.

« C'est vrai qu'il y a réception, ce soir... Il sera même question de moi, à ce dîner diplomatique, » se dit Mauglas.

Puis, brusquement, à Raymond :

— Je reviens à mon histoire. Il me tarde de vous expliquer le comment et le pourquoi de mon entrée à la Boutique.

Raymond ne comprenait pas.

— Ben oui! la Boîte, la Boutique, la police enfin. Nous étions à Paris, au Quartier Latin, depuis bientôt deux ans; Rose, en débarquant, m'avait donné deux ravissants petits jumeaux dont les grands-parents s'étaient d'abord chargés, mais qu'ils nous ramenaient bientôt avec la nourrice, parce qu'au pays rien n'allait plus et que tout le monde crevait la faim. Cela m'en faisait des bouches à nourrir! Pour m'achever, Pulchérie, la sœur de ma femme, lâchée par son clerc d'huissier, tombait chez nous sans un sou, sans une chemise, mais du vice et de la bêtise à en revendre dans tout le Quartier. C'était, comme sa sœur, une belle fille, solide, bien chevelée, qui passait toutes ses nuits dans les bastringues, où on la connaissait sous la nom de la Normande. Comme elle avait l'aplomb de me prendre pour répondant, il me fallait perpétuellement la réclamer au bureau des mœurs; puis elle disparut un soir, emportant la garde-robe de ma femme qui resta près d'un mois sans nippes, n'osant plus sortir en jupon et en camisole.

Les sept mille francs de l'étude étaient loin. Pour nourrir la maison, j'avais vendu ma montre, mes breloques, mes boutons de manchettes, puis l'argenterie, mes partitions, le violon du vieux Denizan. Quelques journaux me prenaient de la copie, des biographies de grands musiciens, mais on me payait si peu et j'écrivais si lentement! Ç'a été toujours ma faiblesse, ce lambinage à ce que je fais, ce besoin de polir au papier de verre tous les mots d'une phrase parce que je ne les trouve jamais assez aigus, assez luisants. Ajoutez à cela cette manie de brièveté, de concentration qui est assez rare dans la jeunesse, la manie du père Wolf, ce vieil ami de Gœthe, qui prétendait que toute pensée, toute formule, pour subtile et compliquée quelle fût, devait tenir sur l'ongle du pouce ou n'avait pas trouvé son expression. Singulière toquade de chercher les raccourcis, de retrancher des lignes, pour un homme qui ne vit que de sa plume à tant la ligne et en fait vivre des tas d'autres.

Une fois, dans une feuille radicale où je débutais, ayant publié un portrait assez féroce du président de le République, j'allai trouver Valfon, alors directeur de la sûreté à l'intérieur, pour le supplier de ne pas rendre le journal responsable de ma maladresse. Il me rit au nez, me dit que j'étais un naïf, que ces gens-là se moquaient bien de moi. J'avais un grand talent dont je ne savais pas me servir, m'assura-t-il, et si je voulais être sérieux, sortir de la purée une fois pour toutes, lui-même me procurerait une position facile et lucrative qui me mettrait en état de rendre au Gouvernement d'immenses services en le renseignant sur le véritable esprit de l'opinion :

— Voyez, réfléchissez, me dit-il, et si mes paroles vous ont convaincu, allez trouver en mon nom M. Leboucart, à la préfecture de police. Il vous indiquera ce que vous aurez à faire.

Je consultai ma femme, pour la forme ; elle me répondit :

— Mon ami, fais comme tu voudras, mais tu n'entends pas grand'chose à ce métier d'écrivain que tu as pris. Tu ne gagnes presque rien et nous sommes huit ou dix à manger ; dans ces conditions, il est bien difficile que tu t'en tires.

C'est vrai qu'à la maison il y avait toujours table mise pour une foule de licheurs, de fricoteurs, dont la paresse flattait la mienne. Ceux-là en amenaient d'autres et, jusqu'en haut de Montmartre, les soupes de la mère Mauglas étaient devenues fameuses. Ne pas lever le couvert d'un repas à l'autre, rester à potiner, les coudes sur la nappe, ma femme, vrai tempérament de roulotte, adorait cette existence de veulerie et de gourmandise, que mes appointements d'*indicateur* — on m'offrait sept cents francs par mois — me permettraient de continuer indéfiniment. De prime aspect, le métier ne présentait pas grande difficulté et se résumait en deux mots : écouter, rapporter. Partout où je me trouvais, au café, au cercle, dans les salons, ouvrir l'oreille, saisir au vol les causeries, les renseignements, en faire un bref rapport que le chef contrôlait par le travail de plusieurs de mes collègues en journalisme, vivant — m'assurait Leboucart — du même métier que moi et ne croyant pas déchoir ni se compromettre en servant honorablement un gouvernement honorable. J'hésitai quelque temps, puis, à une fin de mois trop chargée, Leboucart me prêta mille francs, à rendre quand je voudrais, comme je voudrais. Je fus pris...

A la *Botte*, mes rapports avaient du succès parce qu'ils étaient courts — l'ongle du père Wolff — et que je ne brodais pas. La besogne m'amusait. Chargé d'abord de surveiller les congrès socialistes de Gand, de Lugano, l'Internationale de Genève, j'en profitai pour visiter des musées, des pays féeriques que je n'avais jamais entrevus qu'en rêve. Une fois mes notes prises, mon rapport expédié, je travaillais pour mon compte. C'est dans ma chambre d'auberge au seuil drapé de vigne vierge, ma fenêtre ouverte sur le bleu cru du lac de Lugano, bordé de villas si blanches, que j'écrivis mon premier chapitre de la *Psychologie de l'orchestre*, publié par la *Revue*, et qui me fit connaître tout de suite. Je lis dans vos yeux ce que vous pensez, jeune homme. Et le remords?

Ma foi, pour commencer, le remords me laissa assez tranquille. Lorsqu'il m'arrivait d'assister en Hollande aux conférences de Karl Marx, de Bakounine et d'une foule d'autres bavards, Espagnols, Italiens, même Français, dont je transcrivais les idées politico-sociales, tout en notant les dessous intimes du congrès, les rivalités, les petitesses; lorsqu'à Gênes, à Milan, les amis de Mazzini, de Garibaldi, me parlaient de leurs projets, me livraient l'Italie révolutionnaire et que je transmettais leurs confidences en haut lieu, ma conscience ne s'alarmait guère. Ce n'est qu'après, devant certaines questions individuelles, que le métier se fit dur, par la faute surtout du chef, ce sinistre Leboucart, qui ne rêvait que plaies et bosses, conspirations et répressions, voulait changer mon rôle d'indicateur en celui de provocateur.

Ah! le gredin, si je l'avais suivi, quelle fusillade, quelle canonnade d'un bout de la France à l'autre. Chacun de mes rapports était l'occasion de scènes où il me traitait de jobard, d'imbécile, menaçait de me casser aux gages, et je l'aurais volontiers pris au mot, si je n'avais traîné derrière moi toute ma smalah, plus en désordre que jamais; ma belle-sœur Pulchérie revenue, avec son nouvel amant, cette fois un danseur espagnol atteint du *tournis* comme les jeunes moutons, et ne pouvant danser que des valses, des pas de derviche ; puis nos petits bessons malades, enlevés tous les deux à quelques heures d'intervalle, ma femme prenant le lit après cette secousse et y restant dix-huit mois inerte, comme hébétée, ce qui n'empêchait pas la table toujours mise, la ripaille installée pour les amis, même en mon absence. On venait soigner la malade, la distraire. Ma place supprimée, comment entretenir la maison sur ce train de dépenses ? J'étais donc obligé d'accepter les rebuffades de Leboucart. Et pourtant, je finis par me révolter. Est-ce que cet animal-là ne voulait pas que je me porte candidat à la députation du Var, sous prétexte que dans mes voyages j'avais su gagner l'estime des cafés républicains de Draguignan ? La police ferait les frais de ma candidature, et pendant toute la durée du mandat, mes appointements d'indicateur seraient doublés. Me voyant obstiné dans mon refus, Leboucart s'irritait : « Qu'est-ce qui vous gêne ? me disait-il, vous ne seriez pas le seul à la Chambre qui émargerait chez nous. » Etait-ce vrai ? N'usait-il pas là d'un de ces artifices dont ses pareils se servent volontiers pour recruter leur personnel ? En tout cas, je m'y refusai absolument, déclarant que je n'aimais que la littérature, et que, trouvant à peine le temps de publier un volume tous les quatre ou cinq ans dans les conditions actuelles, il faudrait que je renonce à écrire si j'acceptais la députation.

Le chef, là-dessus, prit une colère abominable, et je me serais trouvé dans la rue, sans emploi, si Valfon, aussi impitoyable que Leboucart, mais redoutant à bon droit tout ce qui tient une plume, ne m'avait offert un poste avantageux pour remplacer celui que je perdais. Le nouveau ministre de la police à Saint-Pétersbourg, le général Dejarine, traversant Paris, lui avait demandé un agent habile et probe, pouvant surveiller les révolutionnaires russes réfugiés chez nous. Il me donna une lettre pour le général, que j'allai rejoindre à Genève, où il avait loué tout l'hôtel Beauséjour. J'y passai quarante-huit heures, occupant six grandes pièces au second étage pour moi seul, avec défense de sortir et de parler à n'importe qui; mais des cigares, du champagne et du kummel à s'en faire éclater. Ce gros Dejarine, sensuel et fin, aux gestes soyeux, au regard perfide, me remit un paquet de photographies représentant les principales figures du parti révolutionnaire, figures que je devais m'assimiler et tenir à l'œil constamment. Il me détailla avec beaucoup d'intelligence les notes qu'il avait réunies sur la vie, les mœurs, le caractère de ces hommes et de ces femmes, m'indiqua leurs gîtes et leurs repaires, me signalant deux des plus farouches de ces nihilistes comme travaillés depuis longtemps et bien près de passer au service de la *Boutique* pétersbourgeoise. Il laissait à ma subtilité le soin de boucler l'affaire, de même que je trouverais les moyens de pénétrer parmi eux, de me lier avec quelques-uns sans éveiller aucun soupçon. J'y suis arrivé en effet; et richement payé — quinze cents francs par mois avec les frais de voitures et de timbres — je peux dire que je n'ai pas volé mon argent, du moins les premières années. J'ai connu tous les chefs de l'émigration, Lavrof, Popoff: j'ai eu des invitations pour les soirées de l'hôtel Czartoryski, dans l'île Saint-Louis, qu'on soupçonnait un centre nihiliste. Je n'ai jamais rien pu découvrir. J'ai déjeuné trois mois de suite dans une crémerie derrière le Panthéon avec Sonia Perowska et Jessa Hefmann, pendues toutes deux quelque temps après, à Pétersbourg ou à Moscou, je ne sais plus. Ne pâlissez pas, jeune homme, ce n'est pas moi qui les ai fait arrêter. Je me contentais de signaler leur présence, les endroits qu'elles fréquentaient. Mais pour dénoncer leurs entretiens, leurs projets, il me manquait la connaissance de la langue russe ou plutôt d'un certain argot à clef dont les réfugiés se servent entre eux.

Quand ma femme mourut, et que j'installai mes vieux dans le pavillon voisin de celui des Izoard, ma rencontre fortuite avec Sophie Castagnozoff pouvait être dangereuse pour les compatriotes de cette bonne grosse fille qui connaissait toutes leurs résolutions sans partager complètement leurs idées. Je ne sais pourquoi Sophia m'avait pris en faveur, moi et ma littérature. Je la sentais en confiance, prête à tout me dire. Elle commençait à m'apprendre, censément pour une étude de langues vertes comparées, cet argot sans lequel il est impossible de connaître le parti. Subitement, sans motif ni explication, elle se retira, se referma, je n'eus plus rien d'elle. Était-ce par jalousie de mes sentiments pour M⁽ˡˡᵉ⁾ Geneviève, dont je fus épris quelque temps, ou bien cette belle et fière personne arriva-t-elle à lui communiquer l'antipathie qu'elle ressentait pour moi ? Toujours est-il qu'à la suite d'une visite domiciliaire chez Casta pour chercher un nihiliste qu'elle cachait, on lui persuada que je l'avais dénoncée. Sans être absolument brûlé dans le quartier Saint-Marcel, ce qu'on appelle « la Petite Russie », j'y fus à « l'œil » — comme on dit — filé moi-même bien plus que je ne filais les autres, et mes vieux parents même menacés dans leur repos, je dus leur chercher un autre refuge, loin de Morangis. Sur ces entrefaites, on changea le ministre de la police à Pétersbourg. Le nouveau, Bernoff, un sauvage, venu à Paris me manda à l'hôtel Bristol et me donna ordre de lui découvrir avant huit jours une imprimerie clandestine russe fonctionnant à Saint-Ouen. Je cherchai, ne trouvai rien, me fis enlever de la plus brutale façon par le ministre qui, insensible aux délicatesses de la langue française dont j'ornais mes rapports, me traita comme un vrai moujik, et m'eût certainement mis à pied sans l'intervention de Dejarine. Aussi, quand le général revint s'installer à Paris avec sa fille, sachant la haine qu'il inspirait aux réfugiés, je me mis complètement à ses ordres. Mais c'était un de ces êtres à la fois fatalistes et sceptiques qui ne croient pas au danger; mes précautions le faisaient rire. Il continuait à courailler dans tous les bouges, alors qu'il y avait à Paris et à Londres des ordres formels de l'Internationale à son sujet. Je crus devoir avertir notre ministre des Affaires étrangères. Une bonne gaffe! Vous savez avec quelle désinvolture Valfon, menteur et traitre, m'a jeté par-dessus bord, prétendant m'avoir chargé de la sûreté du général et me rendant responsable de sa mort. Je n'ai qu'un moyen pour me tirer d'affaire. Ce moyen, vous êtes à même, je crois, de me le procurer... Mais attention! voici du monde... sortons, je finirai dehors.

Un couple venait de s'installer à une table voisine, sous la véranda, préférée ce soir-là aux cabinets particuliers, d'une chaleur d'étuve. Quand Mauglas, carrant effrontément ses larges épaules, passa près des dineurs, l'homme, en habit et cravate blanche flottante, long, voûté, une tête de Levantin cuivrée et féline, chuchota quelques mots à la grande poupée peinte et coiffée de chanvre qui s'éventait en face de lui.

— C'est Barnès, député de Vaucluse, dit Mauglas à voix haute, de façon à être bien entendu... Il fait semblant de ne pas me connaitre et ce n'est guère propre de sa part; car lorsqu'il a eu sa vilaine affaire du Palais-Royal, le chef m'avait chargé d'une enquête chez tous les boutiquiers de la galerie, et si j'avais tenu à plaire à Leboucart, qui le voulait coupable... mais l'enquête fut bonne pour lui et je n'ai pas pu mentir. Ah! cet homme que j'ai vu sangloter, m'embrasser les genoux... les promesses qu'il m'a faites, ses serments de reconnaissance... voilà! pas même un coup de chapeau.

Il sourit à la dame de comptoir, alluma sa pipe anglaise à la pince d'argent que le chasseur lui offrait, pendant que Raymond, peu fumeur, comme ceux de son bateau, s'attaquait à un terrible havane qui acheva d'embrumer ses idées déjà brouillées par le champagne vert et les confidences qu'il venait d'entendre.

— Beau métier tout de même, pour un regardeur d'hommes, ce métier dont je vous parlais, mon cher Raymond...

Mauglas, entraînant son jeune compagnon dans la nuit des Champs-Élysées, frappait le sol violemment du fer de sa canne:

— Ce que j'en connais d'histoires, ce que j'en ferais sortir de cet asphalte, si je voulais! Aussi je ne vous cache pas qu'en dehors des appointements qui me permettent la vie large, une table soignée et du loisir pour mon œuvre d'écrivain mosaïste, je regretterais mon emploi, s'il fallait y renoncer tout à fait, c'est pourquoi je vous demande : Verriez-vous dans vos connaissances, à l'Association ou ailleurs, un camarade besogneux ou seulement assoiffé de bien-être, qui consentirait, pour une pièce de cinq à six cents francs par mois, à passer quelques heures parmi les réfugiés russes et à noter sans interprétation ni broderie tout ce qu'il entendrait? La responsabilité serait pour moi : je fais le rapport, je le signe de mon chiffre à la préfecture.

24.

Ce que j'évite, c'est de me montrer dans des milieux où je suis brûlé.

Malgré son extrême jeunesse et les vapeurs du champagne, Raymond Eudeline ne put s'empêcher de songer : « Voilà donc où il voulait en venir, voilà ce qu'il vise depuis deux heures. » Et tout haut, la parole assurée, il commença :

— Je le regrette, monsieur Mauglas, mais j'ai beau chercher, personne autour de moi ne me semble ni apte ni même disposé...

Il s'arrêta, se sentit rougir dans l'ombre et se figura qu'on le voyait. Pourquoi rougir? de quelle arrière-pensée subissait-il la gêne brusque? d'où lui venait cette soudaine terreur de Mauglas, l'envie de lui échapper, de fuir bien loin? L'autre, finaud, s'en doutait sûrement et répondit avec le plus grand calme :

— Oui, je sais, à première vue, la chose paraît mal commode ; mais en y songeant, un métier sans fatigue, sans responsabilité, qui vous rapporte six cents francs par mois... Vous verrez, jeune homme, vous réfléchirez... Vous avez mon adresse?...

Ils suivaient le trottoir de l'avenue Gabriel, l'alignement enverduré de ses jardins dont les hôtels ont tous, ainsi que l'Élysée, leur entrée principale faubourg Saint-Honoré. Comme ils longeaient une grille tissée de lierre, des voix de femmes soutenues de fredons de guitares vinrent à eux à travers le frisson des branches noires où luisaient les lumières d'une fête mondaine.

— L'ambassade d'Angleterre, sans doute? dit Raymond.

Le policier s'arrêta, regarda :

— Oh! non, l'ambassade est plus haut. Du reste, cette guitare que nous entendons ne ressemble guère à la musique de la Garde.

C'était bien l'ambassade d'Angleterre; mais à travers l'épais rideau de lierre ils ne pouvaient apercevoir le perron de l'hôtel Borghèse, ses hautes portes-fenêtres larges ouvertes, et les rares femmes admises à l'intimité de cette réunion diplomatique profilant leurs élégantes silhouettes dans l'enfilade de ces immenses salons, étincelants et presque vides ce soir-là, dont la belle Pauline fit tant de fois les honneurs à son frère et à tous les jolis colonels du premier Empire.

Après un dîner automatique et solennel, que la musique de la Garde entrecoupait de valses sentimentales et de pas redoublés suppléant avantageusement aux mornes causeries officielles, la musique partie, lady Rawenswood, sa fille et leurs invitées passées dans les salons, les hommes étaient restés seuls à boire et à fumer autour de la table en désordre, où les boîtes de cigares ouvertes sur des *chemins* de soie indienne lamée d'argent, les flacons à liqueurs bizarrement taillés se mêlaient aux massifs étriers d'or étalés et luisants sous les sept branches allumées d'un haut candélabre en bois de santal, à toute cette décoration exotique qui déroutait la banalité du repas officiel offert au ministre des Affaires étrangères et à tout le corps diplomatique par l'ancien vice-roi des Indes, hiérarchiquement devenu depuis quelques semaines ambassadeur d'Angleterre à Paris. Valfon avait approché sa chaise de celle de l'ambassadeur de Russie, et pendant qu'ils causaient à voix basse, avec la mimique sentencieuse, les airs de tête importants des hauts fonctionnaires, le mâchonnement canaille d'un cigare au coin de sa lèvre faubourienne était la vivante antithèse de la grâce patricienne et de la mince cigarette de son voisin. Plus loin, le Nonce, figure aux teintes jaunies d'un ivoire gravé en creux, long corps ascétique serré dans une soutane violette à tout petits boutons au milieu des habits noirs chamarrés de brochettes et de plaques d'argent, écoutait les phrases onctueuses de Marc Javel, exceptionnellement invité à cause de sa nièce Jeannine, amie de miss Frida Rawenswood depuis son arrivée à Paris. On parlait alors du remplacement probable de notre ambassadeur au Vatican; et Marc Javel s'était dit que si la Marine lui échappait, il représenterait volontiers le gouvernement de la République près le Saint-Siège, d'autant que depuis quelques mois le député radical négligeait visiblement ses fr∴ francs-maçons, et sur bien des points ce jour-là se trouvait en conformité de pensée avec le Nonce. Près d'eux, de jeunes attachés se répétaient tout bas en pouffant le mot de Mme Valfon, la ministresse, à qui lord Rawenswood, faisant visiter avant dîner les salons de l'hôtel Borghèse avait dit en lui montrant une causeuse de

satin vert restée là depuis le premier Empire :
« Si cette causeuse voulait, elle nous en raconterait
sur les mœurs de la belle Pauline. » À quoi Mme Valfon, dépourvue de toutes notions historiques, et
croyant que la belle Pauline était le nom de guerre
de quelque hétaïre contemporaine de Cora Pearl et
de Marguerite Bellanger, répondait d'un ton pincé :
« Les femmes comme moi, monsieur l'ambasseur, ne
s'intéressent pas aux aventures de ces sortes de
filles... » Le lord ambassadeur avait eu le bon goût
de se taire, mais vous pensez si le mot de la pauvre
femme était allé rejoindre, dans le répertoire
comique de cette jeunesse, les provisions de gaîté
et de fou rire dont les avaient déjà complaisamment
pourvues les épouses légitimes de certains de nos
gouvernants.

Celle que l'on raillait ainsi ne s'en apercevait
guère et n'avait pas le cœur à rire. Assise dans un
coin de salon, au milieu de toutes ces femmes de
la Carrière, dont la plupart lui étaient inconnues,
figures hautaines et cosmopolites, carte d'échantillons de toute l'aristocratie féminine de l'Europe,
aveugle et sourde à ce qui se passait autour d'elle,
ses yeux restaient fixés sur la porte par laquelle les
hommes allaient entrer, son mari surtout, dont elle
attendait un renseignement avec angoisse. La soirée
était lourde. Une haleine mouillée et tiède qu'envoyait le jardin courbait la flamme des lustres ; et sur
le discret chuchotis des éventails, sur le roulement
lointain et ininterrompu des voitures montait une

voix limpide venue du fond du salon, une voix de toute jeune fille chantant une ancienne ballade écossaise, accompagnée par la guitare.

Comme en tout autre moment M⁰ᵉ Valfon, avec la facile sentimentalité des roucouleuses de son âge, se serait abandonnée au charme de la vieille romance rajeunie par cette grâce printanière! mais depuis une certaine phrase entendue à travers la confusion de la table, rien n'existait pour elle que ces quelques mots d'une obscurité douloureuse dont Valfon pouvait seul lui donner l'explication.

Enfin la porte de la salle à manger s'ouvrit à deux battants, et dans le vaste salon blanc et or se répandait un tumulte de rires et de voix d'hommes. Avant que le ministre, qui marchait en tête avec lord Rawenswood, eût achevé le geste autoritaire et grand seigneur — un grand seigneur de l'Ambigu — destiné à impressionner les dames à son entrée, un bras passionné, d'une emprise irrésistible, s'attachait au sien, et de tout près, secouant le maigre petit homme et lui coupant son effet, M⁰ᵉ Valfon demandait à son mari :

— Ce duel, dont Marc Javel parlait pendant le dîner ? ce duel pour demain ?...

L'autre, l'acrobate, souriait pour la galerie, avec des envies de mordre, essayait de calmer sa femme, et tout bas :

— Voyons, Lolo, tiens-toi, tu as l'air d'une dompteuse. Eh bien! oui, ton fils se bat demain.

— Avec qui? Pourquoi?

— Claudius Jacquand... Tu sais bien pour quel motif.

Elle étouffa un cri de colère :

— Pour le mariage de sa sœur? Mais Florence n'y songe plus à ce mariage, et si j'allais lui dire que Wilkie... Allons, Valfon, ce n'est pas sérieux?

Ses yeux ardaient dans son visage pâli :

— Tu vas téléphoner au préfet de police, ce duel n'aura pas lieu.

Le ministre eut son mauvais rire :

— Pardon, ma chère, je n'ai pas les mêmes motifs que vous pour souhaiter que la grande fortune de ces Lyonnais aille à la famille Eudeline. Faites ce que vous voudrez, je ne m'en mêle pas.

Il profita du trouble où ce nom d'Eudeline la jetait pour se dégager et gagner, au bout de la pièce où venaient de passer les autres convives, un bow-window tout fleuri d'orchidées, dont le vitrage arrondi laissait voir les illuminations du jardin. Là une blondine toute en blanc, les bras nus, les cheveux à la grecque, légèrement renversée sur la causeuse verte de la belle Pauline, dans une pose qui montrait des bas à jour sous les rubans moirés de deux petits cothurnes croisés l'un sur l'autre, s'accompagnait d'une guitare, et par ses yeux bleus, sa bouche en fleur, évoquait un des plus jolis modèles de Mme Vigée-Lebrun. Quelques sièges bas, en demi-cercle devant elle, lui faisaient un auditoire adorable de jeunesse aux robes claires, aux prunelles innocentes.

— Je ne vois pas ma nièce, dit Marc Javel au ministre dont les regards rôdaient partout, cherchaient aussi, pleins d'inquiétude.

Mme Valfon, debout derrière eux, murmura :

— Jeannine vient de passer dans le jardin avec Florence.

Elles allaient serrées l'une contre l'autre, Jeannine, mince et petite, appuyée au bras de son opulente amie, dans la vague clarté des lampions en guirlandes autour des pelouses et des lanternes de couleur parmi les massifs immobiles. Le vent ne soufflait plus; dans l'air pesant grondait un lointain roulement d'orage, le premier de l'année. Restées d'abord autour des perrons, puis s'enhardissant peu à peu, les deux amies pénétraient au noir des allées, s'asseyaient sur un banc, au fond, contre la grille.

— Tiens! il pleut...

Jeannine Briant avait senti une goutte d'eau sur son bras nu. Florence soupira.

— C'est moi qui pleure. Cette enfant m'a bouleversée avec sa voix innocente et ses yeux clairs. Dire que je n'ai jamais eu l'âge de cette candeur, jamais connu cette fraîcheur d'âme. Oh! ne ris pas, si tu savais comme j'en suis lasse de l'horreur dans laquelle je vis, comme j'en ai honte.

— Ça dure donc toujours, ma pauvre grande ?

— Toujours... cet homme est fou, et sa folie n'a plus de trêve. Ce soir encore, à ce dîner... Tiens, c'est trop ignoble, il vaut mieux que je me taise.

Un silence suivit, occupé par la montée sourde de

l'orage et le bruit uniforme des voitures sur l'avenue des Champs-Élysées.

— A ta place, j'avertirais mon frère, reprit Jeannine.

— Mon frère! comme si tu ne connaissais pas les jeunes d'à présent. Il a besoin de Valfon; il me tiendrait les mains plutôt. Non, pour me tirer de là, il n'y avait que le mariage. Le sort ne l'a pas permis, et maintenant que m'arrivera-t-il? Il viendra à bout de ce qu'il veut, c'est sûr. Il le veut trop. Seulement je lui garde une surprise à ce misérable... Tu te rappelles notre cours de Mlle Audouy, rue du Bac, derrière le jardin des Missions?

— Je crois bien que je me le rappelle... Quand ta mère venait nous chercher et qu'elle s'exaltait à la voix de ces jeunes prêtres destinés au martyre, qu'on entendait chanter dans leur chapelle. Elle était très romanesque dans ce temps-là, Mme Valfon.

— Elle l'est toujours. Est-ce qu'on change, ma Jeannine? Ne suis-je pas restée la grosse innocente demandant très sérieusement à Mlle Audouy en plein cours d'histoire religieuse si elle était bien, bien jolie cette sainte qui, pour faire honte à son vainqueur, ne pas figurer dans le cortège triomphal, se coupa les cheveux, le nez, les oreilles.

— Mon Dieu! Florence, tais-toi, tu m'épouvantes...

Des pas en s'approchant avec précaution faisaient craquer le sable de l'allée. La causerie des jeunes amies s'interrompit subitement.

VIII

UNE AFFAIRE D'HONNEUR

— Eudeline, quelqu'un pour vous en bas, ma petite.

A cet appel de la surveillante jeté dans le brouhaha de la salle de travail, toutes les têtes à chignons tordus et frisons variés penchées sur les appareils se levaient d'un même élan curieux, et pendant que Dina, les mains tremblantes de plaisir, fermait vite son tiroir avant de descendre, elle entendait toutes es tables chuchoter autour d'elle : « Les gants jaunes, les gants jaunes... » allusion à certaine visite demeurée célèbre au Bureau central.

Ah! oui, elle l'attendait, sa belle visite aux gants clairs. La veille, une dépêche de Lyon lui annonçait l'arrivée de Claudius et sa visite rue de Grenelle le jour même vers quatre heures. Le père allait mieux; il désirait la connaître et viendrait la voir sitôt rétabli.

Elle avait attendu à la sortie jusqu'à six heures vainement, puis s'était décidée à envoyer rue Cambon quelques mots restés sans réponse. Aussi l'on imagine la joie de la petite Cendrillon, à cet appel de la surveillante : « Quelqu'un pour vous, ma petite, » et sa déconvenue en trouvant au pied de l'escalier, au lieu de la longue et vacillante silhouette de son ami lyonnais le petit chapeau mou d'Antonin et son complet de coutil de la Belle-Jardinière.

— Comment, c'est toi? fit-elle, toute pâle dans sa blouse noire. Lui, gêné, ne sachant que faire de ses mains, balbutiait :

— C'est que je pars pour Londres, le... le chose... et je tenais à t'embrasser... aussi à te dire que si tu manquais d'argent, l'aîné, qui m'avait fait des billets pour le payement de ses meubles, a préféré me régler tout de suite, au comptant... je ne voulais pas, il s'est mis en colère... et maintenant j'ai là des économies qui ne ne savent que devenir. Maman ne veut plus rien accepter de moi, car Raymond se fâcherait, à présent qu'il a cet éditeur qui lui avance tout ce qu'il veut. Alors j'ai pensé que toi, peut-être, tu... enfin, n'est-ce pas?... le... le...

Dina, dont la pensée et le regard étaient absents, remercia son cher Antonin. Elle non plus n'avait pas besoin d'argent.

— Sais-tu ce que je vais faire, en ce cas? dit le cadet après une minute de réflexion, les cinq mille francs qui restaient dus par notre père pour cette fameuse construction, je vais enfin les rendre à M. Izoard. Je pense bien que l'aîné ne m'en voudra pas.

— Oh! non, dit la sœur toujours distraite.

Puis vivement, d'une voix émue :

— Tonin, rends-moi un service...

Dans ses petites mains de fièvre elle pétrissait sa main dure comme un outil :

— Tu vas aller rue Cambon, numéro 6... tu demanderas si M. Claudius Jacquand est bien sûrement à Paris.

— Jacquand, le richissime sénateur de Lyon?

— Pas lui, son fils.

Antonin hésitant avança ses grosses lèvres :

— J'irai où tu voudras, Didine... Seulement j'aimerais savoir si cette maison où tu m'envoies n'est pour rien dans... enfin, n'est-ce pas... le... le chose... qui donne tant d'inquiétude à maman.

Les prunelles bleues de l'enfant se foncèrent et se fixèrent sur lui, résolues :

— Certainement, frérot, il y a là un secret que j'ai dû garder, quoi qu'il m'en coûte, parce qu'il n'était pas à moi seule; mais, tu vois cette médaille — Dina tirait hors de sa blouse de travail et du liséré blanc de son col un médaillon au bout d'une mince chaîne d'or — c'est elle qui est cause de tout, elle pourrait signer mon roman ; car il y a un roman. Mais comment veux-tu qu'il se glisse quelque chose de mauvais dans une œuvre dont Notre-Dame de Fourvières est l'auteur ?

— J'y vas de mon pied, sœurette, à la rue que tu dis... fit le brave cadet avec son accent canaille et son sourire divin.

Dans cette partie de la rue Cambon que les jardins du ministère de la Justice égaient d'une large prise d'air et de lumière, sous la porte cochère du numéro 6, dont les Jacquand père et fils occupaient le premier étage et le rez-de-chaussée, un majestueux maître d'hôtel parlait et s'agitait dans un groupe de gens de service en tabliers blancs et gilets de laine. Passant à côté d'eux, Tonin entendit une phrase qui lui évita la peine de s'informer.

.. — Nous n'avons pas encore de nouvelles de M. Claudius, répondait à un reporter insinuant et famélique l'imposant factotum. Le journaliste, qui prenait des notes à mesure, continua son enquête :

— Pour quelle heure, le duel?

Le maître d'hôtel répondit :

— Pour neuf heures. Il en est onze, je suis étonné de ne pas être encore prévenu. Pourtant le médecin de M. Claudius, le docteur Hurpar, m'avait bien promis...

— Vous dites... docteur Hurpar?...

Le reporter, pour écrire plus commodément, mettait le pied sur une borne au coin de la porte. Antonin s'approcha de lui :

— Sait-on avec qui se bat Claudius Jacquand?

— D'où sortez-vous? fit l'autre sans lever la tête... Wilkie Marquès, voyons.

Le pauvre cadet, sous ses sourcils d'albinos, roula des yeux égarés.

— Pas possible ? Wilkie... le... le chose... du chose...

Il voulait dire : « Wilkie, l'ami de mon frère ; Wilkie, l'amoureux de Didine... » Mais les mots ne lui venaient jamais au gré de son idée, et le journaliste en l'écoutant put croire qu'il avait affaire à l'un de ces agités, de ces demi-fous que roule le flot fiévreux des grandes villes.

A deux ou trois reprises, les voitures tournant à grand fracas la rue Cambon avaient mis inutilement tout le service en rumeur.

— Ma dépêche! dit enfin le maître d'hôtel voyant paraître un porteur du télégraphe, son fatidique papier bleu à la main. C'était bien, en effet, la dépêche du médecin annonçant l'issue fatale du combat dans ce français abréviatif, sabir ou nègre, auquel se croient tenus la plupart des gens quand ils se servent du télégraphe, et pour se conformer aux rites plutôt que par économie :

« *Blessure profonde région inguinale droite, inté-*
« *ressant artère fémorale. Pronostic très grave. Pré-*
« *venir le père. Intransportable.* »

Un fils de sénateur, un jeune homme si riche !

Il y eut un silence de consternation dont profita le reporter pour copier la dépêche. Sur les arbres du jardin en face, des corneilles s'égosillaient affreusement. Tonin s'en retourna vers Didine, le cœur serré.

Il la trouva piétinant, pétrissant l'asphalte du trottoir devant le bureau central, toute inquiétude et impatience, et jolie sous sa jaquette, sa petite toque simple.

— Je sais... je sais, dit-elle sans lui laisser le temps de balbutier ; le télégramme a passé par chez nous, venant de Choisy... Je t'attendais pour aller savoir où ils se sont battus et, puisqu'il n'est pas transportable, l'endroit où on a dû le laisser.

— Je t'accompagnerai, Didine, tu ne peux pas aller seule.

— Et ton voyage ?

— Oh ! mon voyage...

Il eut cet insouciant geste d'épaules qui rejetait tout à plus tard, quand il ne s'agissait que de lui et de ses intérêts.

— Viens, alors... dit-elle en s'accrochant nerveuse à son bras.

A Choisy-le-Roi, première station sur la ligne d'Orléans, on ne leur donna que des indications très vagues. Le duel avait eu lieu de l'autre côté de la Seine, dans le jardin d'une propriété particulière. Le pharmacien n'en savait guère davantage ; n'ayant pu fournir la quantité de perchlorure de fer qu'on était venu lui demander, il avait dû envoyer chez son confrère de Maisons-Alfort. Enfin, dans un cabaret du bord de l'eau, où Cadet mourant de faim avait obtenu de sœurette qu'on entrerait casser une croûte, le hasard, sous la coiffe blanche à trois pièces d'une fille du Morbihan remplissant ici les fonctions de nourrice et de garçon de salle, leur procura tous les renseignements dont ils manquaient.

Figurez-vous qu'une heure avant, à cette même table, quatre messieurs descendus d'un landau découvert s'étaient fait servir un fort déjeuner. Ils arrivaient de Pompadour, en face, chez Lassus, où l'un d'eux, un petit, rasé comme un prêtre, venait d'allonger un grand coup de sabre à un de ses amis, même qu'il avait l'air bien aise de son mauvais coup, ce petit-là, et tout le temps il ne faisait que rire en levant et toquant son verre...

Dina ne riait pas, elle. Muette et frissonnante, les dents serrées sur son gros chagrin, elle allait depuis un moment, appuyée au bras d'Antonin qui la guidait, la portait presque. Ils venaient de traverser le pont de Choisy pour s'engager sur la grande route de Villeneuve-Saint-Georges, ombragée de vieux ormes de France, les bas-côtés feutrés d'épaisse verdure. Çà et là dans la plaine, des infiltrations de la Seine voisine étalaient de petits lacs, des étangs aux rives arrondies communiquant entre eux par de longs canaux au bord desquels semblaient accroupis des saules énormes. Des bandes printanières d'oiseaux en voyage tournoyaient en criant au-dessus de ces eaux mortes, qui reflétaient un ciel triste et voilé. Des trains passaient derrière les arbres; de rares piétons remontaient la route, allant vers Paris, fatigués, anxieux.

— Ce qui me navre, vois-tu, mon Tonin, soupira tout à coup l'enfant avec un accent désespéré, c'est que tout vient de moi, c'est moi la cause de ce grand malheur.

Il la regarda épouvanté :

— Toi, sœurette ?

— Oui, moi. Depuis deux heures, je suis là à chercher, à me creuser l'esprit... Ce que nous a raconté cette servante, sur la gaité de ce bandit, a fini de m'éclairer. Maintenant, je comprends, je vois, et tu vas comprendre, toi aussi.

En quelques phrases précises et rapides, avec cette intuition divinatrice que la passion donne à la femme, elle lui expliqua toute la combinaison de Wilkie pour empêcher son mariage. Il venait la demander à sa mère pour dans un an, dix-huit mois, rendait ainsi toute démarche de Claudius impossible, et, plus tard, pour se débarrasser de sa promesse, aurait trouvé mille moyens. Seulement, c'était un miracle qui le faisait, son mariage avec Claudius ; et Wilkie ne pouvait pas le savoir. Il ne pouvait savoir qu'à cette subite convenance de deux êtres qui ne s'étaient jamais vus, à ces serments éternels échangés en une nuit de bal, il avait fallu une intervention supérieure et divine, celle de Notre-Dame de Fourvières, dont l'image n'avait jamais quitté la jeune fille, la « petite idolâtre ! » comme l'appelait le père Izoard. Et qui donc pouvait prévaloir contre une force pareille ? Alors, voyant son piège éventé, et la vengeance seule possible, le misérable s'était souvenu qu'en deux ou trois affaires il avait eu la main sinistrement heureuse. Cette fois, son adversaire était l'être le plus inoffensif, le plus doux, une âme brave mais sérieuse, qu'une épée, un pistolet faisaient sourire comme des jouets d'enfant, dangereux et bêtes. Son pauvre Claudius! Elle croyait l'entendre disant à ses témoins avec un sourire d'indulgence et de pitié : « Vraiment, vous croyez ?... il faut que je me batte ? » Elle se le figurait ce matin même, à Pompadour, jetant un dernier regard sur la route qu'elle suivait, avant d'entrer dans cette maison dont on apercevait les rouges toitures irrégulières, dépassées par des cimes d'arbres et les montants d'une haute balançoire. Après la façade blanche et coquette d'un hôtel meublé, rideaux brodés, embrasses roses, portant l'enseigne : « Pavillon Pompadour. — A la solitude de Valenton », venaient de vastes salons en rez-de-chaussée pour noces et repas de corps, puis une auberge de campagne, écuries, greniers, hangars, des charrettes arrêtées, d'autres dételées, le timon en l'air parmi des effarements de poules. Un gros hôtelier, coiffé et vêtu de toile blanche, le personnage des vieux romans de cape et d'épée, accourait au-devant d'Antonin et de sa sœur, dans un corridor frais et dallé au fond duquel des vitraux de couleur laissaient voir des verdures tremblotantes. L'homme parlait à mi-voix, d'un ton affecté, recueilli, répétant depuis le matin les mêmes phrases, avec le même accent :

— Ah! monsieur, madame, quel affreux malheur! mais comment se douter? Moi, n'est-ce pas, depuis si longtemps que M. Wilkie vient ici en parties fines, qu'il me retient une, deux chambres... quand il m'a dit qu'ils allaient se battre dans le jardin, de lui faire ratisser l'allée de la balançoire, je ne pouvais pas refuser. J'ai donc envoyé un jardinier préparer l'allée ; puis tout le monde est rentré, ma femme, mes garçons, pour ne pas gêner ces messieurs... Malheureusement, il avait plu toute la nuit. L'herbe et la terre glissaient sous les talons, comme vous pouvez voir, et au bout d'un moment, il n'y avait plus moyen de se battre dehors. Alors on a ouvert une des salles du rez-de-chaussée, la plus grande, où peuvent tenir cinq cents couverts, et dont on ne se sert presque jamais. C'est là qu'ils se sont escrimés pendant quelques minutes, et qu'à la fin le grand est tombé avec une blessure au ventre, qui a copieusement saigné et pénétré le parquet d'un large plâtras noir qu'on aura bien du mal à effacer.

Au cours de son récit, l'homme au béret blanc montrait du seuil à ses visiteurs l'allée toute piétinée entre le bosquet et la balançoire, où le duel avait commencé.

— Et le blessé, où est-il ? où l'a-t-on couché ?

Pour adresser cette question, Dina s'efforçait de se rappeler à elle-même, de raffermir sa voix, son cœur qui défaillaient.

— Le blessé, madame ? Oh ! dans la grande salle. Le docteur tenait à ce qu'il ne fût pas changé de place. On a dressé un lit contre le piano. Si monsieur et madame veulent bien jeter un regard, il n'y a personne près de lui qu'une sœur de garde et un médecin de Lyon qui accompagnait M. Jacquand sur le terrain.

Antonin prononça le nom de Hurpar.

— Tout juste, dit l'aubergiste, et ce docteur Hurpar doit être l'ami de la famille, car il vient de retenir deux chambres à Pompadour, une pour le papa qui arrive, et l'autre pour lui.

La petite Cendrillon changea de couleur :

— Le père? le père va arriver ?

— Dans deux heures, il sera ici.

En donnant cette assurance, l'homme ouvrit majestueusement la porte de son salon de cinq cents couverts.

L'impression était saisissante de cette pièce immense aux persiennes closes, où des banquettes et des tables s'empilaient confusément entre des lambris blancs, vernissés et dorés, décor de fêtes vulgaires dont un lit de sangle tenait le bout, entre un paravent formant alcôve et la tablette du piano chargée de ouates et de fioles. En approchant, on distinguait dans le demi-jour un grand front pâle, des paupières appesanties, toutes suantes d'un sommeil de fièvre et, sous la frisure d'une barbe soyeuse et jeune, deux lèvres blêmes entr'ouvertes qui s'agitaient, déliraient tout bas, continuellement. Le médecin somnolait au dossier d'une chaise ; la cornette blanche d'une sœur de Saint-Vincent de Paul s'affairait doucement dans le battement léger de ses ailes et le cliquetis d'un gros chapelet.

Au bruit que fit la porte en s'ouvrant, au chuchotement des voix qui se rapprochaient, le médecin avait levé la tête ; mais sitôt que la fine silhouette de la jeune fille lui apparut, il tressaillit comme s'il la reconnaissait et vint vivement au-devant d'elle.

— Mademoiselle Eudeline, n'est-ce pas?

Le regard était bon, la voix chaude de sympathie. Dina, pour ne pas sangloter, répondit par un signe. Le médecin reprit :

— Il vit, mademoiselle, il vit; mais depuis ce matin neuf heures qu'il est tombé là — il montrait la tache sombre incrustée au parquet — il n'a pas encore repris connaissance, pas un regard, pas un mouvement. Si vous essayiez, vous, de vous faire comprendre. Je sais ce que vous étiez pour lui. Hier soir, très tard, quand je suis sorti de sa chambre, il vous écrivait, un adieu, sans doute, en cas de malheur ; il n'a pas envoyé sa lettre. Quelque superstition l'aura retenu... nous en sommes pétris, nous autres Lyonnais.

Laissant le docteur parler seul, la jeune fille se rapprochait du lit, toute tremblante. Elle ramassait sur le drap une longue main inerte et pâle qui ruisselait, qui brûlait, et penchée dessus, tout bas, de tout près, elle appelait :

— Claude, c'est moi... je suis là, contre votre cœur... Ouvrez vos yeux, répondez à votre amie.

Il y eut chez le blessé comme un élan, comme un effort de tout son être, rien que, pour ce faible témoignage de sensibilité, relever un peu la paupière. Mais il y parvint à peine, et le regard morne se voila de nouveau, après qu'une petite flamme courte et vacillante s'y fut montrée dans un coin de la prunelle, bientôt éteinte. Cette fois, les larmes désespérées que la pauvre petite retenait depuis le matin jaillirent à flot sur la chère main fiévreuse et, mêlant ses baisers et ses pleurs à cette sueur d'agonie, elle s'abattit au pied du lit, de toute la hauteur de son rêve, devant le peu qui en restait.

Pendant que la petite Cendrillon se désole, à genoux au fond de ce caravansérail sinistre de banlieue, à la *Lampe merveilleuse* dont un couchant pluvieux et vermeil fait reluire les étagères frottées à la cire, étinceler les lampyres de la devanture, on s'inquiète de Dina, on guette avec angoisse l'heure de sa rentrée à l'horloge de l'Institut. Mme Eudeline a devant elle une pile de livres aux grands cartonnages de cabinet de lecture, qu'un doigt distrait ouvre et referme, où s'égarent ses lunettes posées en signet entre les pages. A chaque instant elle se penche sur la rue : « Comme Didine est en retard, mon Dieu !... » Voilà ces demoiselles de l'école municipale qui défilent en faisant claquer leurs petits talons, les longues boucles du Sanzio en nappes dorées sur les épaules, sous le bras un carton à dessin qui rappelle la besace de la petite ; seulement Didine est bien plus sérieuse dans la rue et sa frimousse, quand il faut, sait tenir le monde à distance.

A laisser ses yeux et son esprit errer ainsi à l'aventure, maman Eudeline ne ramène que des papillons noirs et beaucoup d'ennui; au moins les livres la consolent, la bercent de leurs vieilles romances, et la voilà revenue aux *Heures de prison de Mme Lafarge*, aux *Souvenirs de Reine Garde,* une des muses plébéiennes dont M. de Lamartine fut le poétique initiateur. Le timbre de la porte retentit.

Dina?

Non. Celle qui vient d'entrer est plus grande, plus calme et plus lente aussi, et sa tête pâle s'incline comme sous des cheveux trop lourds.

— Comment! c'est toi?... c'est tantine? Viens vite, ma chère fille, viens te mettre à mon côté que je te regarde, on ne se voit plus...

Et dans sa joie à retrouver, à serrer contre son cœur la chère et fidèle créature qu'elle aime presque autant que ses enfants, Mme Eudeline ne remarque pas comme Geneviève évite de la regarder, comme ses beaux yeux gris se dérobent sous les grands cils abaissés en rideau. C'est surtout lorsqu'elle s'entend nommer « ma fille » que la tantine a l'air gêné. Ce mot lui rappelle la fausse et triste condition de sa vie, ce qu'elle pourrait être, hélas! et ce qu'elle est... Et toujours mentir, ici comme chez le vieux père, toujours inventer des prétextes aux absences...

C'est vrai qu'elle pourrait prendre une heure dans l'après-midi, venir la passer avec maman Eudeline. Mais la campagne vous aveulit. Le déjeuner fini, quand le père a fait sa sieste, son tour de jardin, que tantine l'a reconduit sur la route jusqu'à l'arbre de la Liberté, le temps d'écrire une lettre, de prendre son ouvrage, et l'*Angélus* du soir sonne tout de suite au vieux clocher de Morangis.

— Mais dans la soirée, je suis là, réclame la mère ingénument, tu serais toujours sûre de me trouver.

— Oh! je sais bien, seulement Casta est à Paris depuis quelques semaines...

Geneviève, qui n'a pas encore l'habitude du mensonge, devient toute rouge en invoquant la présence de son amie, car ce n'est pas auprès de Sophie Castagnozoff que se passent ses soirées et ses nuits. Il paraît si vraisemblable, ce motif qu'elle donne des longues heures restées à discuter avec la Russe sur la chaussée déserte et sombre du boulevard Montparnasse, ou bien à Morangis, en mouillant leurs bottines dans les blés verts pleins de rosée et de rayons de lune ; ils sont si généreux, si éloquents les rêves de ces deux jeunes disciples de Tolstoï, que Mme Eudeline n'a qu'une crainte :

— Je t'en conjure, ma chérie, c'est magnifique sans doute, ces fondations de clinique, de léproseries pour les petits sans mère; à votre âge, on se monte la tête, ces choses vous exaltent, mais pense à ton père qui n'a que toi. Il a beau te dire, en caressant sa barbe : « Va, petite, tu es libre... » tu n'as pas plus sa vraie pensée que je n'ai celle de Dina, quand je lui demande : « Qu'as-tu, voyons, ma Didine?... » et qu'elle me répond : « Mais je n'ai rien... » car tu sais que nous en sommes toujours là avec ma petite mystérieuse. Pas plus avancée que le jour où tu lui as parlé.

La tantine, malgré elle, prit un air excédé :

— Ah ! vraiment...

Cette conversation au sujet de Dina lui devenait insupportable, était une des causes qui lui faisaient fuir la maison. Avant tout, elle se sentait indigne de la confiance qu'on lui montrait, et la leçon de tenue, de dignité, qu'on la chargeait de donner à mots couverts à la jeune fille lui semblait de sa part vraiment trop hypocrite. Mais comment s'y dérober ? Il ne lui restait plus que le silence des coupables devant la tendre plainte de Mme Eudeline.

— Non, vois-tu, Geneviève, on ne se figure pas le déchirement que c'est. Tenir son enfant près de soi, contre soi, votre petite fille qui ne vous a jamais quittée, épier son souffle, le battement de ses veines et se dire : « Elle a quelque chose que je ne sais pas ». C'est la nuit surtout, dans notre chambre, que c'est terrible, car jamais la petite n'a consenti à reprendre la soupente de Raymond. Quelquefois la lueur de la veilleuse me la montre immobile, les yeux ouverts : « Tu dors, Didine ? — Non, maman. — A quoi penses-tu ? — A rien. » Oh ! ces réponses qui ferment toute causerie sur le doute, le néant ; ce rien qui signifie tant de choses.

La tantine secoua la tête en souriant, et il y avait bien un peu de regret douloureux et d'envie dans l'intonation de sa réponse :

— Allez, maman Eudeline, elles ne sont pas bien dangereuses les rêveries auxquelles s'abandonne une petite fille qui n'a jamais couché que près de sa maman, sous du buis bénit, des chapelets et des médailles.

Ici, la porte tinta plusieurs coups de suite. Ce n'était pas encore Didine, mais des clients qu'il fallut servir ; un dernier, très lent d'esprit, à qui M??? Eudeline dut expliquer longuement les avantages du lampyre sur toutes les autres lampes à incandescence ; enfin, un grand blond tout frisé qui se précipita, la figure à l'envers.

— Raymond ! cria la mère.

Elle laissa les étagères en désordre, le client avec son lampyre démonté entre les mains et se jeta avidement vers son garçon.

De quels anneaux subtils et solides est-elle tressée cette chaîne des conventions sociales dont les hommes ne cherchent à se débarrasser que pour s'en forger d'autres plus gênantes? Pourquoi Raymond éprouvait-il un si cruel embarras chaque fois qu'il se trouvait avec sa mère et sa maîtresse?

— Crois-tu que c'est un miracle à présent de rencontrer Geneviève ici ? disait M??? Eudeline à son fils pour s'expliquer à elle-même la gêne qu'elle sentait entre les deux jeunes gens. Et même, figure-toi qu'elle ne serait pas venue, sans le départ d'Antonin. Aussi, c'est bien fait. Elle ne l'a pas vu, son Antonin ; elle n'a pas pu lui dire adieu. Il était parti, et parti tout fâché... Oh! pas contre tantine, mais contre moi, le pauvre petit, parce que j'ai refusé d'accepter son argent.

Et tournée vers Geneviève avec orgueil :

— Avoue que c'est gentil, ces deux garçons qui se disputent l'honneur d'entretenir leur maman.

O saintes gaffes maternelles! comme elle se fût désolée, la malheureuse femme, si elle avait pu se douter de l'humiliation qu'elle faisait à son fils bien-aimé en parlant devant Geneviève de cet argent qui venait d'elle. En effet, les trente mille francs qu'il avait juré de ne pas toucher étaient déjà entamés; l'aiguillon de sa vanité, le besoin d'affirmer ce fameux droit d'aînesse, enfin ses dépenses personnelles l'avaient rendu parjure à son serment; mais Geneviève n'ouvrant jamais le tiroir de l'argent, il comptait n'avoir rien à lui avouer jusqu'au moment où un gain de librairie, une pièce de théâtre lui permettraient de restituer l'argent qu'il avait pris. Aussi de quel ton brutal et dur, comme pour lui faire expier son indiscrétion, demanda-t-il à la pauvre mère :

— Où est Dina? pas encore rentrée?

— Non, mon ami, elle a dû être retardée à son bureau; quelques discours du Sénat ou de la Chambre à passer.

Raymond, qui talonnait nerveusement dans la longueur du magasin, s'arrêta devant le comptoir où Mme Eudeline venait de reprendre place à côté de Geneviève :

— J'en arrive, du bureau... elle l'a quitté avant midi.

— Avant midi !

La pauvre mère tomba en sanglotant sur l'épaule de tantine :

— Quand je vous disais que cette enfant nous cachait quelque chose de terrible.

— Terrible, en effet, cette mort de Claudius Jacquand, proféra le soutien de famille avec solennité.

Mᵐᵉ Eudeline répétait sans comprendre :

— Claudius Jacquand?...

— Oui, celui qu'elle te destinait pour gendre... Eh bien! il est mort ou n'en vaut pas mieux.

Et quelques phrases rapides firent passer devant la mère toute la féerie de la nouvelle Cendrillon, depuis la soirée des Affaires étrangères, les serments échangés au nom de Notre-Dame de Fourvières, jusqu'au duel tragique dont les journaux du soir relataient les péripéties.

— Oh! ce Wilkie... termina Raymond avec l'involontaire déférence de son âge pour tous les vainqueurs. Cinq pouces de fer dans l'aine, la péritonite et la mort; exactement ce qu'il avait promis.

Sur ces mots, nouveau tintement de la porte et brusque apparition de Dina suivie d'Antonin qui leur fit à tous un chut d'apitoiement et de bonté discrète, pendant que la petite traversait le magasin la tête raide, avec des sanglots mal réprimés sous sa voilette.

Aussitôt la mère se leva pour la rejoindre, dans le fond.

— Maman, je t'en prie, supplia Cadet.

— Je sais, je sais...

Et le temps de passer derrière le vitrage, un sourire mélancolique plissa la face grise de la bonne femme...

— J'en ai tant vu... tant vu!..

Les deux frères et Geneviève conciliabulaient autour du comptoir, dans le demi-jour du magasin que personne ne songeait à éclairer, où les lampyres éteints et mornes semblaient comme une hécatombe de vers luisants.

— Est-ce qu'il est mort? demanda l'aîné à voix basse après que Tonin eut terminé le récit de leur visite navrante à Pompadour.

Du bord de ses grosses lèvres, le cadet chuchota :

— Pas tout à fait, mais presque... savoir s'il finira la nuit.

Montrant le fond où s'entendait un déchirant lamento, l'aîné demanda encore :

— Lui a-t-il écrit? laisse-t-il un testament?

— Je ne crois pas.

Une joie mauvaise effleura la moustache blonde du grand frère. Certes, il n'eût pas été fâché de voir sa sœur enrichie par un opulent mariage dont la famille aurait eu quelques éclaboussures. Mais il sentait tant de mépris, de révolte dans ce petit être. Alors que sa mère et le cadet respectaient les volontés du père Eudeline désignant son fils aîné comme chargé de ses pouvoirs, elle seule apportait en famille un esprit d'indépendance que l'énorme fortune n'aurait fait qu'accroître et exaspérer. Secrètement ainsi, l'orgueil de Raymond triomphait sous l'apparence de vagues paroles apitoyées.

— Comme il fait noir chez nous, mes enfants! dit Mme Eudeline sortant de l'arrière-boutique. Antonin se leva pour donner l'électricité; c'est vrai que la nuit était venue, sans qu'on y eût pris garde. Aussitôt la vitrine de la *Lampe merveilleuse* étincela jusqu'au trottoir opposé, et à l'intérieur, tirés brusquement de l'ombre, tous ces êtres — qui s'aimaient pourtant — eurent comme la surprise et la gêne d'une trahison de leurs pensées. Les regards éblouis se fuyaient avec des clignements, des battements de paupières.

— Et Dina? interrogea Raymond, jouant un tendre intérêt.

La mère, quoique tranquillisée maintenant qu'elle savait le secret de sa fille, crut devoir répondre du même accent navré :

— Elle est brisée la pauvre Didine, elle se couche et demande qu'on l'excuse. Je veillerai près de son lit, et Tonin, s'il ne part pas tout de suite, voudra bien garder le magasin jusqu'à la fermeture. Tu veux, dis, petit?

S'il voulait, mais avec enthousiasme, le brave cadet! justement son bagage était à la consigne depuis le matin, et maintenant il ne pourrait plus partir que par... enfin, n'est-ce pas?... le... le chose du chose... on lui rendait un vrai service en le priant de rester.

Et de l'entendre s'expliquer confusément, avec son frétillement joyeux de bon gros chien, ses pauvres yeux rongés qui allaient de l'un à l'autre comme pour rallier tant de sentiments contraires à la seule harmonie familiale, la tantine au cœur maternel se sentait tout attendrie.

Sans doute que sur la belle pâleur de son amie, l'aîné des Eudeline le surprit ce sourire de sympathie et d'admiration dont sa jalousie avait déjà souffert, car saisissant son cadet par les épaules et le serrant contre lui comme pour l'écraser de sa haute taille et de sa jolie figure :

— Embrasse-moi, petit, dit-il, et demain fais un joyeux voyage. Moi, je rentre travailler ; il faut maintenant que je mette les bouchées doubles. Avec le pain de la maison, j'ai la dot de la sœurette à gagner. Sans la prétention de lui retrouver les cinq ou six cent mille francs de rente qu'elle vient de perdre, j'espère lui conquérir tout de même, dans une modeste aisance, sa belle part de bonheur.

Sa voix vibrait, son bras tendu se portait garant de l'avenir.

— Croyez-vous, hein ?... Croyez-vous ! faisait Mme Eudeline aux deux autres en hochant ses vieilles anglaises.

Cadet manifesta timidement :

— Et moi, mon grand, me permettras-tu de t'aider pour marier Didine ?

— Si tu veux, dit le grand frère, effleurant de ses lèvres le front du petit qui se dressait vers lui et le priait avec tant de candeur. Mais comment feras-tu, pauvre enfant, avec ton service militaire qui approche ? où trouveras-tu un moment pour t'occuper de cette dot? J'y pense tous les jours, moi, à ta conscription et je compte demander une audience à Marc Javel pour lui parler de ton affaire.

— Vrai! c'est vrai, tu penses à ça? Oh! que tu es bon.

Et tandis qu'Antonin pleurait presque en remerciant son frère, Mme Eudeline disait tout bas à Geneviève :

— Si mon pauvre homme nous voit de là où il est, comme il doit être heureux! Il nous a donné un vrai chef de famille.

IX

LE RÉGIME

A voir le père Izoard, chef de la sténographie, accompagné de Raymond Eudeline, promener à travers les salles du Palais-Bourbon sa longue barbe allégorique, sa tête nue, rase et soyeuse comme le pelage d'une souris blanche, son alpaga flottant et ses pantoufles brodées de cafetier de la Canebière, tous ceux qui se trouvaient sur son chemin, députés, questeurs, garçons de service, huissiers de la Chambre, auxquels il demandait en passant de son plus beau creux méridional « des nouvelles du citoyen Marc Javel », tous se sentaient saisis, même n'ayant rien à lui répondre, d'un besoin d'expansion et de belle humeur. Jusqu'à la majesté de l'ancien logis des Cinq-Cents, jusqu'aux gestes de marbre et de bronze décorant ses cours et ses portiques, qui semblaient se familiariser, détendre leur raideur devant cette amusante et loyale figure de Marseillais faisant les honneurs de la Chambre à son jeune ami.

Comme ils traversaient le salon Delacroix, un garçon de bureau, à boutons dorés et parements rouges, lui jeta de loin :

— J'entends que vous cherchez le ministre de la Marine, mon bon monsieur Izoard ?

— C'est vrai, qu'il est ministre, songea tout haut le sténographe.

Le garçon continua, lisant l'ordre du jour de l'*Officiel* :

« *Bureaux* 6 et 7... Commission des courriers postaux... Ministre de la Marine et des Colonies convoqué à une heure et demie pour renseignements à fournir. »

— Il a son portefeuille depuis deux jours, ses renseignements doivent être tout frais.

Et le gros rire du Marseillais roula contre les parois sonores de la salle où sont peints en grisaille de mirifiques fleuves à barbe qui semblaient tous avoir eu Pierre Izoard pour modèle.

Ce jour-là, il y avait réunion de une heure à deux dans les bureaux de la Chambre. Autour de la salle des séances qui ne devait s'ouvrir qu'à deux heures, dans les innombrables couloirs et vestibules dont son majestueux silence s'environne, c'était le bourdonnement, l'agitation que font les abeilles autour de la ruche avant le travail. Des pas affairés sonnaient sur les dalles, députés en retard se hâtant de gagner leurs commissions, employés chargés de paperasses passant, la plume à l'oreille, avec cet air important, préoccupé, ce gonflement des veines frontales qui fait partie, ainsi que la sandaraque et les grattoirs, du matériel de l'Administration. Quelquefois, dans un coin de salon ou de galerie, le colloque à voix basse de deux têtes rapprochées, l'échange furtif de deux poignées de mains qui sont comme un engagement, une signature au bas d'un traité. En frôlant un de ces couples interlopes, le vieux sténographe glissa dans l'oreille de Raymond :

— Tu n'as pas reconnu le gredin dont nous venons de gêner le trafic? Regarde du coin de l'œil, sans te retourner. Des accroche-cœur et la barbiche Louis XIII... Tu ne te rappelles pas? Siméon... le neveu du questeur, l'ancien prétendant de Geneviève, qui n'a pas voulu de ma *filiette* pour dix mille francs qui lui manquaient?

— Parfaitement, j'y suis...

Sans remarquer l'embarras de Raymond, quand on parlait de Geneviève, Pierre Izoard continua :

— Siméon est marié, aujourd'hui, et richement marié; pourtant il garde son emploi de comptable à la Chambre. Sais-tu pourquoi? Parce qu'à la caisse il est mieux placé que personne pour connaître les députés besogneux, ceux qui ont des oppositions sur leur traitement, et dont la conscience ne tient plus qu'à un fil d'hameçon. Ces renseignements lui sont payés cher. Rien qu'en passant j'ai deviné ce qu'ils étaient en train de manigancer lui et Jacques Walter, ce long et macabre squelette à la boutonnière fleurie, le nez crochu, les lèvres et les paupières peintes. Ce Walter est l'agent, l'homme de paille de la nouvelle

Compagnie transocéanienne dont on examine justement les soumissions à ces sixième et septième bureaux où nous allons attendre Marc Javel. Il doit y avoir dans cette très nombreuse commission une demi-douzaine au moins de pauvres diables dont Siméon a pu dire à Walter en toute assurance : « Allez-y, mon petit Jacques. » Peut-être même le rapporteur se trouve-t-il sur la liste des besogneux présentée à l'agent par le comptable, car les deux compères rayonnaient quand nous avons croisé leurs têtes ignobles.

Et comme Raymond s'indignait qu'un aussi abominable commerce pût s'exercer librement en plein Corps législatif :

— Ah ! mon pauvre *petiot*, dit le vieux, il s'en fait bien d'autres dans ces couloirs que nous traversons ; c'est la pourriture de l'argent qui nous gagne ! Depuis cinq ou six ans, depuis la mort de Gambetta qui, s'il n'empêchait pas le trafic, serrait la vis aux trafiquants, la Chambre a *pris le mal*, comme on dit chez nous. Sans doute les braves gens ne manquent pas, mais ils se taisent. Moi, je ne peux pas me tenir ; quand je trouve à la porte des bureaux quelque balayure comme ce Walter, j'ai envie d'appeler le posté, mais je sens bien qu'à donner de la voix continuellement comme je fais, à rouler des yeux de chat sauvage, je fatigue tout le monde ; et comme j'ai mes soixante ans bien sonnés, ce qu'on va me fendre l'oreille un de ces matins !...

Ils entraient dans une longue galerie du rez-de-chaussée prenant jour par d'étroites fenêtres sur une cour plantée d'arbres aux reflets verdoyants. Une file de portes numérotées, derrière lesquelles s'abritait le mystérieux travail des commissions, faisait face à la cour mélancolique, à des banquettes de garçons de bureau, à des casiers où les députés déposaient leurs brochures, leurs serviettes. Lorsqu'une des portes s'ouvrait, on voyait uniformément autour d'une grande table drapée de vert un fauteuil, des chaises, des fronts assoupis luttant contre la digestion du déjeuner, pendant que nasillait une voix monotone mêlée au gazouillis de moineaux errants.

— Louis-le-Grand, les jeudis de retenue... murmurait Raymond Eudeline, qui avait ses sensations de lycée encore toutes fraîches. Comme ils passaient devant le bureau n° 2, commission du divorce, un hideux gnome en sortait, trapu, déjeté, la bosse et les grands traits narquois de Polichinelle sur un teint de jaunisse et de fièvre.

— Ça va, monsieur Cadufe? dit le vieux Pierre Izoard, s'écartant respectueux pour laisser de la place. Le nain eut un rictus diabolique de ses lèvres lippues.

— Si ça va, mon père Izoard! mais avec la loi complémentaire que je suis en train de leur faire avaler, avant dix ans d'ici le mariage français devant M. le curé et M. le maire... *couic, couic!*

Il imita le célèbre geste en bois coupant de Polichinelle assassin, et disparut au tournant de la galerie en fredonnant une chanson provençale à refrain obscène.

— Il est bon là, le Cadufe, avec son *couic, couic*... Comment me rattraperai-je, moi, si on supprime le mariage?

Celui qui parlait, Robert de Fabry, joli brun aux tons fauves, était un ami de Wilkie, le témoin de son récent duel et le plus jeune député de la Chambre, où l'avaient envoyé les électeurs de la Guadeloupe... *Princeps juventutis*... A celui-là aussi l'ancien professeur donnait cette appellation virgilienne, plein de sympathie pour la bravoure du créole et son jacobinisme exalté, exacerbé comme tout ce qui vient des colonies. Mais cette sympathie coûtait cher au père Izoard, car il n'existait pas, il ne s'était jamais trouvé dans le Palais-Bourbon un joueur, un *tapeur* de la force de ce jeune Robert Macaire.

— Ah! mon vieux maître...

Il se jetait sur Pierre Izoard et l'arrachait au bras de Raymond, qu'il feignait de ne pas reconnaître, bien qu'il l'eût rencontré vingt fois avec Wilkie.

— Ah! ma vieille barbe, mon vieux hadji de 48, quelle joie de vous revoir, quelle chaleur au cœur vous me donnez, où se retrempent, se renouvellent mes jeunes croyances.

Et de tout près, dans l'oreille :

— Auriez-vous dix louis à me prêter?

Un « non » très énergique secoua la petite tête rase et blanche,

— Pas pour longtemps, vous savez... Avant la fin

de la session, ces dix louis et leurs petits aînés vous seront restitués très exactement.

Pour être plus loin de Raymond et des garçons de bureau, il avait entraîné le sténographe dans l'embrasure d'une fenêtre entr'ouverte, et lui expliquait qu'il venait de lire son rapport à la commission, avec un succès énorme.

— Quelle commission?

Du monocle sautillant au bout de ses doigts, le créole montra le fond du couloir :

— Bureaux 6 et 7. Nouvelles messageries de Montevideo, Buenos-Ayres. Une partie magnifique, qu'à l'instant même le ministre de la Marine achève de nous gagner.

Pierre Izoard en fronça ses gros sourcils :

— Est-ce qu'il passera à la caisse de Jacques Walter, celui-là aussi?

— Pourquoi pas? dit le créole, laissant voir ses dents blanches trop écartées, c'est de l'argent qu'il n'aura pas volé... Si j'ai cinquante mille francs comme rapporteur, ce n'est pas trop que le ministre en touche cent mille.

Il y eut un silence, que piquaient les mille pépiements des moineaux. Brutalement, le vieux s'arracha de la fenêtre :

— Monsieur de Fabry, vous êtes un cynique; vous venez de calomnier un homme que je persiste à tenir pour très honnête, un républicain de la belle époque, incapable de toute vilenie. Voilà vos dix louis, jeune homme... et qu'on ne vous retrouve jamais.

La face enflammée, les yeux hors du front, il tira de son pantalon à la hussarde, de la belle époque lui aussi, une poignée d'or sonnant à même sa poche, avec ses clefs, sa montre, ses breloques, son couteau, et d'une geste de dégoût les jeta dans la main de mendiant, fine et gantée, qui s'était tendue vers lui. Puis, prenant le bras de Raymond :

— Arrive, mon petiot, le ministre en a encore pour du temps, allons l'attendre dans la salle des Pas perdus.

Et il l'entraîna avec lui dans l'emportement de sa colère.

— Qu'est-ce qu'il lui prend donc, au père Izoard ? Il devient maboul ; il faudra qu'il soigne ça.

Ces mots proférés à voix haute pour les huissiers témoins de la scène, le jeune député glissa les pièces d'or une à une dans son gilet, et sa caisse faite, tourna sur les talons en allumant une des exquises cigarettes russes que son amie, la princesse Nadaloff, venait de lui adresser à la buvette avec une boîte de caviar.

On fumait beaucoup à la Chambre, cette session-là. On fumait dans les couloirs, dans les bureaux ; surtout les députés de la génération de Gambetta, les hommes entre trente-cinq et cinquante plutôt que les très anciens ou les tout jeunes. A ceux-ci Robert de Fabry faisait exception à cause de son origine coloniale. Un autre détail saisit le jeune Eudeline, qui n'avait jamais visité le Palais-Bourbon aussi minutieusement que ce jour-là, ou quand ses yeux n'étaient pas encore ouverts. Pour leurs colloques dans les couloirs, dans les péristyles, les députés en se promenant avaient tous la même façon d'envelopper leur interlocuteur, un bras sur son épaule, la tête penchée, l'allure protégeante, endoctrinante. Cette familiarité ne déplaisait pas, venue de haut, d'un leader de la Chambre, d'un des quatre ou cinq chefs de claque qui mènent toute la comédie parlementaire. Et tout à coup Raymond se souvenait qu'à l'Association des étudiants, dans le Comité des 33, dès qu'on avait une confidence à se faire, le genre était le même de causer en se tenant par l'épaule.

— De quoi ris-tu? demanda le vieux père.

Renseigné, il monologua, fourrageant sa longue barbe blanche :

— Oui, député!... le bâton de maréchal de la jeune bourgeoisie, le pouvoir dont rêvent tous les bacheliers de maintenant. Au fait, je m'en veux d'avoir été si brutal avec ce petit de Fabry, un gamin qui n'était jamais venu à Paris avant son élection et s'est trouvé sans défense contre les tentations de Paris. Ses électeurs me semblent plus coupables que lui. Imbéciles qui confient la direction d'un grand pays, sa législature, à un jeune homme de vingt-cinq ans, dont la vie est une page blanche toute lisse, à qui l'expérience n'a pas donné ses coups de griffe visibles au coin des yeux, à la commissure des lèvres, et cent fois plus significatifs que le cachet d'une faculté au bas de quelque diplôme... Décidément, j'ai eu tort; ce n'est pas sur Fabry qu'il fallait passer ma colère. Il y a la bande à Cadufe, à Barnès, à Valfon, ce ramas de traitants et de jouisseurs qui ne sont aux Corps législatif que pour bâcler des affaires, qui trafiquent de leurs votes et dont le plus grand crime est encore d'abaisser un peu plus chaque jour le niveau des consciences, de corrompre l'air autour d'eux; ceux-là, oui, on pourrait s'exercer dessus, leur tanner le cuir en long et en large. Ah! les malandrins, ce qu'ils sont en train de faire de cette Chambre, et ce que cette Chambre fera de notre pays...

Il s'animait en parlant, sa claironnée méridionale vibrait dans les hauts vestibules malgré quelques petits avertissements de Raymond lui pressant le bras, baissant la voix pour le rappeler au diapason d'une causerie à deux.

— Entre nous, maître Izoard, tout à fait entre nous, est-il vrai qu'il y ait des policiers au Corps législatif?

— Comment cela, des policiers? Voudrais-tu dire des députés à la solde du préfet de police ou du directeur de la sûreté? *Sarnipabiouné!*... il ne nous manquerait plus que cette infamie!

Le Marseillais en restait cloué sur place de stupeur et d'indignation. Presque aussitôt, avec la mobilité, l'impressionnabilité de sa race, il secoua son saisissement.

— Après tout, la police est assez plate pour se glisser n'importe en quel endroit. Est-ce que je t'ai raconté mon aventure au club Barbès, en 48?.

C'était dit avec l'intonation timide, inquiète des pauvres vieux qui demandent grâce pour leur rabâchage ; et Raymond se résignait à écouter encore une fois, après tant d'autres, l'histoire du club Barbès. Mais ils arrivaient dans la salle des Pas perdus où quelques jeunes gens, en train d'écrire devant une table, à l'entrée, saluèrent au passage le vieux sténographe d'un affectueux brouhaha qui coupa court à son récit.

— Eh! voilà le vieux vitupérateur.

— Vive la sociale, citoyen Izoard!

— *Fai tira, Marius*... Si Paris avait une *Canebière*...

Le Marseillais, distribuant de vives ripostes et de fortes poignées de mains, passa sans s'arrêter.

— Ce sont des journalistes, dit-il au jeune Eudeline qu'il entraînait... de bons garçons, bien qu'un peu veules d'âme et d'esprit. On en rencontre même qui sont honnêtes ; mais en général l'air des couloirs leur est néfaste comme à tout le monde.

Raymond s'étonnait de voir son vieil ami perpétuellement hérissé :

— Enfin, monsieur Izoard, vous êtes républicain, pourtant.

— Républicain de la bonne, républicain de 48, comme ton père.

— Et vous n'êtes pas content? Pourquoi?

— Parce que les Français ne savent se servir de rien, qu'ils cassent tout. Sans doute l'outillage de

la République était excellent, il avait si peu servi!...
Mais nous l'avons faussé tout de suite.

Autour d'eux, dans la vaste galerie dallée et lambrissée de marbre, s'entendait un vague bruissement de foule comme dans une église ou un musée, un va-et-vient d'honorables qui discutaient de long en large en se tenant hiératiquement par l'épaule, ou bien sur un banc la causerie confidentielle d'un député avec quelque électeur de grande marque qu'il n'avait pas voulu recevoir dans la salle à côté, où l'on fait entrer les menus clients, le fretin.

— Viens par ici, garçon, fit le vieux en entrant dans cette seconde salle... Je te disais tout à l'heure qu'en France les républicains ne savaient pas se servir de leurs outils... Tu vas voir l'affreuse blessure que le Pays est en train de se faire avec le suffrage universel... c'est tout le sang de ses veines qui s'échappe par là, par cette ouverture, tiens!...

Il montrait une barrière en bois comme aux guichets des théâtres, séparant la galerie où ils se trouvaient d'un grand hall vitré et bruyant, envahi par le public. A chaque instant, un huissier de la Chambre, debout devant la claire-voie, passait à un autre, assis à une petite table près de l'entrée, la carte d'un électeur avec le nom du député qu'il voulait voir. Un troisième garçon de service allait chercher ce député, l'appeler de salle en salle.

Pierre Izoard, très connu de tout le personnel, n'eut qu'un signe à faire à l'huissier Loustalet, tête blanche et toute crépue, pour qu'il leur laissât une place à côté de sa petite table.

— Ces messieurs seront au premier rang pour voir la comédie, murmura Loustalet épongeant la sueur de son front et de ses joues aussi rouges que les galons de sa casquette.

Les premiers à passer étaient précisément, des gens de son endroit, les Restouble, de Régallon (Var). Restouble l'aîné, propriétaire du *Café des Blancs* et concessionnaire de la gendarmerie, était mort voilà plus d'un an; et depuis, le propriétaire du *Café des Rouges* s'était fait donner le logement des gendarmes — une ruine pour la pauvre Mme Restouble; car les *Blancs* ne consomment pas la moitié comme les *Rouges* et son café ne lui rapportait guère. Voyant cela, les deux frères de son mari, l'un curé de Régallon, l'autre secrétaire de la commune, avaient mis en wagon avec eux la bonne dame et sa petite, bien décidés à ne retourner au pays qu'après que M. Trescol, le député conservateur, aurait fait attribuer à la pauvre femme la location qui l'aidait à vivre ou une compensation.

Aussi, avec quelle angoisse on l'attendait, l'honorable M. Trescol, et quel coup de scène quand sa longue et héronnière silhouette d'ancien procureur de la République à Draguignan se dressa derrière la claire-voie, fronçant un grand nez dédaigneux sous son binocle aux verres fumés et regardant tour à tour d'une même grimace effarée la carte où resplendissait le nom des Restouble, et la petite habillée de vert et de jaune qu'une dame à tête de cheval lui présentait en hennissant. « Que me veulent ces personnages? je les ignore absolument », disait avec énergie la mimique de M. Trescol. Du coup, le curé de Régallon s'approcha de la barrière, flanqué de son frère, le secrétaire de la mairie. Ces deux messieurs prirent l'enfant chacun d'une main et, présentée par des électeurs de cette *eïmporleînce*, je vous réponds que l'honorable Trescol l'eut vite reconnue, la petite demoiselle Restouble. Le délicieux changement à vue ! Maintenant il souriait, penchait sa longue taille, tapotait les joues, le menton à fossettes de l'enfant, lui faisait des risettes qui n'allaient guère à son binocle noir, à ses austères favoris de vieux robin. A la fin, il les précédait tous dans la galerie voisine, où l'on serait bien mieux pour causer; et pendant qu'ils défilaient, la tête haute, derrière la claire-voie, la foule des électeurs toujours croissante les regardait avec envie, faisant passer à l'huissier de nouveaux noms, appeler d'autres députés, toujours d'autres députés, et encore...

— Que dis-tu de ce travail de sangsues? demanda le vieux père revenu avec Raymond dans la salle des Pas perdus. Tu penses bien qu'on ne va pas rendre la gendarmerie au café des Blancs, puisqu'elle est passée depuis des mois au café des Rouges. C'est donc un bureau de poste ou de tabac qu'il faut pour Mme Restouble, sans compter que les frères n'auront pas fait le voyage pour rien. Le secrétaire, tout près de sa retraite, demandera une perception; le prêtre coûtera plus cher encore, car c'est le premier entraîneur de l'écurie Trescol. Et cette pillerie, cette curée à laquelle nous assistons depuis cinq minutes va durer jusqu'à ce soir et elle recommencera demain jusqu'à ce que la session finisse, qu'une autre s'ouvre après celle-là, jusqu'à ce que la France épuisée n'ait plus une goutte de sang dans les veines.

Ils firent quelques pas en silence dans la vaste galerie où les députés affluaient plus nombreux à mesure que la séance approchait. Le nouveau ministre de la Marine était sans doute resté à la commission, car personne ne l'avait encore aperçu. Tout en regardant autour d'eux, Raymond Eudeline posa cette question à son vieil ami : Que faudrait-il faire, selon lui, pour assainir le régime, le rendre meilleur ?

— Oh! bien des choses, mon enfant... mais avant tout fermer la Chambre deux ans, trois ans. Les Français apprendraient pendant ce temps à chercher leur vie ailleurs que dans le garde-manger de l'Etat. Je fermerais les portes de la Chambre ; mais bien entendu je garderais les fenêtres ouvertes pour donner de l'air, pour tout purifier, car il y a la peste dans ce Palais-Bourbon. Les pierres y sont contaminées autant que les hommes et voilà pourquoi le mal se propage si vite. Té! tu le vois là-bas, notre nouveau ministre de la Marine et des Colonies... Avise s'il n'est pas en train d'attraper quelque mauvaise lèpre en ce moment.

Appuyé au socle du *Laocoon*, dont le bronze verdâtre et douloureux se tordait à l'une des extrémités de la salle des Pas perdus, Marc Javel, bedonnant et cossu, redingote noire et pantalon gris avec son air confortable et ses gestes souples d'homme de sport, très entouré, savourait la joie de son premier portefeuille, n'ayant été jusqu'alors que sous-secrétaire d'Etat. Robert de Fabry et Jacques Walter, qui l'entretenaient avec ardeur, s'écartèrent discrètement en voyant venir le père « Rasoir », comme l'appelait le jeune député de la Guadeloupe.

— Deux aigrefins dont je vous débarrasse... remerciez-moi, monsieur le ministre, ricana le doyen de la sténographie.

— Allons, allons... un peu d'indulgence pour la jeunesse, maître Izoard.

Ce n'était qu'une nuance; mais on sentait que le ton, les manières de Marc Javel se haussaient à sa nouvelle grandeur. Un doigt de socle ou deux s'intercalaient sous les pieds de l'homme d'Etat. Ce fut surtout visible à l'accueil solennel fait à Raymond que le Marseillais lui présenta : « le fils de leur camarade Eudeline, un républicain comme on n'en voit plus ».

— Je me suis, en effet, rencontré quelquefois avec monsieur votre père, dit le ministre, insistant sur le monsieur, et jetant au jeune homme, ainsi qu'à un subalterne et à un inconnu le petit bonjour du sommet de la tête qui interdit toute réplique... J'ai gardé le souvenir d'un fidèle soldat de la République.

Le vieux, dont la barbe commençait à fumer devant cette réception de satrape, l'interrompit nerveusement :

— Victor Eudeline et vous, monsieur le ministre, autant que je me rappelle, vous étiez de la même loge, et à nos fameux dîners du Vendredi-Saint, quand vous n'occupiez pas le fauteuil du président, c'est Eudeline qui vous remplaçait... Il faut dire qu'en ce temps-là on les manquait rarement ces festivals protestataires de la libre-pensée, tandis qu'aujourd'hui...

Le ministre sourit en effilant sa moustache. Effectivement, il ne s'en cachait pas. Cette protestation du Vendredi-Saint lui paraissait maintenant enfantine, surtout choquante pour les générations nouvelles qui ne pensaient pas comme leurs aînées.

— Tenez, mon cher maître, à cette place même, il y a un instant, je causais avec un de nos plus jeunes députés...

— Ajoutons un des plus honnêtes, marmonna le vieux fleuve dans sa longue barbe.

Marc Javel continua, sans avoir l'air d'entendre :

— Eh bien! monsieur de Fabry, ami de Wilkie Marquès et son témoin dans cette malheureuse affaire Jacquand, me racontait que devant la gravité de la blessure les témoins, des jeunes gens presque tous, avaient d'un commun accord installé un prêtre et une sœur de Saint-Vincent-de-Paul au chevet du malade dont ils savaient respecter les croyances. Il y a là un fait très significatif.

— C'est vrai que de mon temps — les regards du vieux étincelaient — quand nous avions une affaire, la calotte ne venait pas sur le terrain. En tout cas, croyez-moi, monsieur le ministre, ce Parlement peut couver des forces jeunes et nouvelles, si la génération qui monte est bondieusarde, le pays ne gagnera rien à la voir prendre le pouvoir. Nous avions des coquins, nous aurons des hypocrites.

Il s'exaltait, parlait fort. Les députés qui tournaient autour du ministre se rapprochaient avec des sourires hésitants, en expectative. Marc Javel eut un regard circulaire d'indulgence et de sévérité.

— Vous parlez toujours de coquins, maître Izoard, mais où donc en voyez-vous tant que cela?

— Il faudrait s'arracher les yeux, pour ne pas les voir, monsieur le ministre.

Et avec l'intonation édentée et lyrique de Frédérick Lemaître, une gloire de son temps, le Marseillais déclama sur un geste d'emphase :

Ils ne mouraient pas tous, mais tous étaient frappés...

Puis, montrant un gros personnage, blafard et glabre, qui s'avançait la tête en arrière, la redingote ouverte à deux battants, dans un sillage de courbettes frétillantes, il continua de sa voix naturelle : « Voilà votre collègue Vourey, près de qui vous avez siégé ce matin au Conseil des ministres, dirons-nous que c'est un honnête homme? Quand cet ancien instituteur a pris les Postes et Télégraphes, il était pauvre et maigre comme un clou. A présent, regardez-moi cette couenne... Et riche à proportion... Il le deviendra davantage, si la Chambre adopte son projet de loi pour la substitution du bronze d'aluminium à tous les anciens fils télégraphiques. Jacques Walter ne cache pas qu'il a des millions en réserve pour les bons pots-de-viniers de la commission.

Il y eut dans les groupes un murmure désapprobateur, qui encouragea le ministre à cingler son adversaire d'une petite phrase sèche :

— Vous allez trop loin, mon maitre.

— Trop loin! Demandez donc au jeune Eudeline, dont la sœur est employée aux Postes et Télégraphes, de vous raconter comment Vourey s'y prend pour faire payer à l'État le loyer de la Casati, la jolie danseuse des Folies-Bergère. Au bureau central de la rue de Grenelle, personne n'ignore le truc de la location, l'appartement splendide laissé à un prix dérisoire, pourvu que le ministre s'engage à louer pour le Gouvernement...

Marc Javel haussa les épaules :

— Est-il enfant, cet Izoard!... est-il resté jeune!.. et si près de la retraite, cependant.

Sans remarquer la pâleur qui éteignait subitement la verve du Marseillais à ce mot de retraite, il se tourna vers Raymond :

— Voyons, jeune homme, le temps presse, nous allons entrer en séance, qu'avez-vous à me demander?

Etait-ce la majesté de l'endroit, ce palais du Parlement aux larges baies inondées de lumière, les peintures du plafond, les murs glacés de marbre, ou bien encore le titre nouveau de Marc Javel et la morgue de son accueil, le socle enfin, le grandissement du socle, jamais devant son protecteur Raymond n'avait senti une émotion, une intimidation pareille. Il voulut parler d'Antonin, du tirage au sort qui approchait pour le pauvre Cadet, des responsabilités cruelles que le père avait laissées à l'aîné, aucune de ses pensées ne trouvait d'expression convenable, et les mots lui manquaient, il balbutiait comme son frère. A la fin, Pierre Izoard, revenu lui-même de son trouble, eut pitié du brave garçon :

— Laisse-moi dire, petit; sans quoi tu ne t'en tireras jamais. D'abord, il y a des choses de la vie de ton père que tu ne sais pas, qu'il nous a confiées en mourant, et que ta mère, M. Marc Javel et moi nous sommes seuls à connaître.

Le ministre grimaça un soupir de condoléance !

— En effet, je me rappelle le triste épisode auquel vous faites allusion... Pauvre Victor Eudeline ! en voilà un qui n'avait pas la taille des affaires...

— Il a toujours su mourir pour sauver ses enfants de la misère et du déshonneur... c'est assez joli, comme hauteur de taille !

A peine sa riposte lancée, Pierre Izoard la regretta, et se faisant très humble, demanda au ministre s'il ne pourrait pas procurer au plus jeune des frères Eudeline quelques-unes des faveurs que l'aîné avait obtenues si facilement, c'est-à-dire un an de service au lieu de cinq, et toutes les facilités pour continuer à gagner le pain de la maison. Car il fallait bien en convenir, à dose égale d'énergie et de bon vouloir, entre Raymond, ancien prix d'honneur de philosophie au Concours général, docteur en droit, licencié ès lettres, et Tonin, son cadet, pauvre ouvrier électricien, jusqu'à présent l'ouvrier seul avait fait vivre tout son monde, fait œuvre de vrai soutien de famille. Il devait bénéficier de l'emploi, en ayant supporté toutes les charges.

Ah! vieux bavard illusionné, par quel moyen le faire taire! Chacune de ses paroles était une morsure à l'orgueil du frère aîné, furieux maintenant d'avoir tenté cette démarche et qui le fut bien plus quand le ministre eut dit son dernier mot, savamment médité pour les députés de l'entourage.

— Depuis une heure, mon cher maître — Marc Javel se dandinait, prétentieux et suffisant, les pouces aux entournures de son gilet, — depuis une heure vous promenez ce jeune homme dans les couloirs de la Chambre pour le convaincre qu'ils sont peuplés de gredins. Eh bien! moi, je veux qu'il emporte d'ici la preuve et la conviction que ceux qui font les lois savent les respecter et exiger qu'on les respecte. Comme fils aîné de veuve et soutien de famille, Raymond Eudeline avait des privilèges, des prérogatives auxquels son cadet ne saurait prétendre. Qu'on n'espère donc rien de moi, pas l'ombre d'une faveur ou d'une recommandation. Ce serait une injustice dont je me sens absolument incapable... Là-dessus, messieurs, voici M. le président qui arrive, permettez-moi d'aller le saluer avant qu'il monte à son fauteuil.

Il leur donna congé vivement, du bout des doigts, et suivit l'élan de la foule qui remontait vers le fond où retentissaient des commandements militaires et la rythmique retombée des crosses de fusils sur les dalles.

—A présent, c'est fini, je le connais le Marc Javel, dit Pierre Izoard prenant le bras de Raymond abasourdi... Je comprends qu'il soit entré dans le ministère Valfon, il est aussi fripouille que les autres; mais il a de la souplesse qui leur manque et un aplomb qui le conduira plus loin qu'aucun d'eux. Quant à compter sur lui désormais, il faut que ta mère y renonce.

Mêlés aux députés et aux journalistes, les deux amis s'étaient rapprochés de la salle des séances ouverte depuis un instant. Deux files de baïonnettes et de pantalons rouges allaient de l'entrée de cette salle jusqu'à la galerie qui menait aux appartements particuliers du président de la Chambre. C'est par là qu'on le vit arriver, accompagné de deux officiers marchant à côté de lui, l'épée nue. Vrai type de président d'assemblée, il avait l'allure solennelle, le buste plus long que les jambes, et des cheveux bouclés et grisonnants auréolés des larges bords plats d'un haut de forme. Quand il apparut, tous les fronts s'inclinèrent. Une voix commanda : « Portez armes ! » et dans l'écho des voûtes sonores les tambours battirent aux champs.

X

ENTRE PARIS ET LONDRES

Antonin Eudeline,
London.

Par les lettres que vous recevez de vos parents, mon cher Antonin, et les journaux qui vous arrivent de France, vous savez maintenant pourquoi votre amie Sophia a passé des mois sans vous répondre. Quant à mon aventure, la voici; aussi courte que possible pour qu'elle ne vous ennuie pas.

Donc, lorsque vous êtes parti pour l'Angleterre, je venais de m'installer sur la rive gauche en face de Bercy, dans les restes d'un vieil hôtel Louis XV, au fronton enrubanné, perdu au milieu d'usines enfumées et de sordides maisons ouvrières longeant un immense quai tout noir de grenaille de fer et de charbon. Je comptais y rester jusqu'au jour où l'affaire du boulevard Beaumarchais serait oubliée, classée, et où mon grand sauvage de Lupniak pourrait sortir de Paris sans danger. Pour le moment, il fallait que le camarade se tînt tranquille. Au lendemain de son coup, il s'était terré dans une soupente de la rue Pascal, près de l'Observatoire, en pleine Petite-Russie. Je ne l'y trouvais pas en sûreté, persuadée que la police commencerait par là ses recherches. Heureusement que sur le quai où je logeais, à quelques pas de mon ancienne et seigneuriale petite maison, il y avait un chantier de bois appartenant à une vieille Auvergnate aux façons de grande dame, dont je soignais la petite fille, atteinte d'une amaurose presque incurable; car ai-je besoin de vous dire, mon ami, qu'en attendant mon départ pour Calcutta, j'avais ouvert chez moi un dispensaire où les maladies d'enfants les plus variées me passaient par les mains chaque jour? Sans avouer à ma voisine qui était Lupniak, j'obtins qu'elle le prendrait dans son chantier comme veilleur de nuit, chargé surtout — quand un train passait sur le pont du chemin de fer de ceinture — d'empêcher que des braises, des étincelles envolées de la machine ne mettent le feu aux piles de bois.

On ne se figure pas d'existence plus complètement heureuse que celle de ce frénétique, à la fois rêveur et homme d'action, errant la nuit dans ce vaste chantier aux allées de stères alignés et symétriques comme des jardins à la française, avec des bosquets, des clairières, de grands morceaux de ciel chamarrés d'étoiles qui se découpaient aux angles durs et sombres des quinconces. Le jour, il ne quittait pas sa cabane roulante, sorte de niche à chien ou à berger, éclairée par deux hublots, meublée d'un râtelier pour ses habits, d'une planche pour ses livres — astronomie et métaphysique — et d'une étroite couchette sur laquelle il songeait et lisait, encore plus qu'il ne lui arrivait de dormir. J'allais le voir souvent, et nous avons passé bien des heures, assis au bord de sa paillasse, à causer, à discuter sur ce droit au meurtre, ce droit de haute justice que s'accordent les révolutionnaires et qui me semble à moi souverainement monstrueux. Il ne supportait pas d'objections. La bouche grosse de colère, il me criait en avançant vers moi une lippe de scorbutique : « Dejarine est un méchant, une brute; je ne l'ai tué qu'une fois. Lui, il avait arraché la vie d'une centaine d'êtres. » Et si je me permettais une riposte, il faisait des bonds à renverser la cabane.

Le malheur est qu'il ne s'en tint pas à mes visites, qu'il voulut venir chez moi, voir défiler devant mon fauteuil à consultations ce peuple de Paris si vif et pittoresque dans l'expression de sa misère. Déguisé d'une perruque et d'une paire de lunettes qui lui donnaient la physionomie d'un confrère, il s'asseyait dans un coin de mon cabinet, principalement les jours où M. Alcide, votre délicieux communard, m'amenait son petit garçon. A propos, vous savez que je vais le remettre sur pieds, ce pauvre petit gosse; sa maladie n'a plus de mystères pour moi. C'est un enfant de vaincu, né de cette anémie morale, de cette peur nerveuse rapportée par le père de ses dix ans de Nouméa et qui le fait pâlir devant le képi d'un sergot. Le petit avait comme la même peur, la même honte de l'existence. Il vivra pourtant ; j'y ai mis le fer, j'y ai mis le feu à ce malheureux petit corps déjeté. Je lui ai donné de mon sang et de ma force : « Tu marcheras, petit mâtin, ou tu diras pourquoi... » Pendant ce temps, Lupniak se faisait raconter par le père Alcide ses chasses aux Canaques, dans la brousse, avec le commandant Rivière, et la chasse non moins féroce que les marsouins leur donnaient à lui et à quelques autres, à travers les tombes du Père-Lachaise, éclairées de rares lanternes, cette nuit de mai, la dernière de la Commune, où les roulades des rossignols dans les cyprès du cimetière alternaient avec la fusillade et le crépitement des mitrailleuses. Le petit infirme les adorait aussi ces aventures héroïques auxquelles son père, faubourien amusant, excellent metteur en scène, donnait une survie extraordinaire en imitant la vibration des balles avec ses lèvres, les feux de pelotons du claquement de ses gros doigts, et le battement d'ailes de l'obus quand il arrive, oiseau blessé à court de souffle. Parfois l'histoire n'était pas finie ; on l'achevait en sortant ensemble au bord de l'eau, le petit dans sa voiture, les yeux brillants, la tête sur son coude. C'est ainsi que mon pauvre Lupniak s'est fait pincer un soir par la police ; et je n'ai rien su que deux jours après, quand la marchande de bois est venue tout en peine s'informer de son veilleur de nuit qu'elle n'avait plus revu. J'allais me mettre en recherche, moi aussi ; tout à coup m'arriva sous l'aspect d'une inoffensive circulaire une convocation à me présenter, le jour même, au Palais de justice, dans le cabinet du juge d'instruction. J'ai trouvé là un homme encore jeune, bien qu'il essayât de se vieillir par une antique calotte de velours et des intentions de finasserie bridant et ridant le visage le plus plat, le moins significatif. Comme je me refusais à avouer toute complicité avec Lupniak, qu'il m'eût jamais parlé de ces projets de vengeance et de meurtre, ce juge pourtant voulut me faire dire et signer des abominations de cet être que j'aime, que je sais vaillant et bon, n'ayant de sa vie tiré que sur des bêtes fauves, détruit que des espèces nuisibles. Pensez de quel cri de révolte je l'ai accueilli et si je me suis gênée pour décrier le bourreau féroce, indigne de pitié qu'était ce Dejarine, l'ancien ministre de la police russe. Devant mon indignation, la bouche du juge s'est amincie ; il a fait signe à son greffier et m'a dit en me montrant le garde de Paris gigantesque qui venait d'entrer : « Je le regrette, mademoiselle, mais je suis obligé de vous garder à la disposition de la justice. » J'y suis restée plusieurs semaines, au secret le plus absolu, dans une cellule de la Conciergerie où personne ne venait me voir, où l'on me passait mes repas par un guichet de léproserie. Ma seule préoccupation durant ces longues journées, mes petits malades dont les mines dolentes, les gestes d'infirmes me hantaient, se pressaient autour de mon lit sitôt le couvre-feu sonné.

C'est qu'en vérité, mon petit Tonin, vous ne vous

figurez pas ce que ces enfants sont dans ma vie. J'étais née maman, une mère Gigogne. Pour avoir des petits, mais j'en aurais volé. Vous me direz qu'il eût été plus simple de me marier, seulement je suis trop laide, qui donc m'aurait épousée ? Ç'a été le chagrin de mon existence, non pas un chagrin de femme, une blessure de vanité, rien que cette pensée : je n'aurai jamais d'enfants ! Alors ne pouvant être mère comme toutes les autres, je me dis que je le serais plus que toutes, que j'aurais des centaines de petits que je soignerais, que je dorloterais, que je bercerais dans mes bras des heures entières, avec leurs petites bouches sans dents en ventouses contre mes joues, de pauvres petits douloureux que j'aimerais à la passion ; car est-il rien de prenant, d'attendrissant comme un petit être qui souffre sans pouvoir dire ce qu'il a ? Justement, je venais de finir ma médecine. Réconciliée avec mon père, j'avais de l'argent, assez d'argent pour fonder mon Œuvre des petits malades ; et dès lors ce fut fini de mes peines, de mes inquiétudes. Je ne me sentis plus jamais malheureuse qu'à la Conciergerie, privée de toute ma petite famille d'égrotants. Combien de fois, la nuit, ai-je cru entendre cette petite voix suppliante : « Dis, papa Alcide, raconte-moi la bataille du Père-Lachaise. » Et l'ancien communard imitant les feux de salve avec le battement du plat de ses mains sur sa tête crépue ! Enfin, un après-midi, la porte de mon cachot s'est ouverte, quelqu'un m'a dit « Venez... » et par des couloirs, des escaliers interminables, m'a reconduite dans le cabinet où j'avais été interrogée. L'homme à la calotte de velours m'a demandé, mais cette fois sans dureté ni arrogance, si la solitude ne m'avait pas rafraîchi la mémoire. J'ai eu un geste évasif. Le juge n'a pas insisté et s'est contenté de me dire en souriant : « L'instruction n'est pas de force avec vous, mademoiselle ; vous avez de trop belles connaissances. » Il me regardait d'un air langoureux, avec des yeux que les pauvres laiderons comme moi ne rencontrent pas souvent. J'ai cru que ce jeune ambitieux allait me demander ma main en faveur de mes hautes relations. Mais d'où me tombait cette mystérieuse bonne fortune? Je n'osai m'en informer et, comme en rêve, je vis signer mon lever d'écrou.

Quelle joie d'aspirer l'air libre et de reprendre, rentrée chez moi, mes consultations à tout mon petit hospice ambulant. Il n'y a que ma marchande de bois qui ne m'a plus amené sa fille. Elle m'en voulait trop de ce veilleur de nuit, de cette espèce d'astrologue dont la cabane était pleine de livres de magie que ces messieurs de la préfecture étaient venus saisir. Mais qui donc les avait prévenus ? voilà ce que j'aurais voulu savoir. Moi qui croyais l'avoir si bien défendu, préservé, jusqu'à rompre tout rapport avec nos Petits-Russiens du Panthéon et de l'Observatoire. Même Geneviève Izoard que je ne voyais plus, non par méfiance de cette exquise et brave créature, mais je savais qu'un sentiment d'une violence excessive s'était emparé d'elle et qu'elle ne s'appartenait plus.

Ah! mon petit Tonin, Dieu nous préserve de l'amour, c'est le plus dangereux de tous les vins qui soûlent. Et s'il est vrai, comme je l'ai entendu soutenir, que les jeunes gens de votre âge, de votre équipe, ne pensent plus à la femme, tant mieux! Vous irez plus vite et plus droit au but que vous aurez visé.

A propos de femme, il m'arriva — voilà deux jours — une singulière visite. La consultation venait de finir; j'ouvrais mes fenêtres pour chasser cette odeur de gésine et de misère, de fourmilière et de lait suri que m'apporte ma triste clientèle, et je fumais une cigarette du pays en laissant ma pensée suivre au fil de l'eau les chalands qui descendaient la Seine dans les rougeurs du couchant. Entre une belle dame, une rousse opulente de formes, de toilette, à l'encolure de forte chanteuse, et malgré l'intonation maniérée, la peinture des yeux et des joues, sur tout le visage un air de naturel et de douceur. Elle me parle de ma fondation, des auxiliaires que je serais disposée à prendre, et dans quelles conditions. C'était pour une de ses amies, une victime du monde, brisée, fourbue à force de ne rien faire, honteuse de l'égoïsme et de la stérilité de son existence, une morte qui voulait revivre. S'agissait-il vraiment de cette amie ou d'elle-même? On sentait dans ses paroles un dégoût, un soulèvement de tous les plaisirs, de tous les luxes bus à même, qui m'a donné une étrange idée de la société parisienne et m'a laissé une grande impression de tristesse. Elle s'est retirée en m'annonçant la visite très prochaine de son amie et me remettant son adresse personnelle :

MADAME VALFON

Le Mercredi   *quai d'Orsay.*

Sans doute, une des belles connaissances que m'enviait mon juge d'instruction. Cela ne me renseignait toujours pas sur ce que j'étais curieuse de savoir, le nom du Judas qui avait livré Lupniak. M. Alcide, confident de mes soupçons, s'était mis en quête, lui aussi ; mais plus tragique et compliqué qu'un roman de Gaboriau, il roulait des yeux, parlait à voix basse, prenait des empreintes de pas, de mains, par terre, sur les rampes d'escalier, me donnait des rendez-vous la nuit sous des ponts et n'avait jamais rien à m'apprendre. Quant aux camarades de la Petite-Russie, tous unanimes pour accuser Mauglas, ils prétendaient que, cassé aux gages à la suite de la dénonciation en pleine Chambre du ministre des Affaires étrangères, il n'avait trouvé qu'un moyen de rentrer en grâce avec Pétersbourg, découvrir et faire arrêter le meurtrier du général. « D'ailleurs, m'affirmaient-ils — s'il le faut, pour vous convaincre —

nous vous l'amènerons, le traître, ficelé comme un saucisson et nous le forcerons à s'accuser devant vous. » Je voulais douter malgré tout, subjuguée par la belle intelligence de cet homme que je ne pouvais croire avilie, fourvoyée à ce point-là. Des jours, des semaines se passent. Viennent les assises, l'affaire Dejarine, la tranquille façon dont Lupniak, après avoir tout nié à l'instruction pour donner à sa complice le temps de se mettre à l'abri, s'est déclaré coupable devant le tribunal et prêt à recommencer sa chasse aux grands carnassiers, s'il échappe jamais à sa déportation perpétuelle.

Une semaine ou deux après le procès, je recevais une invitation de la Société *l'Abeille*, 4, *rue de Rivoli. On entre par la cour.* Le nom de cette Société parisienne m'était absolument inconnu ; mais celui de Deamoff, jeté en travers de la carte, me rappela que nos amis Petits-Russiens, afin de dérouter les surveillances, louaient de temps en temps pour un soir, à de jeunes employés du *Phare de la Bastille* et du *Bazar de l'Hôtel de Ville*, le sous-sol casematé d'une brasserie où ces jeunes gens s'exerçaient à sonner de la trompe et à tirer à la carabine. Donc, le samedi soir, à l'heure dite, j'entrais dans la cour du numéro 4, une cour spacieuse, dallée par endroits de verres lumineux. Sous le porche éclairé par le gaz, une plaque de marbre noir avec ce mot *Abeille* en lettres d'or, et au-dessous une flèche m'indiquant la porte basse et l'étroit escalier en colimaçon qui descendait dans le sous-sol. Le long des murs stuqués et voûtés d'une cave en longueur où flambaient des becs de gaz, étaient pendus des cartons de tir, les règlements de la Société, des cornets à poudre, des cors de chasse ; au-dessous, deux rangées de bancs et toute une assistance d'hommes et de femmes dont les visages fiévreux, intelligents, m'étaient connus pour la plupart et m'accueillaient de clignements d'yeux, de petits saluts souriants. Au fond, devant des plaques de tir, la salle s'élargissait plus lumineuse, et sur trois chaises séparées de nous par une longue table chargée de pistolets, de carabines, se tenaient Deamoff et deux autres Petits-Russiens durs comme des juges, silencieux comme des bourreaux. A peine assise à ma place, il se fit un grand mouvement vers l'entrée, des cris, une bousculade, toute la salle debout, et l'on vit paraître sans chapeau, les cheveux et le linge en désordre, Mauglas, ligotté de la tête aux pieds, roulé, poussé, porté par trois ou quatre solides garçons, aux souplesses de jeunes fauves, et derrière eux une longue fille mince, les yeux pâles, le sourire méchant, tout en blanc comme une mariée. C'était elle l'amorceuse ; et, dès en entrant, quant il eut compris que tout appel serait inutile sous le blindage de ces voûtes, comme toute résistance en face de cette foule, la première parole du policier fut pour la jolie créature qui l'avait englué à ses chatteries : «. Voilà où peut conduire une vanité d'écrivassier, dit-il en s'inclinant... deux lettres me complimentant sur mon dernier feuilleton de musique ont suffi pour me pincer. Je vous avoue pourtant, mademoiselle, que je n'étais pas sans crainte en venant à votre rendez-vous, et sitôt la porte fermée sur la rue, quand votre longue main moite a pris la mienne... Mais on est Français et panachard, n'est-ce pas, ma petite ? Vous devez comprendre cela, vous qui êtes Polonaise, de cette Pologne en trois morceaux, que nous serons peut-être demain. » Puis, brusquement tourné vers l'assemblée, et sur un ton de gouaille : « Que puis-je faire pour vous servir, messeigneurs ? »

Sans lui répondre, Deamoff et les deux autres, là-bas au fond, examinaient un paquet de lettres trouvées sur ce malheureux, étalées à même la table et qu'ils dépouillaient sans se hâter. Horrible, ce silence actif. L'homme, debout au milieu de la salle, s'efforçait de tenir la tête droite et d'affermir ses jambes qui tremblaient sous la haine de tous ces regards. Moi, mon cher Antonin, je me rappelais l'arbre de la liberté à Morangis, l'arrivée des Parisiens le samedi soir, et les vieux Mauglas — le père et la mère — venant attendre leur fils, ce bon, ce courageux enfant qui était toute leur vie. Et c'est le même qui faisait ce sinistre métier dont il vivait déjà si grassement à cette époque, le même Mauglas qui avait livré notre ami. Ah! quand Deamoff se leva pour lui dire ce dont on l'accusait, je fermai les yeux de peur de voir ce triste visage se décomposer sous l'angoisse ou grimacer quelque mensonge. Mais l'accent vaillant et sincère de sa réplique me força à le regarder. Tranquille, les mains dans les poches de son éternelle jaquette de velours, sur sa face rougeaude et violente que le gaz fouettait brutalement, il n'y avait trace de peur ni de fourberie.

« Pourquoi, dit-il, me donnerais-je la peine de vous tromper? Je suis dans vos mains, je n'ai pas l'espoir de m'en tirer sans de la casse; mais ce n'est pas une raison pour que je m'accuse à faux. Je ne suis pour rien dans l'arrestation de Lupniak. »

Deamoff : « N'avez-vous pas fait partie de la police russe à Paris, comme indicateur? »

Mauglas, avec le plus grand sang-froid : « J'ai été indicateur, je ne le suis plus; la mort de Dejarine m'a fait perdre ma place. »

Deamoff : « Vous avez écrit, supplié pour être replacé; voici deux réponses du ministre de la police à Pétersbourg. »

Mauglas : « En effet, la place était bonne, j'y tenais. »

Le cynisme de ses paroles soulevant un grondement de colère dans la salle, il riposta par un cri, un geste indignés, et brandissant comme des haltères ses gros poings serrés et lourds :

« Vous m'amusez, vous autres, avec ça que la vie est commode et qu'il n'y a pas presse et bousculade au guichet de gagne-ton-pain... Est-ce que je vous demande, moi, combien vous avez de bouches à nourrir, combien d'enfants, combien de vices? si vous aimez ce qui est bon, ce qui coûte cher? Ah! je voudrais vous raconter mon existence, comment j'ai glissé dans ce fumier et tous les heureux que j'ai faits avec mon infamie ! Mais vous croiriez que je veux vous attendrir et ce n'est pas mon intention. »

Il nous regarda tous successivement comme s'il nous comptait : « Ce que je cherche ? Combien il y en a parmi vous, autant les hommes que les femmes, qui voudraient avoir la place que j'ai perdue, qui peut-être même l'ont déjà demandée. Ah ! c'est comme ça. »

Il ne put finir, tous se levaient en hurlant, prêts à se ruer sur lui ; mais je ne sais pourquoi l'idée me vint, devant cette double rangée de griffes et de crocs, qu'à ceux qui criaient, qui grinçaient le plus, sa place de policier faisait le plus envie.

« Ce qui est sûr, dit un des juges en s'adressant à Mauglas, c'est que vous avez tout fait pour conserver votre profession d'indicateur. A preuve, cette lettre trouvée sur vous, d'un jeune homme à qui vous offrez la moitié de votre traitement, s'il veut aller moucharder à votre place dans les milieux où vous vous savez brûlé... Plus honnête que vous, le jeune homme refuse ; le courage lui manque pour pénétrer chez ces braves gens, tromper leur confiance. Il ne saurait pas. »

De tous les coins de la salle, on demande :

« Le nom ! le nom ! »

Je connaissais, moi, ce nom ; dès l'arrivée de Mauglas, il m'était venu à l'esprit tout de suite. Et sitôt la lettre ouverte, mon cœur étreint comme par un étau, n'avait recommencé à battre qu'à cette phrase du tribunal : « Le jeune homme refuse. » Vous entendez, mon cher Antonin, votre frère a refusé, car c'est le nom de Raymond qui était au bas de cette lettre. J'avais bien deviné, je peux vous le dire maintenant en vous faisant l'aveu de mon angoisse. Mais pourquoi la certitude que ce serait ce nom et pas un autre ? D'abord parce qu'à deux ou trois reprises j'avais rencontré Raymond se promenant avec Mauglas en intime conversation. Puis, je le connais si bien, votre pauvre aîné, toujours identique à lui-même depuis son enfance, faible et vaniteux, sans volonté, sans énergie. Je l'ai vu jaloux de vous, furieux de vous voir gagner le pain de la maison, substituer votre activité, votre courage, à son dérisoire droit d'aînesse. Aussi, la dernière fois que je l'aperçus au bras de ce coquin qui venait d'être dénoncé en pleine Chambre, les plus basses suppositions s'emparèrent de mon esprit. C'est qu'il est dangereux, l'homme, et intelligent, et bon diagnostiqueur d'êtres. Connaissant le garçon et sa mollesse, il n'a pas dû s'en tenir à ce premier refus. Pourvu, mon Dieu !... Mais nous reparlerons de cela un autre jour ; finissons-en avec mon aventure de mouchard. Le cynisme de Mauglas, son insolence me faisaient craindre un dénouement tragique. Lui-même, après un long conciliabule de Deamoff et de ses assesseurs, lorsqu'il se vit de nouveau saisi, garrotté, étendu de tout son long sur la table, eut une minute d'épouvante, et regardant tout autour demanda, la voix changée et pâteuse : « Vous n'allez pas me saigner comme un porc, j'imagine? » Non, il s'agissait seulement de le marquer, de le tatouer en plein visage, une énorme mouche verte au milieu du front, la mouche, pour signaler son indignité, mettre les gens en méfiance partout où il se présenterait. Je n'eus pas le courage d'assister à ce supplice; et pendant que le misérable souffrait, se débattait sous les pointes brûlantes, que les trompes sonnaient autour de lui, qu'on tirait des coups de carabine pour étouffer ses cris, je me sauvai bien vite en me bouchant les oreilles.

Je vous avais promis des nouvelles, mon petit Tonin; en voilà, je suppose. Que vous dire encore? Que j'ai rencontré votre petite sœur Dina revenant du bureau central, toujours son carton sous le bras, sa grâce écolière et pimpante. Chère petite Cendrillon, dont la féerie subitement interrompue n'a pas altéré les yeux clairs, le teint de muguet et de rose. Elle ne l'a plus revu, son prince Charmant; sitôt transportable, il a été emmené dans l'Engadine par le père presque aussi malade que lui. N'importe! Cendrillon a la foi, elle croit en ses médailles. « C'est de l'idolâtrie, » dit Pierre Izoard, et je crois bien — pauvre homme — qu'en ce moment, elle ne lui serait pas inutile à lui-même, cette idolâtrie. Elle l'aiderait à porter les gros chagrins dont il sent la menace. Sa place au Palais-Bourbon est en danger; on le trouve gênant, ce vieux 48, il pense tout haut et trop fort. Et si précieuse que lui soit sa petite thébaïde de Morangis, comme il l'appelle, bien qu'il répète sans cesse : « Je suis un solitaire, moi, un sauvage ; je me suffis, je n'ai besoin de personne », il n'y a pas un homme qui aime autant à causer, à voir du monde, à s'agiter, que ce vieux Marseillais en peine de Canebière. Il y mourrait d'ennui dans sa thébaïde, à présent surtout que sa fille lui manque, car c'est là, sans qu'il en convienne, ce qui assombrit l'humeur de notre vieil ami, ce qui donne à son intonation quelque chose de dur et de fébrile. Son enfant lui échappe ; elle n'est plus à lui, mais à ses anciennes amies pas davantage. Tous les beaux projets que nous faisions ensemble, notre voyage dans l'Inde, un nouvel asile à fonder là-bas, dont Geneviève aurait la direction, on ne parle plus de rien. Le père a voulu proposer un mariage. Inutile. C'est qu'elle se considère comme mariée, la pauvre fille ; seulement celui qu'elle aime ne peut pas l'épouser et tous deux en sont réduits à une vie de subterfuges, de mensonges qui finira — j'en ai peur — par quelque catastrophe. Je songe, mon cher petit, que vivant loin de nous tous, vous ne savez peut-être pas un mot du roman auquel je fais allusion ; mais vous connaissez M. Izoard comme moi. S'il découvrait que tous les matins, après leur déjeuner de Morangis, Geneviève court à Paris et ne revient que pour le déjeuner du lendemain, ce serait terrible. Je n'ose pas y penser. Et cependant il me semble, quand je me trouve avec lui, à des regards en éclairs, à des froncements de sourcils, il me semble que le vieux Marseillais se doute de quelque chose. Il faudrait prévenir Geneviève, mais je ne la vois jamais. Elle me fuit ; je n'ai de ses nouvelles que si j'entre une minute rue de Seine à la *Lampe merveilleuse.*

C'est ainsi que j'ai appris par la chère maman Eudeline, toujours assise à son comptoir, toujours absorbée dans les livres du vieux temps, que Raymond s'était mis à écrire et qu'il gagnait maintenant beaucoup d'argent, tellement d'argent qu'il subvenait à toutes les dépenses de la famille sans vous demander jamais rien. Pour la fermeture du magasin, par exemple, il n'avait pu vous remplacer; petite Dina mettait les volets tous les soirs, les enlevait tous les matins, ce qui lui abimait les ongles et lui causait des colères de jeune chat.

Je vous avoue, mon ami, qu'il m'a paru extraordinaire que Raymond, tout nouveau en littérature, pût gagner tant d'argent que cela. J'ai connu peu d'hommes de lettres en Russie, pas un seul en France, mais ce que je savais des profits du métier ne répondait guère aux assurances de Mme Eudeline. J'ai cru que la mère s'illusionnait. Je me suis informée, ce que je pouvais faire aisément, les Alcide étant gérants de la maison qu'habite votre frère. La femme surtout, l'ancienne directrice de l'Opéra-Comique sous la Commune, celle qui gantait à je ne sais combien de boutons de plus que l'impératrice, m'inspirait toute confiance. Je sus par elle que son locataire, « sans faire la vie comme beaucoup d'auteurs », avait un train de maison, donnait à dîner deux fois la semaine, invitait des amis dans la soirée, des écrivains comme lui, tous très jeunes, mais raides et l'air sérieux. Il paraît du reste qu'ils avaient tous prodigieusement de talent et de savoir, et que le jour où ils arriveraient à la lumière, au grand public, aucune illustration du passé ne tiendrait devant leurs noms. En attendant, il y en avait un que Raymond, en le prenant par les épaules, appelait « son petit Flaubert », un autre était « son petit Renan ». A lui, ces messieurs disaient tous « cher maître ». Mais en parlant de lui, dans l'escalier, ils l'appelaient plus volontiers « symbolard ». Mme Alcide ne savait pas pourquoi; dans sa tête, cela devait s'écrire Saint-Bolard. En outre, comme la bonne femme veillait les soirs de réception pour éteindre le gaz, elle entendait les invités en s'en allant débiner leur amphitryon, sa soirée, sa littérature... Ah! le pauvre symbolard. Il arriva même à un de ces petits gueux qui avait encore sa dernière bouchée entre les dents de proférer : « En somme, ces dîners lui coûtent cher et personne ne sait d'où vient l'argent! » Mme Alcide suffoquait d'indignation en me racontant ces propos, et elle ne se doutait guère que moi aussi je me demandais où Raymond trouvait tant de ressources. Le livre qu'il écrit, écrasé sur sa table du matin jusqu'au soir, n'a pas encore paru et l'on n'avance rien sur un premier livre. Il n'est employé nulle part, il ne donne pas de leçons. Alors? Vous savez sans doute à quoi vous en tenir, mon cher Antonin, et vous me trouvez bien indiscrête. Pardonnez à mon amitié. Des aventures comme celle de Mauglas sont faites pour vous troubler l'esprit.

Encore un détail. Rencontrez-vous à Londres, comme autrefois. quelques réfugiés russes? Que pense-t-on de l'arrestation de Lupniak? De loin on juge mieux. Ici, j'en reste aux suppositions. Rien n'est plus fatigant.

Votre Sophie C.

Sophie Castagnozoff,

PARIS.

Ah! mademoiselle Sophie, que votre lettre m'a fait de peine, et une peine de durée, qui vient de loin; car il y a longtemps que vous êtes injuste envers mon aîné, jusqu'à le croire déshonnête, jusqu'à supposer... Ainsi, vraiment vous avez été heureuse d'apprendre que Raymond Eudeline, lauréat du Concours général, docteur en droit, licencié ès lettres, que Raymond Eudeline, président de l'A, s'il l'eût voulu, repoussait les offres de ce misérable Mauglas?

Mais j'ai crié de colère, moi, à ce passage de votre lettre; j'ai pleuré de pitié et de honte à ces lignes qui vous ont fait plaisir. Non, mademoiselle, vous ne connaissez pas mon frère, jamais vous ne l'avez connu. Si je vous disais les sacrifices qu'il nous a faits et dont j'ai été témoin, sacrifices d'amour, d'ambition personnelle, vous le tiendriez pour un héros. Seulement il ne se vante jamais, et des êtres aussi bons et aussi intelligents que vous, que Pierre Izoard, ont pu lui reprocher d'être resté pendant des années inférieur à sa tâche, incapable de gagner le pain de la maison. A qui la faute si le latin, le grec et la philosophie, seuls instruments qu'on lui ait mis en main, ne valent rien pour les besognes promptement utiles ? Comment devenir avocat, professeur, médecin, député, quand le temps presse, qu'il faut vivre et faire vivre toute une famille ? Il s'est trouvé par bonheur qu'il avait des dons littéraires, et depuis sa jeunesse, — rappelez-vous son prix de dissertation française au Concours général ! C'est grâce à cela qu'un des premiers éditeurs de Paris, rien que sur le plan d'un roman, d'une étude sociale très fouillée, a fait à Raymond des avances suffisantes pour lui permettre de me remplacer auprès de maman. Si l'on vous demande encore : « D'où vient l'argent ? » voilà ce que vous pourrez répondre, ma chère Sophie. Dans quelque temps du reste, le livre sera paru, l'éditeur remboursé et, devant l'énorme succès qui s'annonce, il n'y aura plus de calomnies possibles.

Quant aux reproches que vous faites à mon frère, d'égoïsme, de sécheresse, son mépris de la femme, de la Patrie et de tous les devoirs sociaux ; ces reproches s'adressent bien moins à lui qu'à ceux de son âge et de sa profession. Je les connais par expérience, l'aîné m'ayant conduit deux ou trois fois dans un café du boulevard Saint-Michel, où se réunissent les jeunes écrivains de ses amis qu'on appelle « les Voraces ». C'est le Lyonnais Claudius Jacquand, le

Claudius de notre petite Dina, qui les a ainsi baptisés, du nom que les riches soyeux de la place des Terreaux donnaient jadis aux canuts de ce formidable faubourg de la Croix-Rousse dont ils guettaient d'en bas avec terreur les pentes caillouteuses, toutes vibrantes du cliquetis des navettes et du battement des métiers. « Gare! tout à l'heure, si les Voraces descendent!... » Et vraiment, après une heure passée au milieu des amis de Raymond, à les entendre éreinter leurs aînés littéraires avec cette haine envieuse, cette rage de massacrer, d'anéantir par tous les moyens possibles les hommes et les œuvres qui encombraient la route, j'ai compris ce nom de « Voraces ». C'était à faire vomir, tout ce qui se proférait là de sottises et de cruautés sous prétexte qu'ils avaient, ces jeunes, une autre conception de la vie! Fameuse, leur conception.

« Mon père, le conseiller, cette délicieuse fripouille... » susurrait à une table voisine de la mienne un petit jeune homme soigné, parfumé. Un autre, en face de lui, longue tête congestionnée de pendu aux yeux globuleux et glaireux, faisait cette confidence à quelques amis : « Je viens de découvrir que ma mère fut longtemps la maîtresse de mon précepteur. Je le dirai dans mon prochain livre et je compte sur un gros effet. » Enfin, trois jeunes auteurs vautrés sur un divan, tout près de moi, ne se gênaient pas pour déclarer qu'à la prochaine guerre ils jetteraient leurs fusils dans les fossés et que rien, pas même les jugements à bref délai des cours martiales, ne les obligerait à marcher. La patrie armée, la défense nationale, il n'en fallait plus. Et ce dont je m'indignais surtout, c'est que ces messieurs se disaient tourmentés par un besoin d'action hyperbolique et prétendaient parler au nom de la jeunesse française, ce qui est un affreux mensonge; car la jeunesse, ce n'est pas quelques centaines de petits littérateurs ivres d'encre et de vanité, mais tous les autres!... Ah! que j'en aurais dit des choses à ces jeunes « Voraces », si je n'étais pas le pauvre bègue infirme que vous connaissez. Mais mon frère, ce soir-là, s'est chargé de leur faire entendre, et fortement, ce qui restait dans le tremblement de mes lèvres et vous auriez compris en l'écoutant combien il est supérieur à son entourage.

A ces réunions littéraires du boulevard Saint-Michel, un mot revenait souvent, que les amis de Raymond répétaient à propos de n'importe quoi, d'un détail de costume ou de mœurs, d'un usage quelconque de notre nation : « C'est bien français... comme c'est français!... » Cela s'accompagnait de mouvements d'épaules, de sourires de pitié. A distance, et surtout de ce coin d'Angleterre que j'habite depuis quelques mois, cette façon de mépriser son pays, de le mettre au-dessous de tout pour se donner à soi-même un air de supériorité, me semble enfantine et ridicule. Ici, quand ils disent d'une chose qu'elle est bien anglaise, c'est qu'ils la mettent au point de la perfection. Leurs moindres coutumes, leurs plus petites gloires leur sont vénérables et sacrées, et selon la parole d'un de leurs poètes, sur le sol anglo-saxon tout grand homme en tombant est sûr presque aussitôt de se relever en bronze ou en marbre. Pensez à Westminster. Quelle dérision que notre Panthéon, où nous arrivons à caser péniblement deux ou trois célébrités qu'on y oublie, comparé à cette immense cathédrale dans laquelle sont enterrés, avec leurs rois et leurs reines, les artistes les plus illustres de la vieille Angleterre! Oui, supérieurs à nous, les Anglais le sont bien certainement, mais surtout par ce respect d'eux-mêmes et de leur nation; la blague est un mot qu'ils ne connaissent pas.

Mon amie Sophie, je vous quitte, on m'appelle à l'atelier. Je vous en prie, ne pensez plus de mal de Raymond; et qu'à propos de lui le nom de Mauglas ne vous vienne jamais à l'esprit. Si vous saviez, depuis votre dernière lettre, c'est comme un millier d'épingles très pointues que vous m'avez mises dans la tête et qui me blessent aussitôt que je pense à l'aîné.

Antonin E.

XI

« UNE FAMILLE FRANÇAISE »

Dans la gare de Calais, par un matin jaune et tout enveloppé d'un brouillard qui semblait avoir passé le détroit avec lui, Antonin Endeline à peine débarqué achetait des journaux sur le quai du chemin de fer, des balles de journaux, moins pour lire que pour absorber sa pensée jusqu'à Paris. Tant de choses le tourmentaient en dehors des responsabilités d'un commerce si lourd à ses jeunes épaules! D'abord, le tirage au sort, dont la date approchait.

« Veux-tu que je tire pour toi, j'ai toujours eu la main heureuse? » lui écrivait son patron, Esprit Cornat, l'ancien de la Constituante, solide et vert à quatre-vingt-deux ans comme ses amis Schœlcher, Jules Simon, et tous les vieux hadjis de 48. Mais Tonin s'y était refusé, préférant risquer sa chance personnelle et aussi tâcher de résoudre sur place certain problème que Sophie Castagnozoff lui avait si directement posé. Il savait maintenant que les éditeurs ne font pas souvent des avances sur l'œuvre d'un auteur inconnu. Alors d'où venaient tous ces fonds dont l'aîné disposait pour lui, pour les siens? Du hideux métier de Mauglas? Non, la fantastique imagination de cette Russe pouvait seule accepter des suppositions pareilles. Mais sans tomber à ce degré de bassesse, qui sait si Raymond n'avait pas eu recours à cette amie si riche et si bonne, cette femme de ministre dont il étalait un jour les toilettes somptueuses devant son jeune frère avec ce cri de faubourg: « Plus que ça de chic! » Ce jour-là, Antonin, toujours admiratif de son grand, s'était senti honteux, gêné, et par cette fêlure au respect fraternel, de mauvais soupçons s'étaient peu à peu glissés. Quoi de réel, il ne le saurait que par lui-même. De même pour cette adorable tantine que les lettres de Casta lui montraient toute désemparée, follement éprise d'un homme qui ne pouvait pas l'épouser. Quel pouvait être cet homme? Comment Geneviève, sérieuse et douce, aux yeux candides, au sourire maternel, se serait-elle ainsi métamorphosée, surtout après le sentiment profond qu'elle avait eu pour le grand frère dans leur jeunesse? C'est donc vrai que les meilleures sont à ce point changeantes et qu'on ne saurait répondre d'une belle journée avant sa fin!

Ah! il en fallait des journaux pour prendre la route en patience et s'empoussiérer le cerveau de politique et de faits divers! Comme Antonin passait sa monnaie à la marchande et se débarrassait de tous les pence qui lui restaient, la femme lui montra dans un groupe de voyageurs debout et feuilletant des livres à son étalage, la barbe courte et le binocle de l'illustre romancier Hercher, dont le voyage en Angleterre défrayait les feuilles depuis quinze jours.

— Vous connaissez? demandait le sourire de la marchande.

Tonin fit « oui » de sa bonne figure de rouquin à la moustache et aux cheveux mal plantés, et se rapprocha du groupe au milieu duquel l'homme célèbre parlait d'une voix de phoque, pesante et sourde, en agitant un livre non coupé qu'il venait de prendre à la devanture. Malgré la pluie en rafales fouettant les vitres du grand hall, les brouettes de bagages qui roulaient et cliquetaient sur l'asphalte, pas un mot de ce soliloque ne fut perdu pour Antonin.

— Encore un, disait Hercher, un livre nouveau, un auteur nouveau. Du reste, c'est bien simple, en France, maintenant, tout le monde écrit; d'une pièce ou d'un livre, tout le monde est auteur. Par exemple, personne ne lit plus. Les vieux, nous autres, nous relisons, essayant de retrouver notre jeunesse à des coins de chapitre, à des tournants de phrases. Les jeunes n'ouvrent que leurs propres livres, se bercent en les récitant, bouddhas hypnotisés, extasiés. Et bons enfants, ces jeunes, je ne vous dis que ça... Ils viennent de fonder une Revue, *la Vorace*, dont le premier numéro s'informe très sérieusement si tous les pals sont occupés en Turquie d'Asie et s'il n'y en aurait pas un de disponible à mon intention...

Dans le gros rire adulateur qui couvrit l'heureuse saillie de la *Vorace*, une voix grêle, hésitante, se fit jour :

— Mais enfin, n'est-ce pas? il y en a qui ne sont ni fous ni méchants, il y en a même qui ont du talent parmi ces jeunes?

— Du talent, monsieur? fit Hercher se retournant vers le petit chapeau mou et la tenue quasi ouvrière de son interlocuteur avec la déférence de l'homme connu qui appartient au public... mais ils en ont tous du talent... Ce livre que je tiens, que je n'ai pas même ouvert, je suis sûr qu'il en déborde, de talent, qu'il sue le génie... mais qui le saura puisque personne ne voudra le lire?

La voix d'Antonin protestait, s'indignait. Et pourquoi ne voudrait-on pas le lire, ce nouvel auteur? On lisait encore en France, car enfin... n'est-ce pas...? les livres de M. Hercher se vendaient à des cent mille... le... le chose du chose...

L'illustre romancier reprit en riant dans sa barbe drue et grisonnante :

— On me vend, on me tire en effet à plus de cent mille; mais à côté des succès que certains livres ont en Angleterre, c'est un tirage enfantin. Parlez-moi des pays où il y a des trois cent cinquante mille lecteurs. Oui, monsieur, trois cents, quatre cents milliers de gens qui lisent des romans et n'en écrivent pas.

L'appel strident du départ ébranla les toitures vitrées, les portières des wagons claquèrent. On criait : « Les voyageurs pour Paris... » Machinalement, Antonin, avant de s'éloigner de l'étalage, regarda le livre qu'Hercher en s'en allant rejetait avec précipitation sur la pile des nouveautés à la couverture fleurie. Le temps de voir le nom, le titre, d'étouffer un cri de surprise, de triomphe, Tonin sautait en wagon, emportant les deux seuls exemplaires qu'il y eût dans la gare de Calais, et même dans toute la ville, du roman nouveau de Raymond Eudeline :

UNE FAMILLE FRANÇAISE
Essai de roman vériste
4º ÉDITION

Qu'est-ce qu'il racontait donc, ce Hercher, qu'on ne lisait plus les jeunes auteurs? Et voilà un livre, à peine mis en vente, qui atteignait déjà sa quatrième édition. Que serait-ce dans huit jours? Ah! si Tonin, au lieu de prendre une troisième avait eu l'aplomb de monter en première, en face de l'illustre Hercher, comme il eût été fier de lui dire, *Une Famille française* à la main :

— Vous voyez ce livre? eh bien, il est de mon grand frère, et je vous réponds qu'on le lit, et qu'on en vend!

Mais dans son wagon de troisième sonnant le bois, le pauvre cadet tout débordant d'enthousiasme fraternel en fut réduit à prendre pour confidents deux coquetiers en blouse grise et une marchande de volailles qui l'écrasait, le submergeait de ses immenses paniers. Autant que le laissait comprendre le langage absconse et tout hérissé d'ellipses du jeune écrivain que ses confrères n'avaient pas surnommé gratuitement « Symbolard », son livre racontait la Passion douloureuse en quatre cents pages, la rude montée au calvaire d'un trop bon fils crucifié par sa famille, — une famille de ce côté du détroit, abrutie de toutes les manies, de toutes les imbécillités dont on sait que la France a le monopole. Le garçon fiancé à une jolie Anglaise, vous voyez l'opposition des deux nationalités et le « c'est bien français, comme c'est français » jaillissant en *leit motiv* à chaque page. Le jeune martyr qui par hasard avait les yeux de fleurs de lin et les cheveux bouclés en or de Raymond succombait de douleur et de consomption à la fin du livre, ayant sacrifié aux siens son cher amour.

— J'y comprends ren, marmonna la marchande de volailles, à qui le brave cadet, incapable de porter sa joie tout seul, essayait de lire une page de son frère, la plus émue, la moins littéraire surtout; car souvent la littérature est un vêtement de fête où l'idée se trouve mal à l'aise, d'un endimanché qui la gêne.

Un des coquetiers demanda :

— C'est votre frère qui a imprimé ce livre-là? Eh ben! au grand Viarmes, chez nous, il aurait du mal à se loger avec un métier pareil. Ça mène trop de bruit ces fabrications.

En même temps, un artilleur en ribote, le képi sur l'œil, la veste entr'ouverte, se dressait dans le compartiment voisin et criait, furibond, les yeux désorbités, tendant le poing vers Antonin :

— Tu sais, toi, mon colon, si ton frère a des manigances avec l'Angleterre, aussi vrai que je m'appelle Schmidt et que je suis brosseur du capiston, on lui fendra la margoulette et à l'Anglish pareillement...

Le pauvre cadet, un peu confus de sa tentative, jugea que jamais le peuple, surtout le peuple de campagne, n'entendrait rien aux créations de son grand. C'est à Paris, dans cette atmosphère subtile, toute d'intelligence et de flamme, qu'il faudrait voir l'effet. Lui-même avait hâte de se retrouver dans sa chambre de la place des Vosges, en tête à tête avec l'œuvre fraternelle que l'agitation du voyage, le contact de compagnons épais et balourds l'empêchaient de bien saisir.

Ce soir-là, comme d'habitude à tous ses retours d'Angleterre, les passants de la rue parisienne lui semblèrent bien plus petits que là-bas et les maisons beaucoup plus hautes, le vacarme et l'agitation de la ville très fatigants aussi en comparaison du silence de Londres pourtant deux fois plus peuplé et plus grand. Il eût voulu arriver chez sa mère qu'il n'avait pas prévenue, assez à temps pour fermer le magasin lui-même, dîner en famille et boire à la santé du nouveau romancier. Mais le lambinage du fiacre attelé de bêtes innommables, l'encombrement des voies le mirent définitivement en retard et deux ou trois fois il se surprit à dire dans le dos affaissé de son cocher somnolent : « Est-ce français, est-ce assez français ! »

Les volets du magasin étaient fermés, excepté celui de la porte où la lampe de l'intérieur mettait un triangle lumineux ; et lorsqu'Antonin se présenta, la maman jetait au vieil ami assis en face d'elle, de l'autre côté du comptoir, le refrain mélancolique de leurs anciennes causeries :

— Ah ! monsieur Izoard...

A quoi l'autre répondait encore plus dolent :

— Ah ! madame Eudeline...

Pour l'entrée du petit, il y eut un élan de joie, une montée de lumière ; mais Tonin voyageait souvent, on était fait à ses départs, à ses retours. Lui seul sentait la chaleur, le bien-être de la famille retrouvée. Quand maman l'eut serré bien fort contre son vieux cœur, que Dina — en train de débarrasser la table et le dîner dans le fond — eut sauté au cou de son frère préféré, ce fut pour tous comme s'il n'était jamais parti ; tandis que lui parlait, s'agitait encore dans le mouvement du voyage et les curiosités de l'absence.

— Et Raymond, est-il content ?... Enfin, n'est-ce pas ?... le... le... Voilà son livre...

— Paru depuis deux jours, dit la mère vivement comme pour éviter d'ajouter rien de plus. Dina s'était rejetée dans les fonds, invisible, mais bruyante.

— Si tu veux voir quelqu'un qui ne l'est pas, content, gronda Pierre Izoard brusquement dressé sur ses jambes courtes : Comprends-tu qu'ils m'ont fendu l'oreille? A moi! Oui, mon petit, la session terminée, je prendrai ma retraite. Il y a trop de républicains au Palais-Bourbon, parait-il.

La sœur appela du fond : « Ton couvert est mis, Tonin... » et quand il fut à table : « Si tu savais tout ce qui lui arrive à ce pauvre homme! »

Penchée sur son frère, elle parlait à voix basse, en le servant. C'était le jour même, à la questure du Corps législatif, que le vieux sténographe avait appris sa prochaine mise à la retraite. Lui si connu, si aimé de tous, à qui Marc Javel, Gambetta et tant d'autres avaient promis que jamais on ne se priverait de lui, que la République pas plus que l'Empire ne licencierait une vieille garde. Il finissait par y croire, et la subite décision des questeurs l'avait écrasé sous le coup. Sans un mot de réclamation, sans une plainte, il était allé prendre son service comme d'habitude, mais les mains tremblantes, les yeux chavirés sous ses épais sourcils. Il se levait avant la fin de la séance, disant à son voisin :

— J'ai besoin d'air, je retourne à Morangis.

D'ordinaire il ne s'y rendait que pour déjeuner à son Morangis. Le service de la sténographie le tenait à la Chambre très tard dans la nuit; et Geneviève restait seule à la campagne avec une vieille domestique. Du moins, c'est ce qu'il croyait. Aussi quelle stupeur en arrivant de ne trouver que la vieille servante :

— Et mademoiselle?

— Mais mademoiselle n'est pas là, monsieur. Elle n'y est jamais à cette heure-ci.

— Bien, je sais... je sais...

Et sans questionner, rien qu'en approuvant, laissant dire, il acquérait la certitude que depuis des mois Geneviève ne dînait plus, ne couchait plus à Morangis, excepté quelquefois le dimanche quand elle savait que son père devait venir. Où vivait-elle? Chez Sophie, sans doute. Ce fut sa première idée, et aussi celle de Mme Eudeline chez qui le pauvre bonhomme était venu s'échouer, vers le soir, éperdu de trouble et d'épouvante. Depuis une heure il était là devant le comptoir à se rassurer, à se réchauffer avec cette espérance.

— Mais ce n'est pas vrai, maman le sait bien, soupirait, les yeux mouillés, la bouche pleine, Antonin Eudeline, dont l'émotion doublait l'appétit. Voilà longtemps que Geneviève et Sophie ne se voient plus, qu'elles ne sont même plus amies, après la rupture d'un projet d'hospice à Calcutta. Sais-tu pourquoi ce changement d'existence, ma petite Dina? Est-ce vrai, ce qu'on dit d'une liaison que la tantine aurait depuis quelque mois?

Malgré les signes que lui faisait sa sœur, Tonin s'exaltait en parlant. Geneviève pour lui était un être sacré sur qui Raymond seul peut-être aurait pu avoir quelques droits. Mais qu'un autre se fût permis cette audace et ce sacrilège d'oser penser à elle, voilà ce que le petit ne comprenait pas, ne permettait pas; et dans son indignation, comme une fleur emportée sur un torrent, se devinait facilement l'amour timide et profond, l'amour d'enfance qui s'était toujours écarté devant le privilège du frère aîné, sa grâce blonde et svelte. A quoi pensait-il, ce Raymond? Laisser Geneviève faire le bonheur d'un autre. La littérature lui avait donc tourné la tête!...

— Ah! oui, la littérature...

Petite sœur qui venait de prendre sur le lit, où Tonin l'avait posé en entrant, l'exemplaire de *Famille française*, le feuilletait d'un doigt méprisant, puis le refermant avec colère :

— C'est moi qui suis heureuse que mon ami Claudius n'ait jamais eu l'envie d'écrire, qu'il ne se soit occupé des jeunes bandits amis de Raymond que pour baptiser un de leurs brûlots.

Entre ses grosses pattes d'ouvrier pleines de calus, Antonin prit la main menue et souple de la petite :

— Tiens, c'est vrai, mon Cendrillonnet... Et moi qui ne te demande pas de nouvelles? Où est-il? Comment va-t-il?

— Pas bien, répondit la jeune fille. Il est toujours dans l'Engadine. On lui défend de parler et même d'écrire, il ne sort pas de sa chambre dont les fenêtres restent ouvertes nuit et jour à l'air glacé. Mais, c'est égal, il vivra, j'en suis sûre; j'ai foi dans nos sauvegardes.

Elle montrait, accrochée au mur à côté du lit où

elle couchait avec maman et au-dessus d'un faisceau de chapelets et de médailles, une statuette dorée de Notre-Dame de Fourvières.

— Qu'est-ce qu'elle a? elle a l'air fêlée, la bonne dame, demanda Antonin, dirigeant sur l'*ex-voto* le jet de lumière de la lampe.

Dina rougit jusque dans le cou, mais elle savait bien que le cadet n'y cherchait pas malice, et répondit du ton le plus simple :

— C'est hier soir, en rentrant; j'ai jeté ma besace sur le lit dans un mouvement de colère si brusque, j'ai entraîné la madone, les médailles. Un miracle que tout n'ait pas été fracassé.

Tonin, souriant, demanda :

— Et pourquoi cette colère? je croyais que c'était fini... enfin, n'est-ce pas?... que tu ne te fâchais plus jamais.

— Je fais ce que je peux. Mais il y a des moments... Je venais de lire un livre qui m'avait indignée.

— Un livre? demanda Tonin avec inquiétude.

Le vieux Marseillais qui venait de passer derrière le vitrage, grasseya tout près d'eux de sa voix de basse profonde :

— Bien drôle tout de même, cette bonne Vierge, assez puissante pour faire vivre un homme sans poumons, et qui ne peut pas prévenir un accès de colère chez une petite demoiselle dont la violence est l'unique défaut. Crois-tu, tes manitous, si tu les avais mis en miettes!

Vivement, le robuste vieillard étreignit la petite

à pleins bras et tout bas, dans le cou, lui glissa, avec une émotion qui l'étouffait :

— N'empêche que tu es la meilleure des *filiettes*, et que toi et tes scapulaires vous en savez plus long peut-être que toute la philosophie de mon maître Proudhon.

Il fit signe au jeune frère de prendre son chapeau, et haussant sa voix tremblante qu'il essayait d'affermir :

— Madame Eudeline, le petit me raccompagne. Nous avons des choses à nous dire. Il vous reviendra dans la soirée.

Ayant mis le bras du jeune homme sous le sien, tous deux sortirent par la cour qu'inondait la clarté froide d'une nuit de décembre.

Dès leurs premiers pas sur le quai dans la direction du Corps législatif, le vieux père voulut savoir de son compagnon s'il était vrai qu'il fût demeuré l'ami de Sophia, en correspondance avec elle, comme l'affirmait Mme Eudeline.

Antonin répondit sans le moindre trouble. Il avait une amitié vive et encore plus d'admiration pour cette excellente fille qui mettait toute sa science, toute sa fortune au service des petits miséreux du monde entier. Il lui savait gré d'être sortie de la politique de son pays où il n'y avait que de la haine et du sang, et de ne plus rechercher que le prosélytisme de la pitié.

Tout à coup, aux premières maisons du quai d'Orsay, sur le trottoir désert et craquant de froid,

Pierre Izoard s'arrêta, et, debout devant le petit, l'intonation changée, altérée :

— Dis-moi ce que tu sais, Tonin, je t'en supplie, tout ce que tu sais sur ma fille, dis-le moi, ne crains pas de parler. Car avec mon air tranquille je suis dans le cas d'en mourir de ne pas savoir... Crois-tu comme ta mère que Geneviève se soit remise à sa médecine avec Casta pour pouvoir prendre un jour la surveillance d'un de ses hospices ?

— Mais, monsieur Izoard, je ne le crois pas, j'en suis sûr.

Au tremblement des deux mains cramponnées à ses bras et les tenant écartés comme si le vieux eût voulu lire en lui à poitrine ouverte, Antonin comprit qu'il fallait mentir, qu'il y allait de la vie de ce pauvre homme, peut-être aussi de celle de sa fille, et il mentit. Des lettres de M*** Sophie lui avaient appris, pendant qu'il était en Angleterre, que Geneviève, après bien des hésitations, était entrée de nouveau et définitivement dans l'Œuvre des enfants malades, assistant aux visites, aux consultations du dispensaire et s'attardant tellement au travail, le soir, chez Sophie, que presque toujours la vieille fille la gardait à coucher.

— C'est donc ça... c'est donc ça... murmurait le vieux sténographe, que chaque phrase d'Antonin soulageait d'une souffrance, d'un poids qui l'écrasait depuis des heures.

Des choses qu'il ne comprenait pas devenaient toutes naturelles. Il s'expliquait maintenant pourquoi *fillette* lui avait réclamé les trente mille francs de sa dot et, dernièrement encore, les cinq mille de la construction, remboursés par Antonin. Ces trente-cinq mille francs étaient allés à l'œuvre de Sophie Castagnozoff, car la Russe, bien que très riche, ne refusait jamais l'argent qu'on lui donnait pour ses hôpitaux.

— Mais enfin, pourquoi Geneviève ne m'a-t-elle rien dit?

Izoard en revenait toujours là machinalement, étonné qu'entre sa fille et lui, deux cœurs tendres, deux esprits, il pût exister des cachotteries aussi prolongées. Pendant des mois, il avait cru son enfant paisiblement endormie sous les ardoises bleues et les hauts platanes de Morangis, et elle veillait dans un faubourg de Paris, devant une berge sinistre et déserte, brûlant ses jolis yeux jusqu'au matin sur des bouquins de médecine. Vraiment, il aurait du mal à lui pardonner.

— Mais, monsieur Izoard, c'était pour ne pas vous chagriner que tantine...

— Oui, mon petit... Mais le coup que j'ai reçu dans l'estomac, quand je suis arrivé à Morangis et que je n'ai pas trouvé ma fille... La grimace de cette vieille me jetant à la figure que Mademoiselle ne dînait jamais là et n'y couchait que rarement... Toutes les idées qui m'ont traversé la tête, tout ce que je me suis représenté en une minute... Pauvre petite! Si elle a voulu épargner son vieux bonhomme, elle peut dire qu'elle n'y a pas réussi. Non, vois-tu.

se séparer de son enfant, quand on a toujours vécu à côté d'elle, je veux bien que ce soit dur; mais ne plus savoir ce qu'elle est devenue, penser à tout ce qu'un joli voyou a pu faire d'elle avec des phrases poétiques et des moustaches bien cirées... Voilà l'angoisse des angoisses; et si dans le premier moment je n'avais pas eu là ta mère et ta sœur pour me rassurer, m'ouvrir les yeux, je sais quelqu'un qui aurait fait un fameux plongeon dans la Seine.

Ils arrivaient devant la Chambre, comme les douze coups de minuit sonnaient à Sainte-Clotilde et au ministère de la guerre, les deux horloges de ce coin de Paris. Quelques voitures de députés stationnaient encore à leur file habituelle, de l'autre côté du quai.

— Marc Javel est ici, j'aperçois son coupé, dit le vieux sténographe. Il doit corriger les épreuves de son discours. Il est toujours de bonne humeur ces soirs-là, bienveillant et inquiet comme un comédien les jours de première. Si tu veux essayer la démarche manquée par ton frère, tu auras peut-être plus de chance.

Antonin se mit à rire. Plus de chance que l'aîné, lui, le... le chose... bègue et triste, et mal tourné comme il était là, son chapeau mou, ses vêtements de route. Oh! non, il ne verrait pas Marc Javel. Pourquoi faire d'abord? Maintenant, le tirage au sort ne l'effrayait plus. Du moment que le grand frère gagnait de l'argent avec ses livres, le petit se moquait bien de partir. Même il serait désolé de ne pas faire son service comme tout le monde, et de demander n'importe quelle faveur à ce méchant homme qui avait fait mourir leur père, il ne l'oubliait pas.

Ils traversèrent de longs corridors silencieux, des salles surchauffées et lumineuses où un honorable lisait tout bas sur l'épreuve fraîche un fragment de discours à quelque collègue, où des garçons de bureau somnolaient sur des banquettes rembourrées, dans la lourde chaleur des calorifères.

— Tu as lu le roman de ton frère?

En adressant cette question à Antonin, Pierre Izoard entrait dans son cabinet de chef de la sténographie et s'approchait d'une table sur laquelle brillait une haute lampe de cuivre. Un feu de bois mourait dans la cheminée. Il le ranima d'une bûche et, sortant d'un tiroir le livre de Raymond, il renouvela sa question au petit.

— Je l'ai lu, mais je l'ai mal lu, répondit Cadet, un peu gêné.

— Dina ne t'en a pas parlé?

— Non, monsieur Izoard.

— Tant pis! Elle m'eût évité le chagrin de te dire tout ce que j'en pense. Ce livre est une infamie.

— Oh! monsieur Izoard!

— A se demander si ton frère était lucide en l'écrivant. Voyons, viens ici, et dis-moi si c'est lui qui est un fou et un méchant, ou nous tous qui sommes des monstres.

Brave Tonin! De toutes les infirmités dont la nature l'avait affligé, la pire, celle dont il souffrait le plus cruellement, c'était la bonté, cette bonté étalée dans ses yeux clairs, sa bouche épaisse. Très mauvais psychologue, trop pris par l'existence active pour écouter les menus rouages de son horloge intérieure, il ne se doutait pas de ce que lui coûtait cette faculté de s'émouvoir du chagrin des autres, de vivre leur vie en surcroît de la sienne. En ce moment même, rien qu'à le voir pâlir et tressaillir, et son front s'embuer aux paroles du vieux, on sentait en lui tout un monde d'angoisse et de désolation. Eh! oui, ce qu'on allait lui dire, il l'avait deviné, entrevu comme à travers un voile, en parcourant le livre de son frère; mais que n'eût-il donné pour qu'on ne lui en parlât pas, pour ne pas entendre ces phrases déchirantes :

— Tu sais, sans doute, que c'est son histoire que le jeune homme raconte. Izoard tenait le volume haut levé sous le large abat-jour de la lampe. Son histoire et aussi la nôtre. Mais s'il s'est donné une belle figure de Christ élégant et parfumé, avec schampoing et coup de fer, un Christ martyrisé par sa famille, il faut voir les têtes hideuses qu'il nous prête, à nous tous, ses bourreaux. Figure-toi ce grouillement de bêtes noires, sans forme et sans nom, qu'on trouve sous une pierre plate dans la moisissure des fonds de jardin. C'est nous, c'est la famille. La maman, passe encore; il ne l'accuse que d'idiotie, de tendresse aveugle et ignorante. Elle n'est là que pour faire valoir la mère anglaise qui a dix enfants éparpillés à tous les coins du monde et qu'elle espère bien ne plus revoir, parce que s'ils revenaient vers le logis maternel, c'est qu'ils auraient manqué leur affaire. Mais s'il a épargné sa maman, c'est sur moi que Raymond se rattrape.

Antonin essaya une molle défense :

— Oh! monsieur Izoard, vous croyez qu'il a osé?...

— S'il a osé ! Et quel autre que le vieux père serait ce ridicule Bordelais, médecin matérialiste et proscrit de 52 qui, par haine des Césars, apprend le latin à sa fille dans Suétone et rosse sa femme à coups de matraque pour l'avoir surprise, un soir de mai, sortant du mois de Marie. Si tu doutes de la ressemblance, lis ce passage où Pierre Izoard est peint en pied.

Il mit le livre ouvert sur le bureau devant Tonin et, pendant que les yeux troubles du petit lisaient ou faisaient semblant de lire, il continua d'une voix enrouée et tremblante :

— Elle est tout de même bien extraordinaire, cette jeunesse qui trouve toute simple l'apostasie du 2 décembre et qui affirme que nous, les victimes de ce coupe-gorge, nous ne sommes que des fantoches excessivement ridicules.

— Vous savez, monsieur Izoard, ce qu'on a vu et ce qu'on vous raconte, ce n'est pas du tout pareil.

Les bonnes grosses lèvres de l'électricien protestaient toutes suppliantes.

— Oui, les bateaux, les générations, je connais...

Jeunes et vieux, on vit à mille lieues les uns des autres, c'est convenu. Mais cependant, moi qui adore ma fille, qui ai vécu à genoux devant cette enfant comme devant une madone de dentelle dans l'adoration et le respect, d'autant plus déférant et délicat que de bonne heure la maman avait manqué chez nous, m'accuser d'élever Geneviève en matérialiste — on devine ce qu'il y a sous ce gros vilain mot — prétendre que je lui fais lire des vilenies en latin parce qu'elles flattent mes manies de vieille bête politicarde, c'est dur.

Des larmes coulaient sur sa longue barbe. Antonin se retenait pour ne pas pleurer avec lui et murmurait après un lourd silence :

— C'est le roman qui veut cela, mon vieil ami, je l'ai souvent entendu dire à ces messieurs de la *Vorace*... le roman est une... enfin... n'est-ce pas?... une déformation de la vie. Il ne faut pas lui demander... le... le chose.

Le Marseillais continuait à feuilleter le roman vériste :

— Je pense comme toi, mon petit. Mais le romancier, qui est l'historien des petites gens, de ceux qui n'ont pas d'histoire, n'a pas plus que d'autres le droit à l'imposture ni à la méchanceté. Regarde à la page 104 d'une *Famille française*, et dis-moi pourquoi Raymond, à qui tu n'as jamais fait que du bien, te découpe dans la peau d'un certain cousin Furbice un masque de bas hypocrite, qui fait semblant de bégayer pour chercher ses lâchetés et se donner le temps de mieux mentir... Lis tout haut, tu jugeras de l'effet.

Antonin essaya de répéter à voix haute quelques phrases où son balbutiement était imité.

— Je ne peux pas, dit-il en souriant, mais avec une grosse larme restée au coin de son nez camus, comme de l'eau de pluie dans un creux de roche.

Un moment ils se regardèrent en essuyant leurs yeux, sans prononcer une parole. A côté, à la sténographie, un reviseur lisait avec une emphase monotone le discours de Marc Javel, si creux, si blafard en face de cette page féroce de la vie. Enfin, le Marseillais serra le roman dans son bureau qu'il referma à double tour, en grondant sous sa barbe blanche :

— Troun de l'air! Si c'est ça qu'ils appellent un roman vériste, c'est une affaire pour empoisonner les braves gens et vous couper le cœur en deux.

Tonin eut un geste héroïque :

— Après tout, peu m'importe qu'il se moque de moi, si son livre se vend bien et s'il gagne beaucoup d'argent!

— De l'argent, ce livre-là! pas un centime.

— Mais vous n'y songez pas, monsieur Izoard!

Le petit insistait, preuves en mains. Quatre éditions en quatre jours, ce sont des chiffres. Le vieux riait dans sa longue barbe. Les éditions étaient de cent exemplaires à peine. Et toutes encore chez les libraires. Il avait pris ses informations.

— Mais alors... comment s'ar... s'arrange-t-il?...

D'où lui vient le... le chose qu'il dépense chez lui, chez maman?

Les mots qui refusaient de sortir, dans l'émotion, secouaient le brave garçon, le jetaient balbutiant d'un siège à l'autre. Et dans cette crise, envahi par les soupçons de Sophie, il ne put se défendre d'en parler à leur vieil ami, qui ne montra nulle surprise. Lors du procès de Lupniak, la Russe ne lui avait pas caché qu'elle se méfiait de Raymond Eudeline comme du dénonciateur.

— Voyons, monsieur Izoard, croyez-vous cela possible? avec son éducation, son intelligence, que mon frère consente à vivre de ce honteux métier?

— Et Mauglas? dit le vieux tranquillement, je pense que c'est un écrivain, celui-là, et un artiste! Tu crois donc que ça préserve de tout, l'intelligence?

Soulevé par l'indignation, le pauvre Antonin donna sur la table un coup de poing dont faillit s'éteindre la haute lampe de cuivre, et il cria de toute sa colère:

— Mauglas n'est pas un fils de Victor Eudeline, monsieur Izoard.

Sans répondre, le Marseillais jeta son pardessus sur son dos.

— On étouffe, ici... Viens faire quelques pas dehors.

Dans la cour Sully, dont la lune découpait les galeries sombres et désertes, leur causerie s'apaisa, s'approfondit.

— Avant tout, mon enfant, ton frère est un orgueilleux; et lorsqu'en mourant votre père lui a solennellement donné ce droit d'ainesse et ce titre de soutien de famille, avec les privilèges dont il demandait à la loi et à nous tous de l'entourer, il ne s'est pas douté qu'il allait pousser cet orgueil au délire. L'aîné a pris son emploi tellement au sérieux, qu'il ne t'a pas pardonné de les avoir tous nourris si longtemps et qu'il aurait fait tout au monde, tout, tu m'entends bien, pour faire cesser cette situation humiliante. *Caspi!* tu n'es pourtant pas le premier cadet qui ait tenu la place prépondérante dans une maison. Il me semble que Napoléon en a été un fameux soutien de famille et que ses nombreux frères, dont il a fait des rois, ne lui en ont pas voulu d'avoir tenu toute sa vie l'emploi de fils aîné de veuve qu'il n'était pas. A la place de Joseph Bonaparte, Raymond se serait probablement fâché. Maintenant, si tu veux toute ma pensée, celui qui a écrit ce livre odieux, dicté par son orgueil blessé, est capable — sous la même influence mauvaise — de l'autre abomination dont on le soupçonne.

Dans l'ombre de la cour, une plainte étranglée répondit :

— Non, ce n'est pas possible, je ne peux pas vous croire.

— Moi, maintenant, je crois tout, hélas !... Le vieux Marseillais serrait le bras de l'enfant sous le sien et parlait gravement dans l'air glacé.

— J'ai dû te raconter l'histoire de mon ami Lavarande et de ma présentation au club Barbès. Je l'ai tant de foi rabâchée... Mais tant pis ! Elle est de circonstance et te frappera comme jamais. J'avais vingt-deux ans, je venais de me marier, fou de trois choses dans le monde : ma femme, la République et mon ami Lavarande. Plus vieux que moi de dix ans, cet ami, vrai chiendent de faubourg poussé entre deux pavés de la rue de l'Orillon, était un républicain de 1830, romantique comme à l'époque, avec serments sur le poignard, assemblées secrètes, symboles mystérieux et signes de reconnaissance. A la maison, on l'adorait. D'une gaîté si vivante, si ingénieuse! Il n'était pas riche parce qu'il travaillait seulement aux heures d'inspiration et aussi qu'il aimait musarder. Pour la fête de Nina, je me rappelle un admirable bouquet d'herbes folles et de fleurs sauvages toutes trempées de rosée qu'il était allé ramasser au bord de la Marne, à cinq heures du matin. Tu penses si ma femme leur fit accueil, à ces fleurs de l'amitié indigente !

Un jour de mars 48, Lavarande me propose de me présenter au *Club de la Révolution*, présidé par Barbès. C'était au Palais-Royal, sous les combles, un vaste grenier insuffisamment éclairé, avec un grouillement de têtes et des silhouettes noires gesticulant sur les murs crépis. Lavarande entre là comme chez lui. Tous le connaissaient; on lui serre la main, on nous accueille, moi très fier mais un peu trop jeune et m'abritant contre mon ami. Barbès arrive, s'installe au fauteuil, tout blanc, avec sa face de vieux lion. La séance est ouverte. Soudain Esprit Cornat, un de ses assesseurs, se lève et demande le comité secret pour une communication importante. Les simples visiteurs sont priés de se retirer. La salle se vide aux trois quarts ; je veux m'en aller, mais Lavarande me retient : « Reste donc, ça doit être intéressant, et puisque tu vas être reçu... » Les portes fermées, l'assesseur reprend d'une voix grave : « Citoyens, nous avons un traître parmi nous. Voici son dossier et les preuves. Il porte le numéro 301 à la Préfecture, et il s'appelle Lavarande... Richard Lavarande ! » Tu peux t'imaginer ma stupeur. Barbès qui s'est levé, à son tour prononce : « Lavarande, nous vous savons coupable. Mais tout accusé a le droit de se défendre. Le comité vous écoute. Défendez-vous. » Le misérable essaya de l'impudence : « Je n'accepte pas votre juridiction... » criait-il en jetant vers le bureau les morceaux déchirés de sa carte de membre du Club.

Ah ! *Macareù !* cette juridiction dont il ne voulait pas, nous la lui avons fait accepter à coups de bottes. Mais pour moi, quelle émotion !... Longtemps j'ai cru que la misère de ce bandit était jouée, son bouquet de fleurs champêtres une comédie. Je le tenais pour un gredin très fort. Eh bien ! non. Rien qu'un pauvre diable, un passionné délirant, épris d'une petite bourgeoise de son quartier, la femme d'un horloger, qui voulait des bijoux, de la toilette ; et, pour lui en procurer, il n'avait pas trouvé d'autre moyen. Qui sait si ton frère n'est pas tombé, comme lui, dans les pattes de quelque drôlesse...

Antonin tressaillit à ces dernières paroles, comme aux seules de toute l'histoire d'Izoard qui fussent parvenues à son oreille.

— Une femme, c'est vrai, murmura-t-il... il peut y avoir une femme...

— Pauvre petit ! Te voilà comme moi tantôt à Morangis. Seulement, je me disais, songeant à ma Geneviève, il y a peut-être un homme dans cette aventure, un homme ! Est-ce atroce d'en arriver à douter de toutes ses croyances, des plus chères, des plus saintes ! J'ai aimé la République comme une mère, comme une patrie. Je m'aperçois aujourd'hui que ce n'est qu'une boutique, une société d'exploitation mutuelle, qui vient d'ailleurs de me donner mon compte. Oh ! je voyais venir le coup, entouré depuis longtemps de vilains sourires, luttant contre des volontés mauvaises, de sourdes antipathies, pareilles à ces épaves sous-marines, à ces écueils mouvants qui, par les plus beaux jours, les mers les plus calmes, vous déchirent un navire sous la flottaison. J'y suis, j'ai touché. Et me voilà, encore en pleine force, inutile, au repos, avec — ce qu'il y a de plus triste — toutes mes croyances avariées, toutes mes idées sur la vie et sur les hommes changées à n'y plus rien comprendre. Ma fille partie, ma place perdue, que va devenir pour moi l'existence ? Les idées des jeunes gens sont à mille lieues des miennes. Les trois quarts du temps, je ne comprends pas un mot de ce que je lis. Partout où je regarde, autour de moi, il fait noir, il fait froid comme dans cette cour... Ah ! mon petit Tonin...

XII

LA CINQUIÈME FLÈCHE

— Débarrassez ma table et laissez-nous...

La voix du ministre des Affaires étrangères est nerveuse et cassante comme son geste. Le jeune Wilkie, mandé en hâte par le patron et flairant du neuf à la case, aide l'huissier de service à enlever précipitamment les bijoux exotiques, les boites en coquillages qui encombrent le bureau de Valfon.

— Prenez garde, monsieur Wilkie, le colonel a bien recommandé d'attendre qu'il fût là pour toucher à ses affaires, surtout à ce grand rouleau de feuilles de latanier.

— Enlevez ça, je vous dis... On n'a plus besoin de vous, interrompt le ministre, arrachant au solennel Duperron, depuis trente-cinq ans huissier à chaîne aux Affaires étrangères, la longue et mystérieuse bourriche que le bonhomme ose à peine toucher, et la jetant sans précaution sur le divan d'étoffe persane.

Sitôt la porte refermée, Wilkie demande à son beau-père :

— C'est donc le colonel Moulton qui était là? Avait-il avec lui la petite reine des nains?

— Non, mais elle vient déjeuner. Nous avons même du monde à l'occasion, les Marc Javel et leur nièce, les filles de l'ambassadeur d'Angleterre, Mme Harris, l'Américaine... Tu penses si c'est heureux ma scène de ce matin avec ta mère.

Le ministre, après des allées et venues en saccades dans tous les sens de son cabinet, s'est arrêté, le front contre la vitre double, à regarder tournoyer les petites plumes blanches de l'hiver sur l'immense cour déserte et comme agrandie par le silence de cette matinée du dimanche. Sans se retourner, il jette par-dessus son épaule des phrases qu'il mâchonne avec un bout de gros cigare et que ramasse du mieux qu'il peut son ingénieux chef de cabinet.

— Cette femme est folle!... folle!... J'ai entendu des reproches, des menaces, que je n'ai pas voulu comprendre. D'abord, si c'est du scandale qu'elle cherche, j'ai de quoi lui répondre. Ses lettres à ce jeune homme, à ce Raymond Eudeline, seraient pour la couvrir de honte et de ridicule.

Entre deux phrases ministérielles, Wilkie glisse, mordillant sa lèvre mince :

— Oh! elle parle, elle parle... mais elle ne fera rien.

— Pourtant, cette fuite, c'est déjà du scandale. Car elle est partie, n'est-ce pas? Au vu, au su de tout le monde, elle a quitté la maison de son mari, de ses enfants.

Dans son animation, l'orateur se retourne face à l'assemblée, et se trouvant debout devant sa table en profite pour frapper dessus à poings serrés comme sur le bois creux de la tribune, la bouche pleine de vocables menteurs et déclamatoires : Famille... devoir... maternité...

— Regarde ça, patron... Le chef de cabinet a posé sur le bureau un prospectus à couverture bleue, écussonnée d'une croix avec ce titre ; *Annales de l'Œuvre des enfants malades. Direction du docteur Castagnozoff*, et ce verset de la Bible, en exergue : *Qui enverrai-je ? Me voici, envoyez-moi.*

A la muette et dure interrogation de son ministre, le jeune homme se hâte de répondre :

— Si ma mère est partie, voilà où elle est, n'en doute pas, avec le docteur Sophie Castagnozoff, une bonne toquée qui s'en va par le monde, ramassant et soignant tous les petits larveux. Il est malin, le Raymond Eudeline, aussi malin que sa jolie petite sœur. Quand il a vu tourner au crampon sa liaison mondaine, il a donné à cette nature exaltée et religieuse, à l'âme passionnée d'une Portugaise, une direction tout humanitaire. Ma mère ira-t-elle jusqu'au bout de sa tentative ? Elle en est capable, mais à condition d'emmener Florence avec elle. Toute seule, je ne le crois pas.

Occupé à feuilleter le cahier bleu de l'Œuvre, Valfon jette un regard de côté et pas bon :

— Emmener Florence! pourquoi faire? Elle n'est pas dégoûtée de la vie, elle... Et tout haut, soulignant certains passages d'un mauvais rire, il lit et énumère les conditions de recrutement pour les postulantes : *Au point de vue moral, une nature énergique.* Heu! Heu!... *Une facilité exceptionnelle à se tirer d'embarras.* Mâtin!... *Pas de sensualité, pas de nervosisme. Il n'est exigé de dot que des personnes pouvant en apporter...* Ta mère n'a pas dû en apporter une bien lourde? ajoute-t-il narquoisement.

— On ne m'en a rien dit, patron. Mauglas pourrait nous le savoir, car c'est de lui que je tiens tous mes renseignements. Depuis que vous l'avez brûlé aux deux préfectures de Paris et de Pétersbourg, il travaille dans le civil, traite de gré à gré, et je me demande quelle mésaventure a rabattu sa crête insolente et rogné ses ergots. Il s'est fait une tête de marguillier, glabre de joues et de menton, ne quitte jamais un bonnet de soie noire enfoncé jusqu'aux sourcils et, pour achever la transformation, n'écrit plus sur les danses antiques, mais fait annoncer chez Mame un livre de poésies, *Cloches et Carillons*, une merveille. Il faut l'entendre dire : « Mon livre, c'est pour la gloire ; le mouchardage pour faire manger les vieux. » Car ce drôle de corps a un père et une mère à qui il donne la becquée très régulièrement. « Souteneur de famille », comme nous appelions le jeune Eudeline à Louis-le-Grand. Très fier de son titre, il essayait de faire les mamans avec ça, au parloir. Oh! celui-là, par exemple, il me le paiera, le vilain tour qu'il nous joue. Ma mère le gênait sûrement. Trop de Schumann et de sentiment à la clé, et pendant qu'il la rejette dans le dispensaire de cette bonne doctoresse, lui-même se met en ménage avec une très jolie personne, la fille de ce vieux fou qui dirige la sténographie de la Chambre. Pas commode, le père Izoard. Gare, s'il apprend que sa demoiselle ne se tient pas... et je connais quelqu'un qui se chargera de le renseigner.

— En attendant, ce matin... Valfon, anxieux, effile un par un les poils gris de sa moustache tombante... Ni ta mère, ni ta sœur; pas de femme pour mettre en face de moi à ce déjeuner.

Wilkie propose timidement :

— Je pourrais encore une fois essayer d'entrer chez Florence.

— Garde-t-en bien! dit Valfon très vite, comme s'il redoutait une explication entre le frère et la sœur... Tu la connais, elle se prétend malade, ne veut pas te recevoir; elle ne te recevra pas.

La figure finaude du jeune vieux s'aiguise :

— J'ai une idée, patron. Si j'allais à la marine, prévenir Jeannine Briant? Elles sont si amies. Elle pourrait peut-être vous la décrocher.

— Essaye, mais vite. Il n'est que temps, murmure le ministre se jetant de tout son long sur le divan de soie où son petit corps rabougri, brûlé de passion et de fatigue nerveuse ne tient pas plus de place que l'exotique rouleau de feuilles de latanier.

Moins d'une heure après, Mlle Jeannine, la nièce

du ministre de la Marine, en toilette de déjeuner, costume tailleur, grand gainsborough à plumes, grattait à la porte de Flo-Flo, avec la cornaline d'une de ses bagues. La femme de chambre, dans l'entre-bâillement d'une tenture, s'efforçait encore de résister. « Si mademoiselle Jeannine savait, si elle pouvait se douter dans quel état... » Jeannine poussa la porte, renvoya la camérière et s'approcha du grand lit de dentelle blanc et rose où elle croyait Florence prostrée dans un de ces accès d'indolence et de bouderie qui la prenaient parfois et la gardaient tout un jour, couchée et somnolente, oubliant l'existence derrière ses rideaux tirés.

— Où es-tu donc ? demanda-t-elle, stupéfaite de voir le lit désert et les couvertures rejetées. Du fond de son cabinet de toilette, la voix de Florence répondit, traînante et triste, comme déchirée :

— C'est toi, Jean ? Tu es seule ? Approche que je te parle.

Jeannine vint contre la porte :

— Mais, qu'est-ce qui se passe ici ? On dit que ta mère est partie ? Sors donc, Florence, que je te voie.

— Si tu me voyais, tu comprendrais tout. Je ne veux pas.

L'autre se souvint tout à coup de leur conversation dans le jardin de l'ambassade :

— Malheureuse, qu'as-tu fait ? Ouvre, mais ouvre donc !

Elle poussa la porte, qui céda presque tout de suite

et vit devant elle une espèce d'enfant de chœur, pâle et bouffi, aux yeux fiévreux, aux cheveux ras sur une tête toute ronde, la taille sanglée dans un large peignoir carmélite serré d'une cordelière.

— Oh! ma pauvre Flo-Flo... tes beaux cheveux!...

Dans le saisissement que lui causait cette apparition, il y avait de l'envie de rire et de pleurer, tellement singulière était cette petite boule mal tondue, aux traits réguliers et fins, qui faisaient songer à Wilkie autant qu'à sa sœur.

Immobile, le regard à terre, Florence murmurait :

— Tu vois, j'ai tout coupé; et il y en avait... et j'y allais d'une rage... Mais tout de même le cœur m'a manqué pour exécuter tout ce que je m'étais promis, me défigurer, tailler en pleine peau; ma main a tremblé...

Elle ajouta, bien bas, comme pour elle-même :

— Enfin, le misérable ne pourra toujours pas me montrer, jouir de son triomphe, il n'entendra pas dire de sa proie : « La plus belle toison de Paris. »

Jeannine eut un cri d'épouvante :

— Ah! mon Dieu... Ah! pauvre chérie, c'est donc vrai? c'est donc pour ça?

Elle avait pris son amie dans ses bras, et l'asseyant à côté d'elle, au bord du petit lit pliant que Mme Valfon installait chaque soir dans la chambre de sa fille :

— Voyons, ma Flo, dit-elle, raconte-moi, je veux savoir. Ce n'est pas possible qu'il ait osé une lâcheté pareille!

— Il a osé, sois-en sûre, ricana Florence Marquès avec un tour de bouche qui semblait lui venir de son dompteur.

Jeannine continuait un interrogatoire entrecoupé d'exclamations :

— Est-ce possible? Quel être abominable!... Mais je croyais que ta mère couchait près de toi toutes les nuits ?

— Pas toujours, tu vois... Son couvre-pied n'est pas encore défait.

Florence montrait le lit sur lequel elles étaient assises et reprit :

— Ma pauvre mère, depuis qu'elle a rencontré cette Sophie Casta, le médecin russe, ne s'occupe que de son œuvre des « petits malades ». Tout le temps dehors; sa maison, sa fille ne comptent plus pour elle. Sa vie se passe en réunions, en conférences. Tu penses si Valfon la guettait, si je le sentais venir avec ses yeux de travers qui ne regardent jamais ce qu'ils visent. J'ai averti ma mère bien souvent : « Maman, j'ai peur ». Mais elle me l'avait entendu dire tant de fois! Un court silence, puis toute pâle et les dents serrées : Enfin, cette nuit il s'est trouvé qu'on donnait une grande fête à Versailles, au profit de l'Œuvre; tu le sais bien, puisque ta tante Marc devait y aller.

Le grand chapeau à plumes de Jeannine fit signe très vite : « Oui, oui... » Mais à cet endroit du récit, elle ne l'eût interrompu ni d'une parole, ni d'un souffle.

— Maman avait dit à sa négresse de veiller là, tout près. Obligée de revenir en voiture, elle savait ne rentrer qu'au petit matin. La négresse est-elle restée ou l'a-t-il expédiée? Peut-être s'était-elle endormie tout simplement.

Et avec son rire canaille de tout à l'heure, tordant en coin sa belle bouche, la jeune fille ajouta d'une voix morne :

— Je n'ai pas dû crier bien fort, va! Tu me connais. Fière, mais lâche, tellement molle! Puis il y a si longtemps qu'il me poursuit, que sa passion me brûle avec les mêmes mots, que son haleine, ses mains me cherchent aux mêmes places. On se lasse à la fin, et l'habitude vous vient même de votre dégoût.

— Tais-toi, malheureuse... Et ta mère?

— C'est de sa faute, il ne fallait pas me quitter.

Mais ce cri de colère échappé, Florence reprit avec douceur :

— Ah! la pauvre maman. Sa rentrée, ce matin, quand elle m'a trouvée à moitié morte sur mon lit, la tête rase, tous mes cheveux cisaillés près de moi!

— Une belle gerbe noire que cela devait faire!

— Elle a compris tout de suite, a bondi chez Valfon, et, après une scène horrible, dont ne m'arrivaient que des éclats, tous deux sont entrés dans ma chambre, elle délirante, une clameur folle toujours la même : « Je m'en vais... je m'en vais... », lui, terreux, mort de peur, toute la figure en bas, la suppliant : « Je vous en conjure, évitons le scandale... Au nom de vos enfants !... » J'ai retenu le mot ; dans sa bouche, il m'a paru sublime. A présent, que se passe-t-il, qu'allons-nous devenir ? Ma mère est-elle partie réellement ? Va-t-elle accompagner son médecin russe dans l'Inde ? J'aurais pu la suivre, m'associer à cette œuvre admirable. Mais je suis trop veule, je n'aime plus rien, je n'ai foi en rien. Puis, regarde-moi ; où veux-tu que j'aille avec cette tête de singe que je me suis faite ? Je n'ai qu'à rester dans mon coin, à cacher ma laideur en punition de ma honte.

— Ta laideur ? Sérieusement crois-tu t'être enlaidie ? Jeannine prenait entre ses mains la petite tête tondue et l'enveloppait d'un sourire.

— Eh bien, moi, je t'assure que tu es très jolie comme cela. Tu me rappelles ce petit prince indien qui est venu l'autre année, le fils de la reine d'Oude.

Les grands yeux moroses de Florence se noyèrent de larmes.

— C'est affreux, ce que tu me dis là.

— Pourquoi, chérie ?

— Parce que j'ai voulu me punir, perdre cette beauté que je n'ai pas su défendre. Je n'y suis donc pas parvenue, mon Dieu ? »

Jamais Jeannine Briant n'oublia l'énergie singulière dont cette fille insignifiante d'habitude, aux gestes las et retombants, avait martelé ces paroles. Mais sur le moment, la futile petite Parisienne, la nièce de Marc Javel, aussi envolée et légère qu'une des plumes de son chapeau, se préoccupait surtout de la promesse faite à Wilkie d'amener sa sœur au déjeuner.

— Écoute, ma Flo, je me trompe peut-être, mais il y a un moyen bien simple de savoir si tu t'es ou non défigurée. Vous avez du monde, ce matin. Habille-toi et viens te mettre à table, tu liras la vérité dans tous les yeux.

Florence réfléchit une seconde, puis se levant d'un brusque sursaut :

— Prends garde... Je veux bien y venir à ce déjeuner, essayer de vivre comme une créature naturelle après l'horreur de cette nuit. C'est pour me rendre compte, comme tu dis... mais si j'ai manqué mon coup, si je ne suis pas parvenue à lui donner honte de moi, s'il peut se parer de ma beauté outragée, humiliée, je te jure que je recommencerai et que cette fois je ne me manquerai pas.

Jeannine allait répondre. Elle l'arrêta d'un geste de sa petite main d'orientale, courte et grasse.

— Un détail, mais très important. Pour faire honneur à sir Moulton et à ces demoiselles de l'ambassade, on déjeune à l'anglaise, les dames en chapeau. Tu préviendras Valfon que moi je déjeune en cheveux, ce qui me reste de cheveux... Il faut qu'on voie.

Quand elle entra au bras de Valfon dans la haute salle à manger de blanches boiseries anciennes, au rez-de-chaussée du ministère, ce ne fut qu'un cri d'admiration pour la jolie petite tête garçonnière, érigée toute pâle au-dessus d'épaules splendides et d'un corsage de gaze ourlé de fourrures brunes. Ses yeux luisaient d'un éclat fiévreux et dur vraiment extraordinaire. Sa bouche mourait de languitude et de dégoût. En s'asseyant, elle inventa je ne sais quel accident dû à une maladresse de femme de chambre, toute sa chevelure brûlée par l'explosion d'une lampe à essence, pendant qu'on la coiffait. Du départ de la mère, pas un mot. Pourtant il n'y avait pas un des convives qui ne sût la nouvelle et dont la curiosité ne se trahît par un coin d'œil allumé et fureteur.

Ah! très illustre colonel Moulton, émule de Stanley, de Speke, de Barker, carabine à éléphant sans rivale, quel mauvais public vous aviez ce matin de décembre pour vos merveilleux récits de chasses à l'hippopotame au bord du lac Tanganyika, et pour la présentation de cette petite reine des nains qu'on n'avait pu faire asseoir à table et qui rôdait frileusement autour de votre chaise dans une gandoura d'or vert avec les yeux hébétés et ronds, les pommettes microscopiques et terreuses d'une grande poupée tombée dans le feu et débarbouillée au beurre. Elle était amusante cependant, surtout racontée par vous devant cette nappe étincelante de cristaux et de vaisselle plate, sous ce ciel parisien rempli de neige ; amusante et jolie, la passionnette de cette jeune princesse éprise du pâle étranger massacreur de monstres, et fuyant avec lui le royaume des pygmées. Mais à côté de votre histoire qu'ils faisaient semblant d'écouter, tous ces gens-là, mon cher Moulton, cherchaient à en deviner une autre, bien plus intéressante et mystérieuse, une histoire de la grande forêt parisienne qui cache parfois si bien ses victimes.

Après le déjeuner, très bavard, très long, ces messieurs étaient montés chez le ministre pour fumer en regardant l'exposition des cadeaux, les souvenirs de la « terra incognita » rapportés par le colonel à son vieil ami Valfon qu'il connaissait depuis vingt ans, depuis Bordeaux, le cirque et le journal *le Galoubet*.

— Et ceci, colonel Moulton, qu'est-ce que c'est? Après une infinité de bibelots bizarres, des colliers de pierres peintes, une cartouchière en peau de serpent, un winchester à trente-deux coups ajusté sur un affût de bois de la fabrication de sir Moulton lui-même, il ne restait plus que le rouleau de feuilles de palmier, épaisses et nerveuses, oublié dans les broderies du divan et que Wilkie Marquès s'apprêtait à ouvrir, quand l'Anglais s'interposa vivement :

— Take care, mon cher Wilkie, c'est très *dangerous...*

Il lui prit le paquet des mains et, le défaisant avec minutie, en tira un faisceau de cinq longs javelots, une pomme d'ivoire à un bout, à l'autre une pointe de fer empoisonnée, défendue par un étui d'écorce dure. Quel était ce poison plus pénétrant que le curare? D'où venait-il? Personne n'aurait pu le dire, ni Stanley, ni Moulton, pas même la petite reine des pygmées, qui gardait religieusement dans sa malle une boîte remplie de ces dardillons, dont la moindre piqûre donnait la mort. Et quelle mort ! En cinq minutes, une face de lèpre, bouffie, livide, méconnaissable.

— Dites donc, Valfon, glissa le nouveau ministre de la Marine dans l'oreille de son collègue des Affaires étrangères qui tirait d'énormes et silencieuses bouffées de cigare devant le feu... ça ne doit pas être commode de faire de la politique dans ce pays-là. Si quelqu'un a envie de votre portefeuille, c'est vite envoyé une mauvaise flèche.

Le glabre Wilkie se mit à rire :

— Mais, monsieur le ministre, nous avons des équivalents dans la société. Avec une calomnie bien aiguisée, une lettre anonyme comme on les confectionne dans les maisons recommandées, je me charge d'empoisonner les personnes les plus saines, les plus résistantes, d'en faire les premiers sujets de l'hospice Saint-Louis.

Sa figure de vieille fille méchante cligna du côté du patron, comme pour lui rappeler leur conversation de la matinée.

— Je vous en prie, mon cher Valfon, dit sir Moulton posant les flèches une à une sur le marbre de la cheminée, après s'être assuré que leur pointe était soigneusement garantie, voilà cinq types très divers de lettres anonymes de l'Afrique centrale, que je vous engage à ne pas laisser traîner ; accrochez-les le plus tôt possible, en panoplie au mur de votre billard, et qu'on n'y touche plus.

— C'est Duperron qui s'en chargera. Vous entendez, Duperron? Le ministre se penchait vers l'huissier de service occupé à fourgonner le feu... Dès que nous serons partis, ou plutôt, non, je veux que ce soit fait devant moi... Vous attendrez que je sois revenu de l'Élysée.

Il devait s'y rendre à quatre heures, avec le colonel et la petite reine des nains, que la Présidence désirait connaître. Encore quelques bouffées de cigares, un dernier hippopotame effondré sous les balles de sir Moulton, puis l'on descendit au salon où les dames avaient fait asseoir au piano la petite reine tout effarée. Au milieu des fous rires qui secouaient les plumes des grands gainsborough et la gaîté sonore, emperlée de toute cette jolie jeunesse, Valfon s'approcha de sa belle-fille — il n'avait pas encore osé lui parler — et lui demanda, tremblant et grimacier :

— Tu ne viens pas avec nous à l'Élysée?

— Non, non... fit deux fois violemment la petite tête rase sans qu'il obtint d'elle un mot ni un regard.

S'adressant alors à l'amie :

— Jeannine, je vous la recommande, ne la quittez pas aujourd'hui, fit-il avec une expression d'angoisse, bien extraordinaire chez ce politicien toujours maître de lui.

Jeannine Briant, qui connaissait le pèlerin, pensa d'abord :

— C'est pour m'attendrir. Il espère que je parlerai à ma pauvre Flo de son désespoir, de ses remords...

Elle promit cependant de rester auprès de Florence.

— Il neige, c'est le temps qu'elle aime; si elle veut, je demanderai à l'oncle Marc sa charrette, nous irons au bois toutes les deux. Du plein air et de la fourrure, il n'y a rien de plus sain.

— Merci, mon enfant, murmura Valfon très ému.

Jeannine n'en revenait pas.

Le vrai, c'est qu'incapable de remords, la partie sensible de son être atrophiée chez lui depuis longtemps, Valfon mourait d'inquiétude et de peur. Quelles suites aurait sa folie de cette nuit? Qu'était devenue Mme Valfon? Que projetait la jeune fille? Avec deux pareilles toquées, on pouvait s'attendre à tout. Il craignait un scandale retentissant, un de ces éclats dont les plus hauts, les plus puissants ne parviennent pas à s'abriter; et en même temps l'éventualité que sa victime lui échappât, que son triste bonheur restât sans lendemain.

Qu'elle lui sembla longue, cette réception de l'Élysée! Par quelle bizarre analogie cette petite poupée à tête ronde et crépue, qu'on se passait en riant de main en main, le fit-elle songer tout le temps à l'apparition qu'il avait eue, le matin en entrant dans la chambre aux cris de la mère, de l'opulente créature jetée en travers de son lit, sa toison noire à côté d'elle? Était-ce un présage, cette image qui revenait obstinément? Sa belle-fille lui réservait-elle encore, ainsi qu'elle l'en avait menacé, quelque surprise d'épouvante pour le punir? A la fin, n'y tenant plus, il fit ses excuses à la Présidente. Le lendemain, précisément, il y avait à la Chambre une séance très chargée, une interpellation probable, « les fameuses croupières à Bismark... » Ah! ce n'est pas une sinécure d'être ministre au quai d'Orsay.

— Compliments à vos dames, je vous prie, dit le Président de la République qui le reconduisait.

Vos dames! il ne lui en restait plus qu'une, et encore il n'était pas sûr de la retrouver.

Comme toujours, en rentrant au ministère, Valfon monta d'abord dans son cabinet, dont on allumait les lampes. La mélancolie de ce dimanche de neige pesait sur le grand palais désert. A peine chez lui, le ministre sonna violemment.

— Éclairez-moi vite. Et de la même intonation saccadée, étranglée : « Qui est entré ici, en mon absence? » demanda-t-il à l'homme de service.

— Moi, monsieur le ministre, et personne autre... A moins qu'on ne soit venu par là, ajouta le placide Duperron. *Par là* signifiait la petite porte sous tenture du côté des appartements. En y songeant, je suis sûr maintenant qu'on est venu. Comme j'entrais, j'ai vu sortir Mlle Florence.

Valfon sentit un souffle de mort courir sur ses tempes.

— Bien, merci...

L'huissier s'en allait. Il le rappela, et lui montrant

les javelots à boule d'ivoire en faisceau sur la cheminée :

— Duperron, vous rappelez-vous ?... Il pouvait à peine parler tant ses lèvres étaient sèches et fiévreuses : vous rappelez-vous combien le colonel nous a laissé de ses flèches ? Est-ce quatre ou cinq ?

— Cinq... cinq, affirma le vieux pontife de l'antichambre.

C'était bien cela. La cinquième flèche manquait. Qui l'avait prise ? Pourquoi faire ?

L'huissier demanda encore :

— Monsieur le ministre veut-il que nous les mettions dans le billard ?

— Non, plus tard, pas maintenant... emportez votre lampe, je ne reste pas là.

Il avait besoin de se préparer, de se remettre. La secousse qu'il venait d'avoir, l'angoisse de ce qui l'attendait derrière cette porte. Et tandis qu'appuyé à la cheminée de ses deux mains tremblantes, dans le reflet blanc de la neige qui tourbillonnait aux vitres silencieuses, le misérable songeait avec épouvante à cette cinquième flèche disparue, l'image que lui renvoyait la glace qui s'emplissait de nuit avait une pâleur livide, des joues creuses, des yeux hagards, comme il ne s'en était jamais vu.

A peu près à la même heure, plein d'angoisse lui aussi mais pour d'autres motifs, Antonin Eudeline remontait le boulevard Saint-Germain sous un simoun de neige. Il allait chez son frère qu'il n'avait pas encore vu ni prévenu de son arrivée, comptant le surprendre en pleine vie, se rendre compte de ce qu'il y avait de réel ou de menteur dans ce qu'on lui reprochait. Sur cette influence de femme qu'il redoutait plus que tout, ni sa mère ni sa sœur n'avaient pu le renseigner. La liaison dont Mme Eudeline était si fière, avec une grande mondaine, semblait finie ; du moins Raymond n'en parlait plus, occupé d'une autre affection encore plus mystérieuse, plus absorbante et qui le gardait très loin des siens. « Je me doute, je ne suis pas sûre », disait la petite télégraphiste. Maman, elle, ne savait rien, certaine seulement que son Raymond ne pouvait plaire qu'à une femme de cœur et de distinction. Quelques jours auparavant, Antonin aussi l'aurait juré ; mais quel trouble à présent dans sa pauvre tête si tendre, si confiante!

Comme il arrivait devant la maison de l'aîné, il trouva debout à l'entrée du couloir, sa mâchoire de petit doguin en avant, les bras nus et marbrés de froid — ces beaux bras impériaux qui gantaient à quinze boutons — Mme Alcide et son balai, opposant une défense héroïque aux assauts de la neige et du vent.

— Veine! voilà M. Antonin arrivé, c'est mon locataire qui va être content... Bon sang! c'est-il du vent, ça? c'est-il de la neige, ça?

Sans perdre un coup de balai, car au jour tombant, comme d'ordinaire, l'effort de l'ennemi redoublait, Mme Alcide s'agitant, tournoyant à l'huis de son couloir, donnait et demandait des nouvelles à M. Antonin avec une telle véhémence, qu'il avait autant de peine à placer une parole qu'à mettre un pied dans le corridor.

— Vous savez que le petit marche tout seul maintenant, que Mme Sophie l'a guéri. Voilà une chose que nous n'oublierons jamais. Un enfant si *chéti*, qui n'avait jamais bougé de sa petite roulotte que pour aller sur l'épaule du papa! Mon pauvre homme! Nous qui ne pouvions pas nous regarder sans pleurer, à l'idée de cet enfant-là, notre unique. Eh ben, le croiriez-vous? Depuis que le petit va sur ses pieds, sans roulettes, qu'on pourrait vivre contents comme des monarques, Alcide a pris une maladie noire; il ne sort plus, il ne veut plus voir personne. Même les histoires de batailles qu'il racontait à son garçonnet, c'est fini; plus un mot à tirer de lui, jamais. Ah! monsieur Antonin, vous qui êtes si bon enfant...

Elle était parvenue à fermer la porte, tout son corridor déblayé. Alors elle essuya ses larmes avec ses bras nus pour qu'Alcide ne vît pas qu'elle avait pleuré et fit promettre à Antonin qu'avant de s'en aller il entrerait dans la loge, essaierait de confesser le chagrin de l'ancien directeur de l'Opéra-Comique, qu'on avait connu si gai, si causant.

— Je vous le promets, madame Alcide, dit le brave garçon, déjà dans l'escalier. Il se pencha sur la rampe pour demander : Est-ce que mon frère est chez lui?

— Au fait, j'y pense ; M. Raymond n'est pas encore là, mais madame vient de rentrer.

— Madame?

Il fut sur le point de redescendre et d'entrer dans la loge pour s'informer, savoir le genre de femme qu'il allait trouver chez Raymond. Une honte le retint, et la crainte d'interminables explications. Il le verrait bien, après tout, quelle sorte de femme avait pris le nom et le rang de « madame » dans la maison de l'aîné. Arrivé au quatrième étage, il s'approcha de la porte, écouta avant de sonner, très ému. Au dedans, quelqu'un guettait comme lui, qui l'avait entendu marcher, car la porte s'ouvrit aussitôt, doucement.

— Antonin !

— Geneviève !

Elle avait son chapeau, son manteau. Toujours la même, très jolie, seulement encore plus pâle. Peut-être le gaz de l'escalier ou la surprise de le voir là, subitement, au lieu de Raymond qu'elle attendait.

— J'avais cru reconnaître son pas, figure-toi, mon petit Tonin... Mais entre, entre donc, ne reste pas là.

Il lui avait pris sa main toute gantée et la serrant avec effusion, dit très bas, dans l'antichambre, avant d'entrer :

— Oh ! que je suis content de te voir ici, Geneviève. Est-ce que tu viens souvent?

— Très souvent.

Lui, plus bas encore :

— Alors, tu connais cette personne, cette femme avec laquelle... enfin, n'est-ce pas? celle qu'on appelle madame?

D'un accent ingénu et navré Geneviève lui répondit :

— Mais c'est moi, madame...

Ah! ceux qui sentent profondément ne meurent pas qu'une fois dans la vie. Songez à ce que la tantine lui représentait, toute la femme, un peu la mère, un peu la sœur, quelque chose de plus encore. Depuis qu'il y voyait, depuis qu'il respirait — oh! jamais pour lui seul — pas un bonheur dans la maison, pas une espérance qui ne lui vînt de Geneviève, qui n'ait eu son joli visage. Elle était pour lui la madone de Fourvières et toutes les médailles de Dina et tous les romans de Mme Eudeline. Maintenant, voilà ce qu'il retrouvait.

Assis dans le salon à côté d'elle, son premier mot fut l'explosion de toutes ses pensées.

— Mais enfin, pourquoi ne t'a-t-il pas épousée?

De cet air raisonnable et doux qui ne la quittait jamais, elle lui dit ce qui les avait empêchés de se marier. Raymond ne le pouvait pas, avec sa sœur et sa mère à faire vivre; déjà un ménage sur les bras, il n'avait pas le droit d'en prendre un autre. Il s'y serait décidé, pourtant; c'est elle qui n'avait pas voulu, à aucun prix.

— Pauvre amie ! murmura Tonin, frôlant d'une caresse respectueuse la main qu'il tenait toujours.

Dehors, le vent galopait sur le balcon, la neige crissait contre les vitres. Geneviève, souriante, reprit après un silence en lui montrant son manteau mouillé :

— Tu vois, je ne me défais pas. Raymond va rentrer et nous dinons dehors comme tous les dimanches. Tu vas venir avec nous, il y compte bien. Tantôt, en revenant de Morangis, je lui ai appris ton arrivée à Paris. Et à propos de Morangis... Sa voix s'émut, du rose lui monta aux joues. Comme ils avaient tous été bons et généreux de laisser croire au vieux père qu'elle passait sa vie chez Casta, qu'elle travaillait avec elle à son dispensaire. Que serait-il arrivé sans cela ? elle n'osait pas y songer.

— Mais, ma Geneviève, — il avait une pudeur à présent, à l'appeler tantine — elle est bien précaire cette histoire-là. Pierre Izoard vit trop près de vous, j'ai peur qu'il ne découvre un jour ou l'autre... Il est vrai que ni maman ni sœurette ne se doutent de rien depuis le temps. Que moi-même, quand j'ai su que mon frère avait chez lui... enfin... n'est-ce pas ? le... le... une madame...

— Tu as pensé à toutes les femmes excepté à tantine, mon pauvre petit ?

Il baissa la tête, avançant sa bonne lippe, mais se redressa presque aussitôt :

— Avant tout, il faudrait prévenir Sophie pour le cas où elle rencontrerait ton père. Vous ne vous voyez plus, je crois ?

— Oh ! non, fit Geneviève avec un accent de révolte, elle a été trop méchante, trop injuste pour Raymond... Tu sais ce dont elle l'accusait, dont elle l'accuse encore?

Il fit signe qu'il le savait.

— Mais tu n'as pas pu y croire, toi, mon petit?

Après une hésitation, il avoua avoir douté un moment. Ces mensualités régulières que l'aîné apportait à la maison, sans en expliquer la provenance, cette liaison mystérieuse, une femme installée chez lui et l'empêchant de recevoir sa mère, sa sœur, surtout après l'aventure de Mauglas, toutes les suppositions étaient possibles. C'est seulement quand je t'ai vue droite devant la porte que je me suis dit : « Elle est là, elle vient chez lui, plus rien à craindre, nous sommes sauvés. »

On entendit Raymond qui arrivait et le ferraillement d'une discussion de jeunesse dans l'antichambre. Geneviève s'était levée :

— Aime ton frère comme tu l'as toujours aimé, mon petit Tonin, dit-elle tout bas. Il est bon, il a l'âme fière, incapable de quelque chose de mal. L'argent qu'il dépense pour lui, pour sa famille est de l'argent bien acquis; ce sont des avances faites à son intelligence, à son travail, sois tranquille.

Le grand frère entrait, présentait son petit électricien aux deux camarades que lui-même amenait. Un maladif et long jeune homme, les yeux caves, le dos en arc, auteur d'un petit traité de psychologie tout suant de venin, intitulé *Ma Méchanceté;* l'autre, un gros homme sans âge, un fort mangeur, aux larges yeux, suiveur et confident de grandes et petites vedettes, un de ces accompagneurs de gens connus, de ces donneurs de bras de profession qui vous demandent très sérieusement « si vous avez un côté de préférence ». Ces messieurs faisaient partie de la *Vorace* et, comme tels, vêtus avec la plus grande recherche, cols à la Van Dyck, longues cravates mordorées, ils miraient leurs souliers vernis dans la soie de leurs hauts-de-forme et protestaient par le romantisme néo-chrétien de leurs idées, de leurs gilets, de leurs coiffures, contre la bohème naturaliste et tous les peintres — psychologues ou non — de la vie plate.

Pourtant leur dîner en pique-nique du dimanche — ce qu'ils appelaient le « chou rouge » — robuste étuvée de choux et de haricots cuits au lard pendant un jour et une nuit, qui les réunissait chaque semaine au premier étage d'une antique maison de la rue des Poitevins à la rampe de vieux fer forgé, au large escalier de dalles noires, pleine du souvenir de Vallès et de Courbet, ce fameux dîner n'avait rien de romantique, fleurait plutôt une forte odeur de réalité. Après le « chou rouge », que Raymond avait présidé ce soir-là et arrosé de quelques bouteilles de vin mousseux en l'honneur d'une *Famille française*, la bande quitta la table pour gagner sous la neige, par petits groupes discutants, pontifiants, la brasserie du boulevard Saint-Michel où la *Vorace* tenait ses assises, dans une salle du fond ornée d'une estrade et d'un piano. Pendant la route, Antonin, qui venait le dernier avec Geneviève abritée sous son parapluie, entendit un des jeunes Voraces marchant devant eux dire à son compagnon :

— Symbolard a amené son dévouement, il n'y aura pas le plus petit mot pour rire.

Malgré ses habitudes ouvrières, les durs calus qu'à la longue l'atelier avait faits à sa nature fine et délicate, Tonin se sentit blessé dans son tendre respect pour leur amie, et comprit — comme deux ou trois fois pendant le dîner — que Raymond n'aurait pas dû l'amener avec lui, que sa place n'était pas là. Quelques-uns de ces jeunes gens s'y trouvaient avec leurs maitresses, des actrices de petits théâtres, des demoiselles du Conservatoire émancipées; d'autres invitaient à dîner au « chou rouge » une célèbre diseuse dont on se faisait honneur ensuite à la séance. Ces personnes se parlaient peu entre elles, se donnaient des « madame » et « chère madame » comme au grand foyer de la Comédie-Française. Mais à des coins d'œil et de bouche on les devinait de la même famille. Sur tout ce kaolin il y avait une éraillure, un coup d'ongle uniforme dont Geneviève seule n'était pas atteinte. On la sentait d'une autre pâte. D'où l'ironie de cette phrase : « Symbolard a amené son dévouement. » Oh! bien sûr qu'il n'aurait pas dû l'amener.

Toute la soirée se passa à faire de la musique, à dire des vers; musique de joueurs de guimbarde que le musicien est seul à entendre et à comprendre, — vers qui ne riment pas et qui semblent une traduction d'auteur étranger très difficile. Puis une discussion s'éleva sur le roman vériste et la *Famille française*. Vérisme, naturalisme, n'était-ce pas toujours le même fumier? Fini le roman de l'homme et de la femme, aussi ennuyeux à le raconter qu'à le vivre. Il faudrait essayer le roman du chien.

— Comme ils sont méchants! Un livre qui lui a coûté tant de mal... Enfin, n'est-ce pas?... Le pauvre cadet, le cœur gros, parlait tout bas à Geneviève assise à côté de lui, dans un coin du café.

— Oui, tu as raison, ils sont méchants. Il semble qu'ils s'empoisonnent à boire de la mauvaise encre. Ce sont leurs livres qui les dessèchent. Ils en ont trop lu, et trop jeunes. Ils savent trop de choses. Et puis l'âpreté des concours, l'ambition d'être premier, *pre... pre...* dans la vie comme au lycée, de marcher sur la tête des autres, de tout écraser.

Antonin sourit tristement.

— Alors, tantine, je remercie mon pauvre père de ne m'avoir pas fait donner d'instruction puisqu'elle rend les hommes féroces.

Geneviève protesta :

— Non, mon petit, le savoir n'a jamais rendu l'homme méchant; mais l'enfant que l'existence n'a pas encore assoupli, assagi, peut de ce qu'il a appris faire un mauvais emploi. C'est ce qui arrive à notre Raymond. Il a le cœur tendre et il vient d'écrire un livre bien cruel.

Il tressaillit. Depuis des heures qu'ils étaient ensemble, ils avaient évité d'en parler, du roman de l'aîné, comme d'un sujet pénible, dangereux.

— Oui, un livre qui nous a tous fait pleurer, ajouta-t-elle avec l'accent profond que sa sincérité donnait à toutes ses paroles.

Il allait lui répondre, mais Raymond, un journal déployé à la main, s'approcha d'eux, très ému, les lèvres blanches. Une critique féroce de son livre sans doute. Il se pencha vers Geneviève, et tout vibrant :

— Je t'en prie, Mme Nas va chanter le *Centaure* et les *Tourbillons célestes*. Approche-toi, n'aie pas l'air de bouder.

Elle obéit, quitta la table sans un mot; et lui tout de suite, posant devant son frère le journal qu'il tenait, le souligna d'un coup d'ongle et de quelques paroles à voix basse :

— Je n'ai pas voulu t'en parler devant elle, à cause de ce nom de Marquès, qui l'attriste toujours ; mais lis ça... au dernières nouvelles.

Tonin, bougeant à peine les lèvres, parcourut l'entrefilet suivant :

Un affreux malheur vient de frapper le Président du Conseil et sa famille. Mlle Florence Marquès, la belle-fille de M. Valfon, est morte subitement cet après-midi, au ministère, en pleine santé. Elle avait à peine vingt ans.

— Ils m'amusent ces gamins à nous appeler les peintres de la vie plate, murmura le jeune romancier vériste... crois-tu qu'il y en a du drame et du mystère dans ce simple fait-divers!

XIII

UN HÉROS

C'était aux approches du printemps, quelques mois après le dernier voyage d'Antonin à Paris. Mois de travail enragé et d'illusions robustes que le brave cadet avait passés au milieu de ses dynamos, dans la fumée jaune de la Tamise et le bruissement de l'eau sous son usine grelottante. Malgré le mauvais numéro qu'il avait tiré à la conscription, ses amis de Paris lui écrivaient avec tant de certitude qu'il serait exempt *pour cause* d'infirmités, bégaiement, faiblesse des yeux... Il avait fini par y croire jusqu'à ce matin, hélas! Oh! l'affreux matin d'avril pluvieux et noir, où revenant du conseil de revision, il entrait chez les dames Eudeline en leur jetant ce cri désolé : « Bon pour le service, mes chéries. »

Décidément, le marchand de bonheur dont je vous ai parlé, passant ce jour-là devant le magasin de la

Lampe merveilleuse, n'aurait pas eu encore cette fois le désir d'y faire son installation. A travers les hautes vitrines ruisselantes de pluie où luisaient, comme des morceaux brisés d'arc-en-ciel, les petits lampyres bleus, verts et roses, c'était si triste de voir la maman effondrée dans le comptoir, embobelinant son chagrin de compresses d'eau sédative, et Tonin assis en face d'elle, songeant avec épouvante qu'il en avait pour cinq ans à servir dans l'infanterie de marine où le classait son mauvais numéro. Jusqu'à la petite Dina qui, à l'idée de rester si longtemps loin de ce frère qu'elle adorait, à qui elle confiait tout son cœur, venait de prendre un accès de colère dont elle était encore toute tremblante... Qu'est-ce qu'elles allaient devenir, mon Dieu! sans la chaleur de ce bon sourire de Tonin et tout ce que ses petits yeux sans cils vous envoyaient de tendre, de secourable? Pour l'achever, son Claudius dont elle n'avait plus de nouvelles depuis un mois, dont elle ne savait rien sinon qu'il n'habitait plus l'Engadine. Chère petite Dina, il lui en fallait du courage et de la confiance en ses médailles pour se forcer à reprendre goût à l'existence, à aller au bureau comme les autres matins, avec toutes ces tristesses et ce ciel noir et cette rue boueuse où elle entendait les marchands de journaux crier, pendant qu'elle mettait ses gants et son chapeau devant la glace :

« Demandez le *Matin*, la chute du ministère! Derniers moments du cabinet Valfon. »

Elle lui était indifférente, la chute du ministère,

mais quel menuet de fantôme, quelle soirée inoubliable ce nom de Valfon évoquait pour elle. Oh! les marquises et les bergères, et les satins et les houlettes, et cette belle Florence Marquès si mystérieusement disparue, emportée par des chevaux blancs sur un char écrasé de roses blanches, un jour de cet hiver qu'il était tombé tant de neige. Elle secoua ses boucles blondes pour chasser ces apparitions et, jetant sa besace sous son bras :

— A ce soir, maman. Tu viens de mon côté, Tonin ?

Non, Tonin n'avait pas le temps de l'accompagner. Des clients à voir pour sa maison de Londres, des appareils à commander pour celle de Paris ; puis déjeuner avec son patron, M. Esprit, monter chez l'aîné un moment, lui annoncer la mauvaise nouvelle, c'était plus qu'il n'en saurait faire.

La petite s'arrêta, la main sur la porte :

— C'est tout de même drôle que je ne puisse pas aller voir Raymond, moi aussi, parce qu'il reçoit de certaines personnes... moi qui me suis donné tant de mal pour coudre ses rideaux, lui draper toute sa toilette ; et puis, défense de regarder.

Un éclair de gaieté passa dans ses yeux bleus.

— Tu as dû en rencontrer, chez lui, de ces jolies madames, dis, frérot ? Ont-elles bon genre, au moins ?

Maman Eudeline fit la grosse voix :

— Dina !

Mais déjà la porte était refermée, le petit chapeau

rond en route avec la besace dans la direction du Bureau central.

« Demandez la chute du ministère... dernières nouvelles du cabinet Valfon... » criaient les hideux camelots. Et la petite télégraphiste songeait en traversant sous une pluie fine la large chaussée en flaques d'eau du boulevard Saint-Germain : « J'en sais un qui la demandait, la chute du ministère, et qui doit être heureux de cette revanche à l'injustice que lui ont faite les Valfon, les Marc Javel en le mettant à pied, comme s'il y avait trop de braves gens au service de l'État ». Et précisément, sur le même trottoir que la petite, voici venir du côté du Palais-Bourbon celui à qui elle est en train de penser, reconnaissable de loin à sa taille courte et massive, à ces larges pantalons à la hussarde, qu'il est seul à porter depuis longtemps, et à cette longue barbe blanche qui dans le Paris de ce temps-là n'avait que celle du peintre Meissonier pour rivale.... Eh bien, non, Pierre Izoard a l'air étrange ce matin, mais la chute du ministère n'est pour rien dans son exaltation qui paraît manquer de joie. Il marche avec des gestes furieux, une expression de violence que Dina ne lui a jamais connue. Il passe à côté d'elle sans la voir, sans s'arrêter. On se retourne sur ce petit homme qui s'agite, parle tout haut. Qu'est-il arrivé au père de Geneviève ? Peut-être la fin de la session qui approche et avec elle le moment pour le vieux sténographe de quitter son emploi, de s'en aller de ce Palais-Bourbon où il demeurait depuis près de vingt ans. Comme tout change, pourtant, comme la vie est pleine de tournants, de surprises! Dina se rappelle les bonnes soirées qu'elle passait avec la tantine le dimanche dans le petit appartement de la cour Sully. Pouvait-on imaginer un intérieur plus doux, plus tiède, un cœur à cœur plus serré que celui du vieux père et de sa *filielle*? Maintenant, quand on va les voir et que par extraordinaire on les trouve tous les deux, on les devine gênés, lointains l'un de l'autre, et leur malaise vous a vite gagnés. Pourquoi cela? Est-ce une loi de l'existence? Est-ce nous qui nous transformons fatalement, qui devenons plus sombres, plus âpres avec l'âge; où sommes-nous victimes des circonstances?

Ainsi trottant et philosophant, la petite télégraphiste est arrivée au coin de la rue de Grenelle, presque en face du Bureau central. Une voiture de maitre stationne devant l'entrée, et le garçon de bureau, debout respectueusement à la portière, sa casquette galonnée d'or à la main, voyant s'approcher Mlle Eudeline, la signale à un vieux monsieur peint en jeune, très long, très sec, la barbe et les sourcils trop noirs, les yeux trop brillants, qui s'élance aussitôt du coupé et fait un pas au-devant de la jeune fille. Il la considère un moment avec attention, comme un bon canut inspecte une pièce de soie, fait claquer sa langue deux ou trois fois en connaisseur, puis se présentant:

— Je suis le papa, mademoiselle... Tony Jacquand, sénateur de Lyon... Claudius est à Paris et désire vous voir. J'avoue que je le comprends, surtout depuis cinq minutes. Je vous emmène rue Cambon, venez vite.

Dans le ministère, on entendait les sonneries du changement de service. Un va-et-vient d'employés des deux sexes se hâtait, se croisait sous le porche ; et chacun en passant, les femmes surtout, regardait curieusement cette petite Endeline que les sénateurs venaient chercher en voiture, ma chère. Jusqu'au soir très tard, les salles de travail, le lavabo, le vestiaire restèrent en rumeur à la suite de cette visite.

Seule en voiture à côté de ce vieux noceur aux yeux de diable, dont les longues jambes tenaient toute la place, une autre que Dina aurait eu peur. Mais la petite idolâtre avait ses manitous et, rayonnant d'une joie naïve, elle demanda tout de suite au vieux Tony :

— Oh! Monsieur, je vous en prie, dites-moi comment il va.

C'était si droit, si pur d'intonation que le père touché au cœur répondit spontanément :

— Mieux, bien mieux, ma chère petite... je le crois sauvé!

Mais aussitôt il se reprit, plein de méfiance :

— Seulement je vous préviens. Pour que la guérison soit complète, il faut dix-huit mois, deux ans. Vous attendrez deux ans pour vous marier. Vous entendez, petite fille?

Dix ans s'il avait voulu, à la condition qu'on leur

ménageât de temps en temps un rendez-vous délicieux comme celui-ci.

En arrivant rue Cambon, elle l'aperçut assis dans le jour d'une croisée, son plaid de voyage sur les genoux, accoudant au bras du fauteuil sa tête pâlie par les deux grands sapins de l'autre côté de la rue. Il lui parut maigri, le front et les yeux plus grands, avec ce pli de résignation dont une longue souffrance poinçonne les jeunes visages. Lui battit des mains en la voyant et cria dans un râle de joie :

— Père, père, qu'elle est jolie !

D'un élan elle fut à ses genoux, serrée, blottie contre son fauteuil, pendant que Tony Jacquand s'installait à l'autre fenêtre devant un guéridon chargé de journaux, disant aux amoureux, de son accent lyonnais, traînard et mou :

— Les feuilles sont amusantes, ce matin. Je vais les lire ici pendant une heure. Vous avez une heure à vous pour vous raconter vos fichaises. Après, je reconduirai mademoiselle à son bureau et j'irai faire ma visite à Mme Eudeline. Il ajouta, tourné vers eux, le doigt menaçant : « Seulement dans deux ans, vous savez, les *gones* (1).

— Oui, mon père, dans deux ans.

Et sans plus s'occuper les uns des autres, l'ancien canut lyonnais ânonnant ses journaux à haute voix pour mieux comprendre ce qu'il lisait, les jeunes gens se chuchotant de tout près les jolies fichaises

(1) Locution lyonnaise.

qu'ils avaient à se dire, un dialogue de politique et d'amour s'engageait entre eux, pareil à celui que sous leurs fenêtres le gazouillis des moineaux et des merles dans le jardin en face alternait avec le cri des camelots de la rue :

« Demandez la chute du ministère... le dernier jour du cabinet Valfon. »

Promenée dans Paris depuis le matin, cette clameur le remplissait, avait son écho dans tous les quartiers, à tous les étages. Au déjeuner de son patron Esprit Cornat, chez tous les clients qu'il visita dans la journée, Antonin n'entendit parler que de cette chute ministérielle aussi bruyamment que savamment annoncée. Raymond, quand son frère arriva, déclamait sur le fait du jour en achevant de s'habiller et gravitant de son cabinet de toilette vers le salon où l'attendaient deux ou trois bons types de faméliques qui n'avaient rien de la tenue ultra-correcte ni du langage prétentieux des jeunes Voraces.

Les joues complaisamment offertes à son cadet, sans même se donner la peine de le présenter, l'aîné des Eudeline reprit sa phrase et son geste interrompus :

— Ne vous y trompez pas, messieurs ; cette question des bouilleurs de cru sur laquelle est tombé le cabinet Valfon est des plus graves. Pour une fois, ces aigrefins avaient le bon droit avec eux ; mais il vaut mieux après tout laisser les braves gens se charger des saines besognes. Quant à moi, si jamais j'entrais à la Chambre...

— Tes gants, mon ami, dit Geneviève s'approchant de l'orateur dans un peignoir de laine, ses belles nattes mal rattachées, trop lourdes pour sa petite tête. Tu sais ce qui arrive à ton frère, continua-t-elle à voix basse.

Pendant la minute que dura leur causerie, Antonin qui les regardait, timide et debout dans un coin du salon, fut frappé par l'expression lasse et découragée jusqu'à la souffrance de la jeune femme qu'il avait laissée rayonnante de santé à son dernier voyage. L'aîné, lui, toujours superbe avec son teint de soleil et ses boucles dorées, avait pris dans l'allure quelque chose de cynique et de débraillé; sa façon de parler n'était plus la même. Il vint vers le petit, lui mit un bras protecteur sur l'épaule :

— Te voilà donc marsouin, mon pauvre vieux? Enfin, qu'est-ce que tu veux? Cinq ans, ça se tire comme le reste.

Tonin prit son élan pour répondre : « Surtout si je te sens près de notre mère, mon grand. » Mais il n'en eut pas le temps. Raymond avait gagné la porte, suivi par ses deux estafiers et le mélancolique « au revoir » de son amie.

— Oui, oui, au revoir, grinça le joli garçon d'un air excédé.

Restés seuls, Antonin demanda à la tantine si son frère avait de l'ennui; il le trouvait tout changé.

— Mais non, rien, je t'assure; Raymond est toujours le même.

Cadet savait à quoi s'en tenir et continua :

— Est-ce que la *Famille française* ne va pas ? Il me semble qu'on n'en a guère parlé ?

Tantine n'en voulait pas convenir; on avait beaucoup parlé de son livre, au contraire. Pour un débutant, on ne pouvait espérer mieux. L'illusion était de croire qu'un ouvrage signé d'un nom inconnu rapporterait beaucoup d'argent. Le pauvre Raymond, toujours préoccupé de ses responsabilités, avait eu une cruelle déception de ce côté-là. Par bonheur, c'était fini, il n'y pensait plus maintenant.

— Aurait-il renoncé à la littérature ? dit Tonin. Je vois là-dessus des tas de livres de science. Son geste effaré montrait la table au milieu du salon, chargée de bouquins de médecine. Geneviève avoua, un peu gênée, qu'en effet il y renonçait pour le moment, oh ! rien que pour le moment.

— La route est trop encombrée, tu comprends. Entre qui veut dans les lettres. Il n'y a pas de douane, point de surveillance. Et puis trop d'envieux et de méchants dans ce métier. J'ai été contente de le voir se mettre à la médecine.

Cadet trouva qu'en effet l'idée était excellente.

— Et il s'y est mis avec un grand courage, le cher ami, surmontant les répugnances que soulèvent en lui la laideur, la maladie.

— Il est si beau, soupira le petit frère.

Et Geneviève :

— Oh! Je suis témoin des efforts qu'il a faits; mais vraiment l'anatomie l'écœurait trop, il n'a pas pu.

Tonin la regarda avec stupeur, puis laissant aller ses mains découragées :

— C'est vrai que s'il ne pouvait pas...

— Depuis quelques jours, il s'occupe de politique. Il a de l'assurance, une voix bien timbrée... En parlant, elle se levait pour entr'ouvrir les fenêtres du salon, saturé d'une forte odeur de pipe par les visites du matin. Il est question d'élire un conseiller municipal à Charonne. On lui demande de se porter. Seulement, c'est beaucoup de temps, beaucoup d'argent.

Antonin, rougissant, balbutia :

— Vous devez en manquer d'argent? Les avances de son... enfin, n'est-ce pas? le... le chose... doivent être loin?

— Oh! non, pas encore.

Il y eut entre eux le silence et la gêne qu'y mettait toujours cette question d'argent.

Tout à coup on sonna avec violence. C'était Sophia Castagnozoff, les lunettes de travers, des cheveux de noyée collés contre les joues. En entrant, elle jeta son chapeau ruisselant de pluie sur la table, et sauta au cou de son amie :

— Raymond est sorti? Alors c'est toi que j'embrasse; c'est à toi que je demande pardon, et au petit en même temps, puisque j'ai la chance qu'il soit là.

Tantine, très froide, se dérobait. Mais la Cosaque tint bon :

— Laisse-moi donc tranquille, tu ne vas pas faire la fière avec ta vieille Casta. Eh bien, oui, je me suis trompée, Raymond est un brave garçon, incapable de la mauvaise action dont je l'accusais. Je connais le vrai délateur, celui qui livra Lupniak à la police. Il est venu à moi, faire ce que je fais ici, demander pardon. Mais nous en parlerons plus tard. Pour le moment, nous avons à nous occuper de choses plus pressantes.

Elle souffla, suffoquée par l'émotion, les étages, puis annonça la terrible nouvelle. Dans une heure, peut-être avant, Pierre Izoard serait là.

Geneviève, épouvantée, se soutint des deux mains à la table.

— Mon père! c'est la fin.

Cadet essayait de la rassurer. Etait-ce bien sûr? Comment Sophia savait-elle?

— Comment je sais? Par votre sœur, mon cher Tonin, cette exquise petite Dina qui a rencontré M. Izoard chez sa mère et, bien que bouleversée elle-même — vous saurez pourquoi ce soir — a songé à prévenir ses amis du danger qui les menaçait. Une lettre anonyme arrivée, paraît-il, après plusieurs autres, avertissait le père de Geneviève que sa fille ne travaillait pas avec Sophia Castagnozoff. S'il voulait savoir où et comment elle passait son temps, il n'avait qu'à se rendre boulevard Saint-Germain n° 1, quatrième étage, porte en face.

Geneviève murmura d'un ton désespéré :

— Si c'est ainsi, il n'y a plus rien à faire.

— Rien à faire absolument, appuya la Russe, mais avec un tout autre accent. Ton père va venir, il te trouvera chez moi, travaillant avec moi. Nos livres, notre table; il y a même deux chaises devant la table. S'il s'informe avant de monter, Mme Alcide a mes instructions. S'il monte tout droit, je me charge de lui parler

Antonin, dont le regard effaré inspectait les meubles, les tentures, pour voir s'il ne s'y trouvait rien de compromettant, s'informa, comme traversé d'une méfiance subite :

— M. Izoard ne sait donc pas que Raymond habite ici ?

— A coup sûr il n'y est jamais venu, reprit Casta vivement. Il y a si longtemps qu'ils ne se voient plus avec l'aîné. Il lui en veut tellement de son livre, de sa liaison avec madame... Elle allait dire madame Valfon, s'en aperçut et tourna court : D'ailleurs laissez moi faire. J'ai roulé des juges d'instruction plus malins que Pierre Izoard. Je vous jure qu'il ne m'effraie pas.

La tantine se redressa avec un mouvement de révolte :

— Non, merci. Assez de mensonges; je n'en veux plus. Cette vie que je mène m'est odieuse à la fin. J'y suis très maladroite d'abord et il y a trop longtemps que cela dure... Ce pauvre homme qui n'a que moi à aimer et que je condamne à une perpétuelle méfiance! Par moments, on dirait qu'il veut m'éviter la fatigue et la honte de mentir. Quand je rentre, quand je sors, il ne me demande plus même : Où vas-tu? D'où viens-tu? Nous sommes comme des étrangers. Ah! vous auriez bien du mal à la reconnaître, notre petite maison de Morangis, si joyeuse, si cordiale. On ne se parle plus, on n'a rien à se dire. A peine si nous osons nous regarder. On louche tout le temps. Qu'il vienne, mon Dieu, et qu'on en finisse!

— Tu es folle, mais il te tuera! La Cosaque avait bondi, rejetant ses cheveux de garçon derrière l'oreille : Tu le connais bien pourtant, ce vieux Romain fier de sa Virginie et se croyant droit de vie et de mort sur elle.

Oh! le sourire navré de la tantine :

— Il me tuera... Et après?

Sophie était indignée.

— Après? mais tu sais bien que le pauvre vieux ne pourra pas te survivre! et ton Raymond, que veux-tu qu'il devienne sans toi? Puis, il y en a d'autres encore qui t'aiment.

— Oh! oui, soupira le brave Tonin, dont le sanglot comprimé fit le bruit d'une ancre dérapant sa chaîne dans les pierres.

Geneviève secouait la tête tristement :

— Mais enfin, si je parviens à lui cacher la vérité aujourd'hui, même pendant quelque temps, il faudra bien toujours qu'il la connaisse. Un moment viendra...

Elle eut un vague geste, un regard de pitié sur elle-même, que Sophia fut seule à comprendre.

— Ah! la bête, lui dit-elle tout bas avec émotion. T'ai-je assez avertie pourtant? Te l'ai-je assez montrée l'impasse où tu t'enfermais? N'importe, nous avons quatre ou cinq mois devant nous, on s'en tirera. Au plus pressé d'abord, voici : Cadet va descendre, s'installer chez les Alcide. Ils sont prévenus; mais il peut y avoir maladresse, excès de zèle, un de ces imprévus...

— Compris... Le... le chose... Je serai là.

Il prenait son élan vers l'escalier. Mais Sophie le retint :

— Une idée, attends...

Les petits yeux de la Slave luisaient d'intelligence et d'astuce. Elle tira une carte de sa poche :

DOCTEUR SOPHIA CASTAGNOZOFF
Ancien interne des hôpitaux de Paris.
Fondation de l'Œuvre des enfants malades.

Tonin en s'en allant n'avait qu'à clouer cette carte sur la porte. Ce serait une preuve de plus.

Geneviève attendit qu'il fût dehors :

— Je t'en prie, Sophia, dit-elle alors, très pâle, et de sa belle voix sérieuse, ne me mêle pas à ton vaudeville. J'ai le cœur trop plein de larmes, je ne saurais pas.

Casta fit claquer deux gros baisers de nourrice sur les joues de sa camarade, et la poussant par les épaules :

— Mais on n'a pas besoin de toi, mon petit. File dans ta chambre.

La tantine était rentrée chez elle depuis un moment, quand retentit sur le palier le *creux* sonore aux vibrations de cuivre de Pierre Izoard, remerciant Mme Alcide qui avait monté l'escalier pour lui ouvrir et répondait de sa plus belle intonation de faubourg :

— De rien, monsieur, de rien... ce que j'en fais, c'est histoire de ne pas déranger ma locataire.

Le père de Geneviève entra d'un air hésitant, avec une amusante figure à double éclairage, à la fois piteuse et réjouie ; mais si, en arrivant, il gardait encore quelques doutes, le tranquille accueil de Sophie Castagnozoff assise à sa table de travail, au milieu de ses bouquins de médecine et de pharmacie, des statuts et prospectus de l'Œuvre des petits malades, acheva de tout dissiper, et il ne lui restait que l'embarras d'expliquer pourquoi il était venu.

— Je vous croyais installée à Ivry, ma chère Sophie. Vous êtes donc déménagée ?

Sans se troubler d'une question assez inattendue, bien qu'il l'eût faite du ton le plus naturel et seulement pour dire quelque chose, elle répondit en lui montrant la chaise libre à son côté :

— Oh ! j'ai quitté Ivry il y a longtemps, l'aventure de Lupniak et les visites domiciliaires de la police m'avaient dégoûtée du quartier. Mais asseyez-vous donc, Pierre Izoard.

Le vieux n'entendit pas. Il souriait et caressait sa longue barbe, signe chez lui de vive émotion : en s'approchant de la table, parmi les paperasses dont elle était couverte, il venait de se trouver tout à coup devant un portrait de sa *filiette*. Ah! s'il ne s'était pas retenu, s'il avait pu prendre la chère image à deux mains, la mettre contre sa bouche!

— Et pourrait-on savoir, maître Pierre, ce qui nous vaut cette extraordinaire visite? La Russe, en le questionnant, filtrait par-dessus ses lunettes de myope deux petites flammes vertes. Je me doute bien que ce n'est pas pour Sophia Castagnozoff que vous êtes venu... Si, si, je sais que vous lui en voulez, à cette voleuse d'enfant. Et malheureusement Geneviève, aujourd'hui, travaille au jardin botanique de Bayon. Vous auriez voulu la voir?

— Voir Geneviève? non, ma chère Sophia, et même... Il s'était assis à côté d'elle, près de la table, et tout bas, en lui prenant les mains : Si vous voulez faire un plaisir à votre ancien ami, ne dites pas à mon enfant que je suis venu chez vous. Elle voudrait savoir ce que j'y suis venu faire, et moi je rougirais si cette brave fille se doutait... Un jour je vous dirai, à vous, mais à vous seule, de quelle infamie je suis victime, l'affreux soupçon qui m'a conduit ici; seulement, je vous en conjure, que jamais Geneviève... Il s'interrompit brusquement : Pourvu que la gérante ne la prévienne pas! C'est la gérante, n'est-ce pas, cette tête de petit ratier qui s'est jetée derrière moi dans l'escalier?

Sophie le rassura. Depuis la guérison de leur enfant, Alcide et sa femme étaient tout à elle. A ce propos même, une aventure singulière venait de lui arriver avec ces braves gens.

Elle alluma une de ses grosses cigarettes russes et commença dans une auréole de fumée :

— Vous vous rappelez, Pierre Izoard, quel était selon moi le délateur de Lupniak; vous aussi, il me semble, vous partagiez mes soupçons. Eh bien! non, nous nous sommes trompés, le seul coupable est précisément le mari de Mme Alcide, un ancien communard, déprimé par dix ans de bagne et de chiourme, qui a gardé un respect, une terreur des sergents de ville à ne pouvoir leur rien refuser. Mais le pauvre diable, quand il a vu que je venais de guérir leur enfant, leur petit incurable, a été pris d'un tel remords qu'il est resté des semaines enfoui dans sa loge sans sortir, sans prononcer une parole. Ce matin, n'y tenant plus, il est venu, il est monté avec sa femme me demander pardon en sanglotant. J'ai pardonné à condition qu'il m'aiderait à faire évader Lupniak, car vous pensez bien que je tenterai tout pour cela. Oui, dussé-je retarder mon départ de six mois, de dix mois, je me suis juré que ce brave compagnon n'irait pas finir sa vie à La Nouvelle et que je l'emmènerais à Calcutta comme infirmier.

Le Marseillais se leva de sa chaise. Il rayonnait :

— Je n'ai pas votre sympathie pour les fauves, ma chère Sophie, mais dans ce que vous m'apprenez, une chose me fait plaisir, c'est l'idée que Raymond n'était pour rien dans l'arrestation de cet homme. J'en suis content pour mon vieux Victor Eudeline qui a donné à ses fils l'exemple d'une mort héroïque, content pour sa pauvre femme et toute cette famille de gens d'honneur. Après tout, le petit avait raison, son frère vaut mieux que je ne pensais. Ce n'est pas lui qui est méchant, c'est sa génération, une génération de petits mandarins lettrés et féroces, mais je rabâche, et ma *filiette* n'aurait qu'à rentrer...

Cette rancune que le bonhomme gardait à la jeunesse, cette incompréhension des êtres et des idées du temps nouveau, tournée chez lui à la manie, allait peu de jours après se trouver soumise à une épreuve bien inattendue.

— Voyons, Izoard, mon camarade, il faut être juste, que diriez-vous si parmi ces jeunes monstres... C'était un soir de ce même mois d'avril, dans le salon blanc et or d'un antique restaurant des environs de la Bastille, ces fameux *Sergents de la Rochelle* dont le Marseillais parlait toujours et qui eurent leur célébrité en 48, voire aux premiers temps du second empire. Avant de se mettre à table, en attendant quelques invités retardataires, Esprit Cornat discutait avec son vieil ami : « Oui, parmi cette génération à mille lieues de nous, sans idéal, sans croyances, si j'avait découvert un saint, un héros, que diriez-vous ? »

L'ancien constituant, long et mince, de grands cheveux blancs tout bouclés et raides sur un glabre profil d'oiseau de proie, parlait debout devant la cheminée. Pierre Izoard, allongé dans un fauteuil bas, sa barbe allégorique traînant jusqu'à terre, protestait de toute son indignation :

— Un héros dans la jeunesse d'à présent, j'entends la jeunesse bourgeoise, éduquée, qui sait sur le bout du doigt Kant et Hartmann et Wagner et Nietsche, qui se moque des vieux exaltés de 48, trouve le Deux décembre dans son droit et les revanchards de 70 tout à fait ridicules ? Un héros parmi ces petites rosses ? je vous en défie bien, mon maître !

Il baissa la voix et lui montrant autour d'eux dans le salon toutes ces bonnes figures de comptables endimanchés, tous ces ouvriers électriciens engoncés de redingotes trop luisantes, qui se tenaient silencieux et gênés sous les lustres et les dorures de ce pompeux salon d'attente :

— Voyez ce qui se passe ici en ce moment. Pour le départ d'Antonin Eudeline, vous avez réuni ce soir tous ses camarades d'atelier, tous vos chefs de service, jusqu'à M. Alexis, l'ancien caissier de la maison Eudeline, dont je voyais entrer il n'y a qu'un instant, toute mouchetée de verglas, l'antique roulière à pèlerine que je lui connais depuis quarante ans. Ah ! les bons cœurs, les braves gens. Pas un qui n'ait répondu à votre appel. Le seul qui manque, et naturellement, c'est celui que les yeux du petit guettent avec le plus d'impatience, c'est Raymond, le grand frère, un de ces jeunes bourgeois dont nous parlions.

M. Esprit, qui surveillait la porte lui aussi, sourit d'un air entendu :

— Il est peut-être très occupé, ce soir, le jeune Raymond.

— Pas du tout. Il se fait attendre parce que notre réunion n'a rien pour l'amuser, une fête sentimentale, dans des quartiers perdus et par le temps le plus maussade. Car je vous ferai remarquer, mon cher maître, que nous sommes aujourd'hui le 12 avril, et qu'il neige, ce qui du reste fait partie du détraquement général. Plus de printemps, plus de jeunesse. On dira que je radote, mais quand j'avais vingt ans, les jeunes poètes intitulaient les vers de leurs débuts : « Chansons d'avril... Rimes printanières ». Ce n'est plus possible maintenant.

Le comptable Alexis, bourgeois de Belleville, épais et flave, décoloré par les années, s'était approché timidement :

— Je me permets de rappeler à ces messieurs qu'à la fête de Louis-Philippe, le 10 avril, la garde nationale mettait ses pantalons blancs et que tout bon Parisien, ce jour-là, arborait son complet de nankin.

— Ça date, le nankin ! dit Esprit Cornat.

Le comptable continua :

— J'ajouterai qu'à ce même 10 avril, l'après-midi, on jetait du pont Royal dans la Seine des couples de canards vivants que les gamins essayaient d'attraper à la nage ; j'en ai gagné trois paires, deux ans de suite.

Le Marseillais se mit à rire.

— Allez donc vous mettre à l'eau avec la température qu'il fait aujourd'hui.

Un maître d'hôtel, majestueux et chauve à présider un des grands corps constitués de l'État, vint demander tout bas à M. Esprit s'il fallait servir.

— Attendons encore, répondit l'ancien. Le maître d'hôtel disparut et, avec lui, la vision, dans la salle voisine très éclairée, d'une table immense en fer à cheval, chargée de fleurs et de cristaux.

Cette interminable attente rendait Antonin très malheureux. Certes, ce grand dîner offert par le patron en son honneur, à la fois un remerciement pour le passé, et pour l'avenir un engagement pris devant tous, le sourire cordial de ses camarades d'atelier qui connaissaient si bien sa vie, l'estime de tous ces travailleurs étaient pour lui donner de l'orgueil ; mais rien ne tenait devant l'absence de son frère. Oh ! l'aîné, son meilleur ami, son grand, manquer à ce dîner d'adieu, lui faire une pareille peine. Pourquoi ? Parce qu'il se trouverait avec des ouvriers, des contremaîtres ? Mais est-ce que leur père n'avait pas été ouvrier, est-ce qu'Antonin ne le serait pas toute sa vie ? Depuis quelque temps, du reste, Raymond n'était plus le même avec son frère. Quand le petit venait le voir, il semblait le fuir, se cacher de lui. Le jour même, passant au boulevard Saint-Germain, Tonin n'avait trouvé que Geneviève, une Geneviève distraite, absorbée, dont il cherchait encore à comprendre la froideur, à la veille d'une absence aussi longue, une tantine sans effusion, sans tendresse, alors qu'il en aurait eu tellement besoin. « Va, mon enfant, il y a des malheurs plus complets que le tien. » Si pitoyable aux autres d'ordinaire, elle avait laissé tomber ces mots avec un air d'indifférence et de lassitude, qu'il ne pourrait plus oublier. Que se passait-il donc dans le ménage du grand frère? Où en étaient-ils de leur bonheur? Raymond ne se déciderait-il pas à l'épouser, la laisserait-il aller jusqu'au bout de son sacrifice? Là-dessus, comme sur bien d'autres questions, il comptait s'expliquer ce soir-là avec l'ainé, profiter de l'effusion des toasts, du retour à deux le long des quais, dans la nuit, pour lui parler comme il n'avait jamais osé le faire. Mais le moyen si Raymond ne venait pas dîner?

Nouvelle apparition solennelle du maître d'hôtel. Seulement, cette fois, après quelques paroles à voix basse, Esprit Cornat l'a suivi dans la pièce à côté.

Un moment d'angoisse, de silence, comme un pâlissement de la lumière, une hésitation des regards tous tournés vers Antonin qui, très ému, le dos arrondi, rentrant et dodelinant sa petite tête peureuse dans un collet d'habit où il pourrait disparaître, semble répondre à l'assistance avec le tremblement muet de ses grosses lèvres et ses pauvres yeux clignotants : « Je n'en sais pas plus que vous. »

Subitement la porte s'ouvrit, mais à deux battants, haute et large, avec un fracas de cérémonie. Dans le cadre lumineux et fleuri que lui faisaient la salle du festin et son énorme table, l'ancien constituant développait sa haute taille, ayant à son bras un svelte et jeune soldat de l'infanterie de marine dont la blonde moustache et les épaulettes jaunes flambaient sous les lustres.

— Mes amis, dit le vieux d'une voix forte, je vous présente Raymond Endeline, engagé volontaire au 5ᵉ marsouins, et en l'honneur de qui je vous ai tous réunis ce soir, car c'est pour remplacer son frère que ce courageux garçon entre au service, et c'est à lui que nous devons de garder notre camarade à l'atelier.

Il y eut une tempête de bravos, de trépignements, saluant l'acte héroïque avant même qu'il eût été bien compris. Blanc comme un somnambule, Antonin chancelait, les bras en avant. Son frère vint à lui, le prit par ses deux mains et, dans les hurrahs qui redoublaient :

— La petite avait raison, frérot, le vrai soutien de famille, le vrai fils aîné de la veuve, c'était toi ; moi, je n'étais que l'honoraire ; je l'ai compris un peu tard, mais je l'ai compris. Tu ne seras pas soldat, mon petit Tonin, ma présence sous les drapeaux te libère.

Puis, se tournant vers le père qui se rapprochait d'eux avec Esprit Cornat triomphant :

— Me pardonnerez-vous le chagrin que mon livre vous a fait, Pierre Izoard ?

Le Marseillais, bouleversé d'émotion, chercha une réponse expressive à lui faire. Il lui vint du grec et du latin, il lui vint du provençal aussi, des centons historiques et des clichés de son temps de professeur.

A la fin, il ouvrit les bras tout grands, prit le

héros contre sa poitrine, et, la face rouge, vultuée, avec deux grosses larmes qui coulaient le long de ses joues :

— *Boun bougré!* dit-il d'une voix tonnante.

Tous ceux qui connaissent notre peuple du Midi, ses vrais cris, ses vrais élans, savent que Pierre Izoard ne pouvait rien trouver de plus typique pour exprimer son admiration.

XIV

UN FAIBLE

En mer. Détroit de Bonifacio.

« Ceci est ma confession. Écrite pour toi, mon Antonin, pour toi seul, elle coûte à mon orgueil, mais elle le soulage aussi. Je ne m'en irai pas affublé d'un masque hypocrite, acclamé comme un héros, lorsqu'au fond je ne suis qu'un lâche. Toi, du moins, dont la tendresse a toujours su me pardonner, toi à qui j'ose tout dire, tu connaitras la vérité.

« Un lâche, c'est peut-être trop. Mauglas était un lâche; mais si j'ai reculé devant tous mes devoirs, je ne suis jamais descendu comme lui aux basses besognes. Disons que je suis un faible, espèce qui pullule, et encore ai-je pour excuse à cette faiblesse qu'elle date de la mort de notre père. Trop violente pour des enfants, cette secousse tragique avait occasionné chez toi des troubles de la parole, chez moi rien d'apparent, mais un détraquement de l'organisme. Lequel? j'en suis encore à me le demander. Très fort dans mes études jusqu'alors, glorieux de mes succès, je n'ai plus été désormais qu'un écolier médiocre, appliqué comme auparavant, plus orgueilleux encore, si c'est possible, mais dont les efforts n'ont pas abouti une fois. Est-ce ma volonté qui a été atteinte? probable. Il me semble, en tout cas, qu'à dater de ce jour c'est le dessus de moi, ma seule surface qui a vécu; en dessous, tout était vide, sapé, comme ces profondeurs que la mer creuse là-bas, en face de nous, dans les noirs luisants du basalte, sous les maisons blanches de Bonifacio.

« Malgré tout, mon temps de lycée me laisse un souvenir délicieux, parce que l'existence y était réglée, le travail, les récréations même obligatoires. On me disait : « Allez à droite... Allez à gauche... » J'obéissais avec transport, savourant la joie subtile de marcher dans le rang. Et quand les autres élèves paraissaient si heureux de quitter le bahut, je me rappelle le plaisir que j'ai eu à y passer quelques mois supplémentaires pour préparer Normale. C'est qu'en dehors des délices de la vie automatique, cette prolongation de séjour au lycée reculait pour moi le moment des responsabilités terribles que mon père m'avait léguées en mourant.

« Ma préoccupation constante, la perspective de ce devoir à remplir avec la conviction que je ne saurais pas. Oh! ce drame d'*Hamlet*, dans ma mémoire de gamin, quelle terreur il a laissée ! Comme je l'aimais, comme je le plaignais ce pauvre jeune prince... Hamlet, et la *Cariatide écrasée par sa pierre*, un admirable petit marbre de Rodin, que je voyais toujours sur le bureau de l'illustre Marc Javel, qui le suivait comme un fétiche dans les innombrables ministères où Pierre Izoard et moi nous allions le relancer, oui, l'expression douloureuse de cette figure de femme sous l'énorme et dur monolithe qui lui broyait les reins, voilà, avec le sourire désolé du prince de Danemark, les deux terrifiants symboles qui, durant toute ma jeunesse, me représentaient ma tâche future dans la vie. Tu vois que j'avais pris l'héritage paternel au sérieux. Voulant si bien, pourquoi n'ai-je pas mieux réussi? Nous avons accusé le détestable outillage, la difficulté de nourrir une famille avec du latin et de la philosophie. Eh bien, non. C'est l'ouvrier, ce sont ses bras qui étaient trop faibles : mais jusqu'à la fin, mon orgueil n'a pas voulu en convenir.

« Ah! l'ironie de l'existence... Dire que chez nous, autour de nous, à ton atelier, mon Antonin, dans les bureaux de la Guerre où M. Esprit est venu avec moi pour me faciliter un prompt embarquement, partout j'ai été complimenté, encouragé : « C'est bien, ce que vous faites-là, jeune homme. » Ce que je faisais? Je fichais le camp. Responsabilités, devoirs, fardeaux trop lourds pour la faible cariatide, je m'évadais de vous tous. Je fuyais la famille que je ne pouvais soutenir, la perspective d'un ménage, la femme, l'enfant, car bientôt Geneviève sera mère, et d'avance j'ai vu les yeux de Pierre Izoard braqués sur moi : « Épouse ma fille, où je te tue! » C'est cette double menace aussi qui m'a fait fuir. Je me sentais incapable de cette chose, pourtant si simple et que je redoutais presque autant que la mort, un nid, un foyer à construire, des enfants à élever, l'exemple à leur donner, une carrière à leur choisir. C'est devant tout cela que j'ai peur, que je recule. Et si tu savais ce qu'il y a de jeunes gens comme moi!

« De ton dernier voyage à Paris pour le conseil de revision date mon projet de partir à ta place. Après tant d'avatars, d'efforts stériles en littérature, en médecine, en politique, j'ai pensé qu'au moins je serais bon à quelque chose. La tantine, quand je lui en ai parlé la première fois, m'a dit seulement : « Pauvre petit!... » Pas un mot pour elle, ni pour son enfant. Qu'a-t-elle pensé en me voyant partir? M'admirait-elle, elle aussi? Croyait-elle à la sublimité de mon dévouement? J'en doute. Mieux que personne elle savait ma faiblesse, et dès le premier jour m'a aimé à cause de cela. Bien plus mère que femme et que maitresse, j'ai toujours été pour elle son « pauvre petit ». Ne me sentant pas de force à remplir ma tâche, elle a voulu m'y aider et s'est sacrifiée pour moi jusqu'à la fin. Oh! je t'en prie, frérot, ne l'abandonne pas. C'est à toi que je la confie. Avant qu'il soit longtemps, le mariage invraisemblable de notre petite Cendrillon t'aura fait la maison moins lourde; devenue Mme Claudius Jacquand, Dina ne laissera pas notre mère à un comptoir de magasin. Alors, pense à la tantine si bonne, si généreuse. Occupe-toi d'elle et de mon enfant. Rappelle-toi qu'ayant essayé de faire de moi un homme, elle n'a pas pu y parvenir au prix de tous ses efforts Peut-être, à vous deux, y réussirez-vous avec le petit qu'elle va mettre au monde.

« Je t'écris sur mon sac de marsouin, à l'avant de l'*Iraouaddy* et par un temps de vinaigre, comme ils disent. Ne t'étonne donc pas si mes phrases et mes jambages sont bousculés. Par l'influence du sénateur Tony Jacquand et de ton patron, M. Esprit, j'ai obtenu, entre autres faveurs, de ne pas m'arrêter au dépôt de Toulon, et de filer droit en Cochinchine où est détaché mon 3ᵉ bataillon. J'aurai là-bas la vie d'automate que j'aime : « Une, deux! Une, deux! Droite, gauche! Droite, gauche! » sans même la responsabilité d'un galon de caporal. Pour corriger la monotonie des journées, un décor nouveau, des verdures géantes, des fleuves qui sentent le musc, et la magie perpétuelle du danger.

« A propos de danger, mon voisin de couverte, un soldat de la légion étrangère, me montre dans ces terribles passes de Bonifacio où nous venons d'entrer, et sur des roches à fleur d'eau tout près de nous, une pierre tombale blanche et droite, exhaussée d'une croix. C'est ici que, pendant la guerre de Crimée, la *Sémillante* s'est perdue corps et biens avec un millier d'hommes qu'on a retrouvés tous morts sur cet îlot des *Lavezzi*, accrochés les uns aux autres, en tas, par grappes, et qui ont été enterrés à l'endroit même de leur naufrage. Voilà des morts qu'on ne visite guère et des tombes dont les fleurs ne doivent pas être souvent renouvelées. Il est tentant tout de même, ce petit Père-Lachaise en pleine mer. On doit y être bien pour dormir. Pas de risque qu'on vienne y fusiller des fédérés, qu'on s'y soûle et qu'on s'y massacre comme dans les cimetières de Paris !

« Le vent qui soufflait en tempête depuis le matin est tombé brusquement, mais la mer reste lourde, des lames énormes sous un ciel bleu noir immobile, sans un souffle d'air. Par instants, le navire se dresse tout debout à croire que les passagers du pont, étendus à l'avant, vont glisser jusqu'aux *rockings-chair* des premières. Imagine-toi, frérot, que tout à l'heure, dans une de ces brèves visions où tout le navire se lève et nous apparaît d'un bout à l'autre, j'ai cru distinguer à l'arrière, dans un groupe de béguines voilées de noir, la silhouette de Mme Valfon, et, plus près de nous, mêlée à des infirmiers aux brassards blancs à croix bleue, aux nez kalmoucks qui me faisaient penser à Lupniak, la face carrée et huileuse de notre doctoresse sous des lunettes d'or et un petit chapeau cocardé de fleurs jaunes. Pour Sophia, c'est elle, j'en suis sûr. Je me souviens avoir lu, quelque temps avant mon départ de Paris, un article annonçant le prochain embarquement pour Bombay de la mission du docteur Castagnozoff, et citant parmi les catéchistes missionnaires, Mme Valfon, désespérée par la mort de sa fille. Pour empêcher l'ancien ministre des Affaires étrangères, atteint du même deuil, de s'embarquer lui aussi, de se donner à l'Œuvre des enfants malades, il avait fallu l'effort de tous ses amis lui montrant les services qu'il pouvait rendre encore au pays, la disette où nous nous trouvions d'hommes d'État, d'hommes politiques, et enfin le côté vraiment trop clérical d'une œuvre humanitaire sans doute, mais fondée sous le patronage de dom Bosco. Ce n'était pas la place d'un grand-maître de la franc-maçonnerie. L'article m'avait amusé ; j'y reconnaissais la phrase papelarde et grimacière de l'ancien rédacteur du *Galoubet*. Mais c'est égal, il retarde, le Tartufe du Grand Orient, avec son anticléricalisme. La montre de Marc Javel est bien mieux à l'heure. Te rappelles-tu quand notre père est mort ? Il n'entrait pas dans les églises, le Marc Javel de cette époque-là, et à l'enterrement de Florence Marquès, pendant que Valfon se promenait dans le petit square devant Sainte-Clotilde, je voyais l'autre broyant son front et ses genoux sur les dalles du chœur, à côté du jeune homme pervers, ce délicieux Wilkie, très au courant de l'heure, lui aussi, et sachant que la république scientifique d'Auguste Comte a fait son temps. Ah ! Pierre Izoard avait raison, le plus malin de tous, c'est Marc Javel, l'homme bouée, le flotteur au gré des vents et des courants, qui ne sert à rien ni à personne mais qui donne à tous l'illusion que nous avons gardée si longtemps, qu'on pouvait s'accrocher à lui. Celui-là, certainement, ira plus loin que tous les autres, parce que n'ayant rien de supérieur, l'éloquence d'un commis voyageur, les connaissances d'un bon président de cercle de province, il n'offusque personne et cependant représente très bien. Et puis Marc Javel ne sait pas le latin, c'est peut-être le secret de sa force.

« Tonin, tantine, je vous en prie, que mon enfant ne sache pas le latin, qu'il ne fasse pas d'études classiques. En demandant le contraire pour son fils, mon père m'a porté malheur... »

. . . .

FIN.

TABLE

	Pages.
PRÉLUDE : La jeunesse de Raymond Eudeline.	1
I. A la *Lampe Merveilleuse*	97
II. Fin de bal.	128
III. Une bonne fortune.	155
IV. Lettres anonymes	178
V. Installation	202
VI. Femme de jour et femme de nuit.	229
VII. Mémoires d'un agent.	255
VIII. Une affaire d'honneur	290
IX. Le régime.	313
X. Entre Paris et Londres.	335
XI. *Une famille française*	359
XII. La cinquième flèche.	385
XIII. Un héros	413
XIV. Un faible	438

www.ingramcontent.com/pod-product-compliance
Lightning Source LLC
Chambersburg PA
CBHW060932230426
43665CB00015B/1911